dtv
premium

Ausführliche Informationen über
unsere Autoren und Bücher
finden Sie auf unserer Website
www.dtv.de

Christoph Birnbaum

DIE PENSIONSLÜGE

Warum der Staat seine Zusagen
für Beamte nicht einhalten kann
und warum uns das alle angeht

Deutscher Taschenbuch Verlag

Originalausgabe 2012
© 2012 Deutscher Taschenbuch Verlag GmbH & Co. KG,
München
Das Werk ist urheberrechtlich geschützt.
Sämtliche, auch auszugsweise Verwertungen bleiben vorbehalten.
Umschlagkonzept: Balk & Brumshagen
Umschlaggestaltung unter Verwendung einer Illustration
von Markus Spang
Satz: Olaf Benzinger, Verlagsbüro Lektyre, Germering
Gesetzt aus der Concorde 9/11,75 pt und der Franklin Gothic
Druck und Bindung: Kösel, Krugzell
Gedruckt auf säurefreiem, chlorfrei gebleichtem Papier
Printed in Germany · ISBN 978-3-423-24926-3

Inhalt

Vorwort

Um es gleich vorweg zu sagen: Dies ist kein »Beamtenhasserbuch«. Ganz im Gegenteil! Es gibt sehr viele und sehr gute Gründe, sich für das bestehende Berufsbeamtentum auszusprechen. Nicht zuletzt die Geschichte der letzten zwanzig Jahre hat gezeigt, dass die Probleme der deutschen Einheit und des Zusammenwachsens der Menschen in Ost- und Westdeutschland ohne einen gut funktionierenden Öffentlichen Dienst und ein professionell arbeitendes Berufsbeamtentum nicht hätten gemeistert werden können. Und auch die griechische Staatskrise zeigt: Ohne einen funktionierenden Öffentlichen Dienst im wahrsten Sinne des Wortes »kein Staat« zu machen. Bestenfalls kann man ihn zugrunde richten. »Mit schlechten Gesetzen und guten Beamten lässt sich immer noch regieren. Bei schlechten Beamten helfen die besten Gesetze nichts«, wusste bereits der »Eiserne Kanzler«, Otto von Bismarck. Auch unter seiner Regierung mussten die deutschen Länder erst einmal mühsam lernen zusammenzuwachsen.

Deshalb sollten dem Staat seine Beamten auch einiges wert sein. Ganz besonders dann, wenn sie in ihrer aktiven Zeit für und im Auftrag dieses Staates handeln. Heute aber ist es in Deutschland weitgehend umgekehrt: So richtig teuer kommen uns Beamte erst dann, wenn man nichts mehr von ihnen hat – wenn sie »im Ruhestand« oder »in Pension« sind. Da sind die Bezüge von Beamten etwas, das sehr schnell sehr viel Neid in der Öffentlichkeit weckt. Dies nicht ganz zu Unecht, wie wir noch sehen werden, auch wenn viele Beamte dies sicherlich nicht gerne hören. Doch die gesetzlichen Rentner und solche, die es bald werden, haben ihnen eine Erfahrung voraus: Sie haben gelernt, der Aussage der Politik »Die Rente ist sicher!«, mit der der ehemalige Bundesarbeits- und -sozialminister Norbert Blüm (CDU) sich lächelnd vor dem Plakat auf einer Litfaßsäule fotografieren ließ, zutiefst zu misstrauen. Beamten bleiben

bis heute vergleichbare Ängste und Befürchtungen vor Altersarmut wie die der Rentner und Rentnerinnen erspart.

Doch spätestens seit der Staatsschuldenkrise in Europa sollten sich auch Deutschlands Beamten, ob bereits im Ruhestand
oder noch aktiv, nicht mehr sicher sein, ob ihnen nicht ein ähnliches Schicksal droht, wie es die gesetzlich Versicherten erdul-
den müssen. Alle Zeichen deuten darauf hin, dass auch die
Pensionen von Beamten längst nicht mehr so sicher sind, wie
es das besondere Treueverhältnis zwischen dem Staat und seinen Staatsdienern in der Vergangenheit immer suggeriert hat.

Denn unsere Staatsdiener werden uns in den nächsten Jahren, wenn die geburtenstarken Jahrgänge in den Ruhestand
verabschiedet werden, teuer zu stehen kommen. Zwei Billionen Euro Staatsschulden hat Deutschland in Bund, Ländern
und Gemeinden bereits jetzt angehäuft. Experten sprechen
hier von einer »expliziten« Staatsverschuldung, die 2011 zum
ersten Mal diese astronomische Höhe erreicht hat. Hinzu
muss aber die »implizite«, die versteckte Verschuldung, gerechnet werden, die all das einschließt, was eben nicht »explizit« in
den Haushaltsplänen aufgelistet wird, aber trotzdem bezahlt
werden muss. Dazu gehören die Pensionszahlungen für Ruhestandsbeamte. Sie werden, wenn nichts getan wird, künftig einen erheblichen Teil der Haushalte auffressen – ähnlich wie es
Zinsen für in der Vergangenheit getätigte Schulden tun: Der
Steuerzahler zahlt, bekommt aber keine Leistung mehr dafür.
Und die Politiker haben weniger Gestaltungsspielraum. Fachleute, denen wir auf den folgenden Seiten begegnen werden, sagen voraus, dass das eigentliche Drama der deutschen Staatsfinanzen nicht sosehr in unserer Vergangenheit zu suchen sei
und schon gar nicht in der Finanz- und Bankenkrise der letzten Jahre. Viel besorgniserregender sei das, was in den kommenden Jahren noch vor uns liegt. Dort ticke eine gewaltige
Zeitbombe: Der Schatten, der über allen öffentlichen Haushalten liegt, sind die Versorgungszahlungen für Beamte.

Um es noch einmal zu sagen: Dies ist keine Anklageschrift
gegen zu hohe Beamtengehälter. Im Gegenteil: Wer sich ein-

mal mit den Bezügen und Gehältern im Öffentlichen Dienst beschäftigt hat, weiß, dass hier die Einkommen alles andere als in den Himmel schießen. Und mancher Selbstständige und Freiberufler wird, wenn er die Nettogehälter von Lehrern, Richtern oder Polizei- und Justizbeamten sieht, nur verächtlich die Nase rümpfen. Anders sieht es aber bei den Ruhestandsbezügen aus. Zwar haben die Beamten in den letzten Jahren durchaus ihren Beitrag zur Etatkonsolidierung geleistet, und sie müssen heute auch mehr zur Altersvorsorge beitragen als früher. Dennoch sehen wir in den nächsten Jahren einer beunruhigenden Entwicklung entgegen.

Diese Entwicklung ist selbstverständlich nicht den Beamten anzurechnen. Auch die Höhe der Pensionen unserer Staatsdiener ist nicht grundsätzlich das Problem. Das Problem ist das Versäumnis des Staates, rechtzeitig Vorsorge zu treffen, dass die künftigen Verpflichtungen auch eingehalten werden können. Öffentlichkeit und Politik waren bisher immer nur auf die aus dem Ruder gelaufenen Sozialsysteme für Rente, Pflege und Gesundheit fixiert. Die »Rente mit 67« hat viele wütende Menschen auf die Straße gebracht und ist immer noch als Talkshow-Thema für hitzige Diskussionen gut. Nichts dergleichen gibt es zum Thema »Pension mit 67«, »68« oder »70«. Um die zweite große Säule unseres Alterssicherungssystems, die steuerfinanzierte Beamtenversorgung, ist es ungleich stiller. Doch geht gerade von dieser für die öffentlichen Haushalte eine sehr viel größere Bedrohung aus. Denn für die Beamtenpensionen hat die Politik weder durch Umlagen noch durch eine ausreichende Kapitaldeckung rechtzeitig im Sinne einer generationengerechten Haushalts- und Finanzpolitik vorgesorgt. Und schon gar nicht hat sie an Krisenzeiten gedacht, von denen wir heute wissen, dass sie schneller und unerwarteter kommen, als wir es uns haben träumen lassen.

Unsere Amtsstuben ergrauen rapide: Die geburtenstarken Jahrgänge im Öffentlichen Dienst, die Babyboomer, gehen ab 2015 in Pension. Dass sie dies in »Kohortenstärke« tun, wie es die Wissenschaftler gerne nennen, hat mit der demografischen

Entwicklung in Deutschland zu tun und damit, dass vor allem in den sechziger und siebziger Jahren der Öffentliche Dienst auf Kosten nachwachsender Generationen in – dies muss man heute klar benennen – unverantwortlicher Weise ausgebaut wurde. Denn wen kümmerten vor vierzig oder fünfzig Jahren schon irgendwelche Pensionszahlungen im Jahr 2020? Die Rechnung für dieses Versäumnis bekommen wir – die Steuerzahler – jetzt und in den kommenden Jahren ausgestellt. Kaum etwas ist nun einmal so genau vorherzusagen wie die demografische Entwicklung der Bevölkerung in Deutschland. Bis 2030 müssen, wenn die Einstellungswellen der späten sechziger und frühen siebziger Jahre in massive Pensionierungswellen umgeschlagen sind, über 600 000 zusätzliche Pensionäre versorgt werden. Die Summe aller Versorgungszusagen, das zeigen wissenschaftliche Untersuchungen, wird bis 2040 die Marke von einer Billion Euro, sprich tausend Milliarden Euro, übersteigen. In einer im Januar 2012 in Berlin durch den Bund der Steuerzahler vorgestellten neuen Studie werden sogar noch höhere Zahlen genannt: 1360 Milliarden Euro kosten danach die Pensionen und – das wurde neu eingerechnet – die medizinischen Beihilfen und die Hinterbliebenenversorgung die öffentlichen Haushalte bis zum Jahr 2050. Bezogen auf das Jahr 2009, so heißt es bei den Autoren Bernd Raffelhüschen, Tobias Benz und Christian Hagist, müssten dann 55 Prozent des Bruttoinlandsprodukts für die Beamtenversorgung ausgegeben werden. Die Lehman-Pleite ist nichts dagegen. Ein ordentlicher Kaufmann oder die berühmte »schwäbische Hausfrau«, die Bundeskanzlerin Angela Merkel in anderen Zusammenhängen gerne zitiert, hätten für solche Verpflichtungen über viele Jahre hinweg rechtzeitig Rückstellungen gebildet. Und nicht nur die schwäbische Hausfrau, sondern natürlich auch Merkels Vorgänger im Amt hätten dies tun müssen. Geschehen ist nicht viel. Deshalb ist das, was wir in den nächsten Jahren erleben werden, eine Katastrophe mit Ansage. Man muss nur einmal Torsten Albig fragen, seit einiger Zeit Oberbürgermeister von Kiel. Der ›Welt‹ sagte er: »Ich zahle heute über zwanzig

Millionen Euro für Pensionslasten. Und die Menschen, die in den nächsten Jahren in Pension gehen, arbeiten zum Teil schon seit Jahrzehnten für die Stadt. Keinen Euro haben wir bisher dafür angespart.«[1]

Albig weiß, wovon er spricht. Er gehört zu den hoffnungsvollen und vor allem auch finanzpolitisch kenntnisreichen SPD-Politikern, war lange Jahre Sprecher von SPD-Finanzminister Peer Steinbrück und hat durchaus Chancen, eines Tages Ministerpräsident von Schleswig-Holstein zu werden. »Wir hätten dieses Geld seit vierzig Jahren zurücklegen müssen«, kritisiert Albig weiter. Auch das Pensionssystem ist letztendlich eine Art Umlageverfahren: Beamte verzichten nach dem Alimentierungsprinzip auf Lohn während der aktiven Zeit als Gegenleistung für sichere Pensionszahlungen im Alter. Aber statt das Geld dafür beizeiten zurückzulegen und anzusparen, wurde es von der Politik zumeist mit vollen Händen ausgegeben – im Zweifelsfall für noch mehr Beamte. Ein privatwirtschaftliches Unternehmen, das handelsrechtlichen Bestimmungen unterworfen ist, muss jederzeit für derartige Versorgungszusagen Rückstellungen in seiner Bilanz bilden. Der Bund und die Bundesländer taten dies aber lange Zeit überhaupt nicht und ignorierten die schwebenden Zahlungsverpflichtungen. Die bis heute vorhandenen staatlichen Rückstellungen für die Beamtenversorgung, durch deren Erträge die zukünftigen Pensionslasten abgesichert werden könnten, sind mehr als ungenügend. Im Bund sollen sie bis 2017 auf 28,5 Milliarden Euro ansteigen. Damit könnten ab dem Zeitpunkt gerade mal ein halbes Jahr lang alle Pensionen von Ruhestandsbeamten bezahlt werden.

Dafür geradestehen muss der Steuerzahler. Bei Ruhestandsgeldern und Pensionen handelt es sich um grundgesetzlich verankerte Rechtsansprüche. Es sind verbriefte Schuldtitel gegenüber den vom Staat beschäftigten Beamten. Sie sind zum aktuellen Schuldenstand aller deutschen Gebietskörperschaften – Bund, Länder und Gemeinden – hinzuzuaddieren. Aus diesem Obligo kann sich die Politik deshalb auch nicht so einfach heraussteilen. Doch genau dies ist vor dem Hintergrund der aktuellen Entwicklung in Europa nicht mehr ausgeschlossen und vielleicht schon bald sogar notwendig. Niemand kann vorhersagen, wie teuer den Steuerzahler die viele, viele Milliarden schwere Staatsschuldenkrise in Europa am Ende noch kommen wird. Die Bundesrepublik Deutschland steht mit Milliardenbeträgen für Bürgschaften und Kredite ein, die unter ungünstigen Umständen fällig werden können. Schlimmstenfalls kann dadurch auch die Bundesrepublik an den Rand der eigenen Zahlungsunfähigkeit geraten. »Die Politiker setzten mit dieser Politik unsere Rente aufs Spiel«, sagt etwa Hans-Werner Sinn, der Chef des ifo-Wirtschaftsforschungsinstituts in München, zum Verhalten der Bundesregierung in der europäischen Staatsschuldenkrise. Vielleicht hätte er besser sagen sollen: Die Politiker setzen zuallererst die Altersversorgung ihrer Staatsdiener aufs Spiel. Denn darum wird es als Erstes gehen, wenn Deutschland finanziell vor einem Scherbenhaufen stehen sollte – und erst danach um die Rentenversicherung.

Selbst wenn die Steuereinnahmen für die Bundes- und Länderfinanzminister nach der Finanz- und Wirtschaftskrise auch im Jahr 2012 und den Folgejahren auf Rekordniveau sprudeln sollten – an der Notwendigkeit zu sparen ändert dies nicht viel. Die ausufernde Staatsverschuldung muss begrenzt werden. Kein verantwortlich handelnder Politiker und keine Partei kann sich dem entziehen. Auch nicht die FDP mit ihren vielen Anläufen und Versuchen, die Steuern in Deutschland zu senken. Nicht nur die Ratingagenturen und die Finanzmärkte treiben die Politik vor sich her. Der Zug der staatlichen Ausgabenpolitik fährt seit langem in die falsche Richtung.

Wo aber die Gefahren für die Staatsfinanzen und damit die Nöte der Politiker immer größer werden, hat die Politik stets und zuallererst den Fokus auf den Öffentlichen Dienst gerichtet: In Griechenland wurden als Folge der Staatsschuldenkrise zuerst die Gehälter im Öffentlichen Dienst gekürzt – um zweistellige Prozentpunkte, neben einem generellen Einstellungsstopp, der Streichung von Sonderzulagen wie Weihnachts-, Urlaubs- und – man glaubt es kaum – dem Ostergeld. Parallel dazu wurden natürlich auch die Pensionen für Ruhestandsbeamte reduziert. Im durch die Bankenkrise schwer getroffenen Irland ist als eine der ersten Maßnahmen der 18 Milliarden schwere Pensionsfonds für die Beamten im Öffentlichen Dienst aufgelöst worden, um die Notlage des staatlichen Haushalts finanziell zu bewältigen. Auch in Deutschland ist dies, wie wir noch sehen werden, bereits geschehen – weitgehend unbemerkt von der Öffentlichkeit. Spanien und Portugal kürzten in der Staatsschuldenkrise als Erstes bei den Staatsbediensteten: Die Einkommen spanischer Beamter wurden bereits 2010 um fünf Prozent gekürzt, im Jahr 2011 stand für sie eine Nullrunde an. Außerdem sollen insgesamt 13 000 Stellen abgebaut werden. Am Ende, das ist nicht schwer vorherzusagen, wird auch dies nicht ausreichen: Beide Staaten werden noch tiefer in Besitzstände im Öffentlichen Dienst einschneiden müssen!

Für unser Thema ist dabei nicht relevant, wie mehr oder weniger üppig der Öffentliche Dienst in den schwer verschuldeten südeuropäischen Ländern ausgestattet war. Sondern es geht darum, wie schnell sich in schwierigen Zeiten die Politik unter dem Druck der Gegebenheiten vom Treueversprechen gegenüber ihren Beamten verabschiedet. Auch in Deutschland sollte sich deshalb niemand darauf verlassen, dass der Staat seinen Staatsdienern bis zuletzt die Stange hält. Dafür hält auch unsere eigene Geschichte Beispiele bereit. Wie in Notzeiten der Weimarer Republik mit den Beamten umgegangen wurde, davon wird noch die Rede sein.

Erste Schritte, um die drohende Kostenlawine bei den Beamtenpensionen aufzuhalten, hat der Staat zwar unternommen, aber er hat sich dabei weder als Arbeitgeber noch als Sachwalter der Steuergelder seiner Bürger als vorbildlich erwiesen. Denn mit den seit wenigen Jahren eingerichteten Pensionsfonds für junge, gerade erst eingestellte Beamte nehmen es die deutschen Politiker nicht sehr genau. Mal werden solche Fonds zur schnellen Haushaltskonsolidierung aufgelöst, mal mit Schulden und merkwürdigen Arbitragegeschäften finanziert, manchmal spart man sich die jährliche Einzahlungstranche auch ganz einfach, weil sich dem Wähler die schnelle Schuldentilgung und ein ausgeglichener Haushalt besser verkaufen lassen.

Landesbeamte stellen in Deutschland rund achtzig Prozent aller Versorgungsempfänger. In den Ländern werden die meisten Beamten beschäftigt, weil die deutschen Bundesländer und Stadtstaaten unter anderem für so personalintensive Bereiche wie Schule, Polizei und Justiz zuständig sind. Die Bundesländer werden nach aktuellen Prognosen bereits ab dem Jahr 2030 gezwungen sein, bis zur Hälfte ihrer gesamten Steuereinnahmen allein für Personalkosten und Ruhestandsbezüge inklusive der Hinterbliebenenversorgung und medizinischen Beihilfen aufzuwenden. Vielen Steuerzahlern ist gar nicht bewusst, dass schon bald jeder zweite Steuer-Euro für Personalkosten im weitesten Sinne eingesetzt werden wird. Dazu kommen noch Kreditzinsen und Schuldentilgung. Es sind Ausgaben, für die dem heutigen und künftigen Steuerbürger keine echte Leistung mehr geboten wird. Manche Bundesländer, die schon heute so gut wie bankrott sind, werden diese Verpflichtungen an den Rand der vollkommenen Zahlungsunfähigkeit bringen. Besonders gilt dies für die deutschen Stadtstaaten. Beim Bund und bei den Kommunen sieht es ein wenig besser aus.

Um die Haushalte wird jedes Jahr aufs Neue gerungen. Bisher ließen sich die Ausgaben auf Länderebene – wie in der Vergangenheit – stets durch noch mehr Schulden stemmen. Doch genau dieser Weg ist inzwischen durch die gesetzlich verankerte Schuldenbremse versperrt. Es handelt sich hierbei immerhin um eine Vorschrift mit Verfassungsrang. Sie sieht vor, dass Bund, Länder und Gemeinden durch einen genau vorgegebenen, zeitlich gestaffelten Stufenplan wieder zu ausgeglichenen Haushalten zurückfinden müssen. Der rapide ansteigende Betrag für die Alterssicherung von Ruhestandsbeamten wird deshalb in den kommenden Jahren zu einer immer größeren Belastungsprobe für die meisten steuerfinanzierten Länderhaushalte werden. Die durch die Schuldenbremse vorgeschriebenen Einsparungen addieren sich zu den Altschulden der »Vergangenheitskosten«. Sie werden uns bei einem insgesamt absehbar geringeren Steueraufkommen in den kommenden Jahrzehnten noch teuer zu stehen kommen. Denn eine alternde Bevölkerung, wie wir sie in Deutschland zu gewärtigen haben, zahlt als »Rentnerrepublik« über kurz oder lang auch weniger Steuern.

Aktive Beamte und solche, die gerade in den Ruhestand treten, haben somit keine Garantie dafür, dass ihre Pensionen auch morgen noch unverändert fließen werden. Das Einzige, was Beamte haben, ist das Wort des Staates, für seine unkündbaren Diener zu sorgen. Aber diesem Versprechen werden in den nächsten Jahren immer engere Grenzen gesetzt werden. Politiker können nicht nur sparen, sondern müssen auch in die Zukunft investieren. Je mehr Geld jedoch für vergangene Verpflichtungen aufgebracht werden muss, umso weniger bleibt für zukunftsorientierte Aufgaben übrig. Ist es ein Zufall, dass die meisten Bundesländer im Westen beim gesetzlich vorgeschriebenen Bau von Kindertagesstätten und bei der Kleinkinderbetreuung die Vorgaben des Bundes auch nicht annähernd erfüllen – und das trotz Rechtsanspruch auf eine Kleinkinderbetreuung in einer Kita ab dem Jahr 2013? Deutet sich hier bereits der Generationenkonflikt an – auf Kosten von Eltern und ihren Kindern?

Machen wir uns nichts vor: Das große staatliche Streichprogramm hat gerade erst begonnen, auch wenn heute bereits – vor allem in vielen Kommunen – schon fleißig gekürzt und eingespart wird. Der deutsche Steuerzahler wird noch weitere Abstriche bei staatlichen Leistungen und Aufgaben hinnehmen müssen. Nicht umsonst wird derzeit von der Politik die Diskussion um das »bürgerschaftliche Ehrenamt« forciert. Doch allein damit wird sich der finanzielle Rückzug des Staates aus dem Alltag vieler Bürger nicht auffangen lassen. »Bleiben entschlossene politische Maßnahmen zur Verbesserung der Nachhaltigkeit aus, wird die Belastung aufgrund notwendiger Anpassungen entweder auf die zukünftigen Erwerbstätigen oder die zukünftigen Pensions- und Rentenempfänger abgewälzt, die vielleicht keine Vorkehrungen für eine niedriger als erwartete Altersversorgung getroffen haben«, meint die EU-Kommission in einem »Grünbuch« angesichts der angespannten Budgetlage und des prognostizierten Ansteigens der Staatsverschuldung. Sie kommt dabei zu einer unmissverständlichen Schlussfolgerung: Zwingend notwendige Budgetkonsolidierung und Einschnitte für alle Politikbereiche einschließlich Renten und Pensionen seien unausweichlich – in den einzelnen EU-Ländern wohlgemerkt, aber nicht zwingend bei den beamteten EU-Pensionären selbst. Auch davon später mehr.

Wenn der Bundesfinanzminister etwa in seinem Haushaltsentwurf für das Jahr 2012 ankündigt, so wenig Schulden wie schon lange nicht mehr aufnehmen zu wollen – nämlich »nur« 26 Milliarden Euro –, demonstriert er vor allem eins: Selbst in einem wirtschaftlich guten und vom Steueraufkommen her gesehen sogar glänzenden Jahr kommt Deutschland mit dem Geld seiner Steuerzahler hinten und vorne nicht aus. Wir leben als Staat, aber auch als Bürger, die wir Ansprüche an ebendiesen Staat stellen, seit Jahrzehnten über unsere Verhältnisse. Die Politik bekommt weder die staatliche Neuverschuldung noch die Pensionslawine in den Griff. Hier agiert sie ebenfalls halbherzig. Wenn nicht bald notwendige Schritte getan werden, dann werden spätere Einschnitte umso drastischer und schmerzhafter sein. Für alle Beteiligten.

Heute bekommen das bereits junge, gerade erst eingestellte Beamte schmerzhaft zu spüren. Sie sind es, die in erster Linie für ihre teuren Ruhestands-Kollegen leiden müssen. Junge Beamte und auch diejenigen, die erst gar nicht mehr verbeamtet werden, müssen Abstriche an ihren Bezügen und ihrer Alterssicherung hinnehmen. Viele von ihnen werden auch nicht mehr die Positionen im Öffentlichen Dienst erreichen können, die der Beamtengeneration vor ihnen zugänglich waren. Anderen wird der Zugang zum Öffentlichen Dienst aufgrund von Stellenkürzungen komplett versperrt bleiben oder sie landen in befristeten Angestelltenstellen.

Gleichzeitig erleben wir, wie Parlamentarier in Bund und Ländern bei Diätenanhebungen alles andere als zimperlich sind. Dieselben Menschen, die über die »Rente mit 67« und über alle Fragen der Grundsicheruing entscheiden, bekommen schon nach zwei Legislaturperioden monatlich rund 1700 Euro ab dem 60. Lebensjahr. Diese mehr als fragwürdige Altersalimentierung klappt nur deshalb, weil darüber so wenig wie möglich gesprochen wird. Deshalb bekommt auch der frühere Bundespräsident Christian Wulff nach nur knapp 600 Tagen im Amt einen lebenslangen »Ehrensold« von 199 000 Euro, obwohl er ganz offensichtlich aus persönlichen und nicht aus politischen Gründen zurückgetreten war. Die politische Klasse hält zusammen! Mit diesen Ungerechtigkeiten und großen politischen Fehlern handelt dieses Buch – von nicht mehr, aber auch nicht weniger.

Das Treueverhältnis des Staates

Deutschland wird in der Historikerzunft gerne und oft mit den Worten des Philosophen und Soziologen Helmut Plessner als eine »verspätete Nation« bezeichnet. Ganz besonders gilt dies für seine innere gesamtstaatliche Verfasstheit. Es hat lange gedauert, bis aus dem Flickenteppich des Heiligen Römischen Reiches Deutscher Nation und des Deutschen Bundes ein Deutsches Reich wurde. Und so ist auch die Idee von einem einheitlichen Beamtenstand noch vergleichsweise jung. Das Konzept des öffentlich-rechtlichen Beamtenstatus sowie das klassische bürokratische Laufbahnsystem wurden Anfang des 19. Jahrhunderts durch Napoleon in fast alle europäischen Staaten exportiert und dort wiederum an die eigenen Rechts- und Verwaltungstraditionen angepasst. Bis dahin gab es in Deutschland eine Vielzahl von länderspezifischen Regelungen für Beamte. Heute entwickeln wir uns – nach der deutschen Wiedervereinigung und den in ihrer Folge tagenden Föderalismuskommissionen – genau dorthin wieder zurück. Wir werden sehen, dass dies für die aktuelle Diskussion über Beamte und Beamtenpensionen nicht ohne Bedeutung ist. Und wir werden sehen: Vom besonderen Treueverhältnis des Staates gegenüber seinen Beamten kann – historisch gesehen – bestenfalls nur bedingt die Rede sein. Wenn es eng wurde für Staat und Politik, blieb vom Treueversprechen nicht viel übrig.

Dabei waren die ersten Beamten nicht einem Staat, sondern ihrem jeweiligen Monarchen zu Diensten. Dieser legte auch ihre Bezahlung fest, die nicht selten knapp bemessen war. »Eine Regierung muss sparsam sein, weil das Geld, das sie erhält, aus dem Blut und dem Schweiß ihres Volkes stammt.« Das hat niemand anderes als der Preußenkönig Friedrich II., der Große, gesagt. Von den Ausmaßen, die das Berufsbeamtentum einmal für ein Land wie Deutschland annehmen würde, hatte er noch keine Vorstellung. Wohl aber davon, dass die Kosten des Staates in einem angemessenen Verhältnis zum Wohl seiner Staatsbürger stehen sollten. »Es ist gerecht, dass jeder Einzelne dazu beiträgt, die Ausgaben des Staates tragen zu helfen. Aber es ist nicht gerecht, dass er die Hälfte seines jährlichen Einkommens mit dem Staat teilen muss«, schrieb Friedrich. Heute muss manches Bundesland bereits vierzig Prozent seiner Steuereinnahmen als Personalkosten für seine Landesbediensteten ausgeben. Als Friedrich der Große zu seiner Einsicht kam, konnte er bereits auf dem aufbauen, was sein Vater, Friedrich Wilhelm I. (1713–1740), aus Preußen gemacht hatte – den ersten »Beamtenstaat« auf deutschem Boden. Friedrich Wilhelm I. wird deshalb auch gerne als der »Vater des Berufsbeamtentums« bezeichnet.

Die erste zusammenfassende und schriftlich niedergelegte gesetzliche Regelung des Beamtenberufs ist im »Preußischen Allgemeinen Landrecht« von 1794 zu finden. Danach war der Beamte nicht mehr Diener eines Fürsten, sondern Diener des Staates. »Von den Rechten und Pflichten der Diener eines Staates« handelt deshalb auch folgerichtig eine eigene Abhandlung im »Landrecht«.[1] Darin wurden Beamte erstmals ausdrücklich als »Staatsorgan« bezeichnet und die Regelungen entwickelt, die wir bis heute als die »hergebrachten Grundsätze des Berufsbeamtentums« bezeichnen. Die Übertragung solcher »staatstragenden Aufgaben« auf Personen, die sich nicht wie bisher allein durch ihre adlige Abstammung dafür »qualifiziert« hatten, musste damals als geradezu revolutionär für die Menschen in einer ständischen Ordnung gewesen sein. Die ersten Beamten kämpften deshalb vor allem gegen die Vorrechte des oftmals korrupten und unfähigen Adels.

Für ihre absolute »Hingabe und Dienst für den Monarchen bei Tag und bei Nacht ein Leben lang« erhielten sie als Gegenleistung eine Entlohnung, die die »Würde und den Schutz des Standes, einen gerechten und anständigen Besoldungsgrad und ein beruhigendes Schicksal ihrer hinterlassenen Witwen und Waisen« sicherstellen sollte. Ab diesem Zeitpunkt war den Beamten zur unabhängigen Aufgabenwahrnehmung eine regelmäßige und nicht geringe Bezahlung – auch nach dem aktiven Dienst – gewiss.

Weiterentwickelt wurde das Beamtenrecht mit der »Bayerischen Hauptlandes-Pragmatik« vom 1. Juni 1805. Sie stellte einen weiteren Schritt auf dem Weg zur Anerkennung von Unabsetzbarkeit und Lebenszeitprinzip der Beamten dar. Für ihren Dienst gegenüber dem Staat gewährleistete dieser ihnen nämlich eine dauerhafte finanzielle Absicherung während ihres aktiven Dienstes. Und das galt auch im Ruhestand und für die Familie der Beamten. Nicht ganz unwichtig ist dabei der Umstand, dass von den Beamten eine 40- bis 45-jährige Mindestdienstzeit erwartet wurde, verbunden mit dem Anspruch auf eine Pension ab dem 70. bzw. 72. Lebensjahr.

In der Folgezeit entwickelte sich das Berufsbeamtentum in Preußen, Bayern und Württemberg am schnellsten. In Preußen finden sich etwa ab 1820 die ersten Ansätze für Beamtengehälter, die im heutigen Sinn in den jährlichen Haushaltsplänen aufgeführt wurden. In den übrigen Landesteilen des Deutschen Bundes ging es in unterschiedlicher Schnelligkeit weiter. In nahezu allen Ländern des Deutschen Bundes kam es jedoch bis 1867 zum Erlass von Beamtengesetzen, die alle eine lebenslange Alimentation für die Beamten und ihre Familie vorsahen.[2]

Aber auch nach der Reichsgründung von 1871 war das Berufsbeamtentum von einer Vielzahl unterschiedlicher Länderregelungen geprägt. Ein erster großer einheitlicher Ansatz erfolgte mit dem »Gesetz betreffend der Rechtsverhältnisse der Reichsbeamten« vom 31. März 1873. Es ging als sogenanntes »Reichsbeamtengesetz« in die Geschichte ein. In der Weimarer Zeit gab es nicht weniger als fünf verschiedene Gesetze, die das deutsche Beamtenrecht im Einzelnen beschrieben: Das Beamtenreichsrecht, das Reichsbeamtenrecht, das Landesbeamtenrecht, das gemeine Beamtenrecht und das Beamtenrecht gewisser Sondergruppen (Reichsbahn, Reichsbankbeamte, Polizeibeamte, Lehrer). In den 17 deutschen Ländern galten genauso viele verschiedene Rechte für die Landesbeamten. Das

Recht der Gemeinden für die Besoldung der Beamten war darüber hinaus in einer Vielzahl von Städte-, Kreis- und Provinzialordnungen und -satzungen festgelegt. Ein einheitliches kommunales Beamtengesetz und damit auch eine einheitliche Alimentation gab es lediglich in Preußen und Bayern.

Was für die »aktiven« Beamten galt, traf für die »Ruhestandsbeamten« in ähnlicher Weise zu: Auch hier gingen die deutschen Länder unterschiedliche Wege. In Preußen gab es bis 1872 Pensionskassen, die – so modern war Preußen bereits! – durch Beiträge finanziert wurden. Andere Länder, wie zum Beispiel Bayern, führten dagegen schon früh eine beitragsfreie Versorgung aus Steuermitteln ein. Dies setzte sich im letzten Drittel des 19. Jahrhunderts dann mehrheitlich durch.

Das Berufsbeamtentum überdauerte auch den Übergang von der Monarchie zur parlamentarischen Demokratie der Weimarer Republik. Es wurde in der Weimarer Reichsverfassung vom 11. August 1919 in den Artikeln 128 bis 131 festgeschrieben. Und auch hier regelten wiederum eine Vielzahl unterschiedlicher Gesetze und Verordnungen das Beamtenrecht. Darunter waren das Beamtenreichsrecht, das Landesbeamtenrecht und das Beamtenrecht für Sondergruppen, wie etwa Lehrer und Polizisten. Auch die Besoldung für Reichs-, Landes- und Kommunalbeamte war nicht einheitlich geregelt. Deshalb wurde 1920 für die Reichsbeamten und Soldaten eine grundlegende Besoldungsreform durch das Reichsbesoldungsgesetz vom 30. April 1920 durchgeführt. Das Gesetz sah unter anderem vor, dass man Erhöhungen bei der Besoldung der aktiven Beamten auch auf die Versorgungsbezüge der Pensionäre übertrug. Zum ersten Mal wurde dabei eine gesetzliche Altersgrenze eingeführt, die bei Vollendung des 65. Lebensjahres lag.[3]

Doch entgegen aller anfänglichen Hoffnung der Reichsregierung übernahmen die Länder, Gemeinden und sonstigen öffentlich-rechtlichen Körperschaften diese Regelungen nicht. Es kam zu etwas, was uns heute im Zeichen einer Reföderalisierung des Beamtenrechts bekannt vorkommt – zu einem Besoldungswettlauf zwischen Kommunen, Ländern und dem Reich. Er sollte eigentlich durch das Gesetz zur »Sicherung einer einheitlichen Regelung der Beamtenbesoldung« (Besoldungssperrgesetz) vom 21. Dezember 1920 unterbunden werden, in dem festgelegt wurde, dass die Höhe der Besoldung von Reichsbeamten nicht von den Landesdienstherrn überschritten werden durfte. Die beabsichtigte Wirkung wurde aber nicht erreicht, weil die Länder keine entsprechenden Gesetze erließen. Nach mehrmaligen Verlängerungen trat das Besoldungssperrgesetz mit Änderung vom 24. März 1925 zum 1. April 1926 außer Kraft.

Spannend ist die Zeit der Weimarer Republik aber noch aus einem anderen Grund: Denn in den Jahren der Weltwirtschaftskrise 1929/30 griff – zum ersten Mal in der neueren Zeit – der finanziell tief angeschlagene Staat vor dem Hintergrund der Lasten der Kriegsschulden und anstehender Reparationszahlungen an die Siegermächte seinen Beamten tief in die Tasche. Die Notverordnungen des Kanzlers Heinrich Brüning setzten vor allem dort an, wo der Staat bis heute am leichtesten Einsparungen realisieren kann – im Öffentlichen Dienst. Der Historiker Hans Mommsen hat vor mehr als 25 Jahren dazu eine hochinteressante Studie vorgelegt, die heute aktueller denn je erscheint.[4] Folgen wir ihm ein wenig in der Chronologie der damaligen Ereignisse und der daraus resultierenden Folgen.

Um die wachsenden Lasten des Reiches und der Kommunen hinsichtlich der Arbeitslosenversicherung und vor allem der Wohlfahrtsunterstützung auszugleichen, hatte bereits das zweite Kabinett mit Reichskanzler Hermann Müller ein »Notopfer« von Beamten erwogen. Die Arbeitslosenversicherung war 1927 eingeführt worden und geriet unter Druck, weil sie bei einem Beitragssatz von höchstens drei Prozent auf durchschnittlich 800 000 Arbeitslose ausgelegt war. Im Winter 1928/29 waren jedoch in Deutschland bereits mehr als drei Millionen Menschen arbeitslos und der Staat musste einspringen. Die SPD drängte Anfang 1930 auf eine Erhöhung des Beitrags auf vier Prozent und ein Notopfer der Festbesoldeten, scheiterte jedoch am Einspruch des Koalitionspartners DVP. Der Bruch der Großen Koalition sollte dabei zu einem entscheidenden inneren Wendepunkt in der Entwicklung der Republik werden.

Trotz des Widerstands der DVP hielt jedoch Müllers Nachfolger, Heinrich Brüning, am Vorhaben eines »Notopfers« fest und ordnete die »Reichshilfe der Personen des Öffentlichen Dienstes« in der Notverordnung vom 26. Juli 1930 an. Die zunächst relativ maßvolle Herabsetzung der Gehälter um sechs Prozent wurde mit dem besonderen Treueverhältnis der Beamten gegenüber dem Staat begründet und als vorübergehend und einmalig bezeichnet. Doch das Karussell weiter fortschreitender Besoldungskürzungen drehte sich immer schneller, je mehr es mit der deutschen und der Weltwirtschaft bergab ging. Am 1. Dezember 1930 wurden die Gehälter bereits wieder um weitere sechs Prozent gekürzt, am 1. Juni 1931 folgte eine weitere Kürzungsrunde von bis zu acht Prozent, ein halbes Jahr später waren es bei der vierten Notverordnung (8.12.1931) dann noch einmal neun Prozent. Die Löhne und Gehälter in der Privatwirtschaft wurden auf dem Stand von 1927 eingefroren. Brünings Sturz verhinderte weitere Kürzungsmaßnahmen. Aber immerhin sollte die im Dezember verfügte Senkung von Gehältern, Ruhe- und Wartegeldern, Pensionen und Übergangsbezügen noch bis Anfang 1934 in Kraft bleiben.

Aus dem vorübergehenden »Notopfer« war so ein systematischer Gehaltsabbau geworden, dessen »schematischen« und »willkürlichen« Charakter die Beamtenverbände in immer neuen Eingaben heftig beklagten. Alles in allem verringerten sich die Einkommen im Öffentlichen Dienst damals um 25 Prozent. Zugegeben: Das war immer noch eine recht komfortable Situation angesichts des Heers der Arbeitslosen auf den Straßen Deutschlands. Aber die Lage für die rund 1,25 Millionen Beamten und Angestellten im Reich war alles andere als rosig. Hinzu kamen noch rund 400 000 Versorgungsempfänger, das Personal der Reichswehr und nicht zuletzt eine hohe Zahl kriegsversehrter Pensions- und Versorgungsempfänger sowie schließlich das statistisch kaum erfassbare Heer der von öffentlichen Körperschaften beschäftigten Arbeiter.

Vor allem hier, bei den unteren Einkommensgruppen und den Versorgungs- und Pensionsempfängern, machten sich die Einschnitte stark bemerkbar. Das Schlagwort von dem »umgekehrten Steuerprivileg« der Beamten und der Vorwurf ungleichmäßiger Lastenverteilung machten die Runde. Insbesondere die Herabsetzung der Pensionen und Ruhe- und Wartestandsbezüge führte zu erbitterten Reaktionen bei den Beamten, da diese Maßnahmen als Eingriff in die in Art. 129 der Weimarer Verfassung geschützten »wohlerworbenen Rechte« der Beamten und als widerrechtliche Enteignung gedeutet wurden. Schließlich galt das, was auch heute noch Gültigkeit hat: Die Pension wurde als ein »zurückgelegter Teil« des Gehalts angesehen. Die Verbitterung der deutschen Beamten richtete sich besonders gegen die Notverordnung vom 24. August 1931, die die Länder und Gemeinden betraf und die Brüning in der Rückschau als »die einschneidendste staatsrechtliche Änderung seit der Weimarer Verfassung und eine Rückkehr zu den besten Traditionen der preußischen Verwaltung vor hundert Jahren« bezeichnete. In Abweichung vom geltenden Landesrecht und unter Ausschaltung der parlamentarischen Vertretungen wurden damals die Landesregierungen ermächtigt, die Beamten- und Angestelltengehälter in Ländern und Gemeinden mindestens auf die Stufe vergleichbarer Reichsbeamten herabzusetzen.

Dies führte am Ende zu einer tiefgreifenden Zersplitterung des Besoldungswesens und der Laufbahnbestimmungen, da die Länder in einander überstürzenden Sparverordnungen jeweils eigene Wege gingen und vielfach sogar das Prinzip gleicher Besoldung gleichrangiger Beamtengruppen durchbrachen. Unter dem extremen Finanzdruck und unter Berufung auf die Ermächtigung kam es zur Herabstufung von Beamten in niedrigere Besoldungsgruppen, zur Reduzierung der Bezüge einzelner Beamtengruppen, zur Beseitigung der Emeritierung, zur Entlassung verheirateter Beamtinnen, schließlich zur Entlassung von weiblichen Bediensteten überhaupt. Darüber hinaus bewirkten die generelle Einstellungssperre, die häufige Herabsetzung der Dienstaltersgrenze, der Beförderungsstopp sowie Maßnahmen zur Verwaltungsvereinfachung und die Ersetzung von Beamten durch Angestellte, dass der komplizierte, aber im Sinne des Berufsbeamtentums sakrosankte Mechanismus von Laufbahnbestimmungen, Beförderungsreihenfolge, Dienstaltersberechnungen und vorher bestimmbarer Pensionsansprüche vollkommen durcheinandergeriet.

Sieht so die Blaupause für staatliche Kürzungsmaßnahmen im Öffentlichen Dienst aus, wenn dem Staat das Geld ausgeht? Griechische, irische und spanische Beamte werden dies sicherlich so sehen. In Deutschland trug die Zerstörung des Vertrauensverhältnisses zwischen Beamten und Staat, von der seit 1931 allenthalben die Rede war und die den Reichspräsidenten von Hindenburg nicht unbeeinflusst ließ, maßgeblich zum Sturz von Reichskanzler Brüning bei. Dies war ein Schritt in die nachfolgende Katastrophe.[5]

Mit der Machtübernahme der Nationalsozialisten wurde mit dem Führerprinzip und der Gleichschaltung das zersplitterte deutsche Beamtenrecht durch das Gesetz zur Wiederherstellung des Berufsbeamtentums, das Beamtenrechtsänderungsgesetz, das Deutsche Beamtengesetz und die Reichsdienststrafordnung vereinheitlicht. Diese Gesetze galten für alle Beamten im Reich, in den Ländern, in den Gemeinden sowie die Beamten der sonstigen Körperschaften, Anstalten und Stiftungen des öffentlichen Rechts. Zugleich wurden die für Preußen bestehenden Strukturen in der Verwaltung beseitigt. Mit dem Gesetz zur Wiederherstellung des Berufsbeamtentums vom 7. April 1933 konnten alle politisch wie rassisch unerwünschten Beamten entfernt werden. Nach dem Beamtenrechtsänderungsgesetz vom 30. Juni 1933 durfte als Beamter nur behalten bzw. berufen werden, wer die Gewähr dafür bot, jederzeit rückhaltlos für den nationalsozialistischen Staat einzutreten. Das deutsche Beamtengesetz von 1937 ging von einem Dienst- und Treueverhältnis des Beamten zu Führer und Reich aus; der

Treueid wurde auf den Führer geleistet. Jeder Beamte konnte in den Ruhestand versetzt werden, wenn er nicht die Gewähr dafür bot, für den nationalsozialistischen Staat einzutreten. Die nationalsozialistische Diktatur brachte damit die Beamten in eine immer stärkere Abhängigkeit vom Staat.

Interessant für unser Thema wird jedoch wieder das Ende der Naziherrschaft im Mai 1945. Das Jahr der Kapitulation Deutschlands leitete eine große Debatte um die Existenzberechtigung des Berufsbeamtentums ein. Sie soll hier nicht im Detail nachgezeichnet werden. Nur so viel: Die Amerikaner wollten damals aufgrund der Erfahrungen mit den Deutschen im Dritten Reich das deutsche Berufsbeamtentum komplett abschaffen. Sie forderten, den öffentlich-rechtlichen Status der Staatsdiener durch einen privatrechtlichen Dienstvertrag zu ersetzen und die Altersversorgung der Beamten, die sie als überhöht ansahen (!), an die Leistungen der Sozialversicherung anzugleichen. Dazu hätte dann auch gehört, dass Beamte Beiträge zahlen müssten, so wie jeder andere Arbeitnehmer auch. Zunächst in den Bundesländern der amerikanischen Zone, dann auch in der Verwaltung der Bizone, wurde versucht, ein neues Personalsystem einzuführen und durchzusetzen.[6] Es unterschied sich unter anderem vom deutschen System dadurch, dass es keinerlei Unterschied mehr zwischen Angestellten und Beamten gab. So wurden schon bald in der amerikanischen und auch in der britischen Besatzungszone Personalämter unter deutscher Leitung eingerichtet, um dieses neue System durchzusetzen, obwohl es dabei zu erheblichem Widerstand besonders bei den deutschen Beamtenverbänden kam. So gab es zum Beispiel in den Verfassungen von Bremen und Hessen ausdrücklich ein einheitliches Dienstrecht für Arbeiter, Angestellte und Beamte. Nach und nach machten sich auch die SPD und vor allem die Gewerkschaften die Position der Amerikaner zu eigen.

Doch während in der russischen Besatzungszone und späteren DDR der Beamtenstatus komplett abgeschafft und in den westlichen Zonen noch darum gerungen wurde, stellte der

»Parlamentarische Rat« 1949 bereits die Weichen und bestimmte, das deutsche Berufsbeamtentum wieder einzuführen.[7] Alle anderen Regelungen verloren damit ihre Gültigkeit. 1950 regelte das Bundespersonalgesetz die Weitergeltung des Reichsrechts, das von den Nationalsozialisten bereinigt wurde. Die Rechtsverhältnisse der Beamten wurden mit der Verabschiedung des Bundesbeamtengesetzes (BBG) vom 14. Juli 1953 grundlegend geregelt. Heute bestimmt somit im Wesentlichen Art. 33 Abs. 5 des Grundgesetzes den Status von Beamten. Hier werden unter anderem die Ausgestaltung des Beamtenverhältnisses als öffentlich-rechtliches Dienstverhältnis, die Treuepflicht des Beamten, das Streikverbot, die grundsätzliche Anstellung auf Lebenszeit, das Leistungsprinzip, das Laufbahnprinzip, die Neutralitätspflicht der Beamten und die Fürsorgepflicht des Dienstherrn geregelt.

Zu den wesentlichen Bestandteilen der »hergebrachten Grundsätze« des Berufsbeamtentums zählt das uns hier besonders interessierende Alimentationsprinzip. Dies verpflichtet den Dienstherrn, den »amtsangemessenen Unterhalt« (Besoldung und Versorgung) des Beamten und seiner Familie sicherzustellen. Nach Aussage des Bundesverfassungsgerichts ist die Besoldung der Beamten dabei so zu bemessen, dass eine unparteiische und frei von sachwidrigen wirtschaftlichen Überlegungen mögliche Amtsführung – und damit eine rechtsstaatliche und funktionsfähige Verwaltung – gewährleistet ist.

Wichtig ist in Bezug auf die Altersversorgung von Beamten dabei vor allem: Nach geltendem Verfassungsrecht ist es nicht möglich, die Beamtenversorgung als Sondersystem sozialer Sicherung einfach abzuschaffen und die Beamten in die gesetzliche Rentenversicherung miteinzubeziehen. Ein gravierender Punkt, wenn wir an das Stichwort von der »Bürgerversicherung« und die Diskussion darüber denken, dass auch Beamte in die gesetzliche Rentenversicherung einzahlen sollen. Das Bundesverfassungsgericht hat dies in mehreren Urteilssprüchen wiederholt betont. Aber: Die grundgesetzlich geschützten

»hergebrachten Grundsätze des Berufsbeamtentums« schließen weder eine Harmonisierung von Beamtenversorgung und gesetzlicher Rentenversicherung noch eine Reform der Beamtenversorgung angesichts sich verändernder demografischer, wirtschaftlicher und finanzieller Rahmenbedingungen aus. Dies ist eine wichtige Einschränkung und soll uns noch beschäftigen.

Und genau dieser Versuch im Hinblick auf eine gesicherte Versorgung der Beamten ist auch durchaus schon sehr frühzeitig und weitsichtig in einem interessanten, vielversprechenden Anlauf unternommen worden. Denn in seiner Regierungserklärung zur Eröffnung der 2. Legislaturperiode kündigte Bundeskanzler Konrad Adenauer grundlegende Sozialreformen an. Zu diesem Zweck wurde im Bundesarbeitsministerium sogar ein eigenes »Generalsekretariat« für die Sozialreform, das eine Neuordnung der sozialen Leistungen vor allem nach stärker finanziellen statt nach kausalen Kriterien vornehmen sollte.[8] Von diesen ambitionierten Plänen blieb am Ende jedoch nur die Rentenreform von 1957 und das sogenannte Bundesversorgungsreformgesetz vom 20. Juli 1957 übrig. Als überzeugter Verfechter der Marktwirtschaft konnte sich Ludwig Erhard dabei im Streit um die Rentenreform nicht durchsetzen. Das seitdem bestehende Umlageverfahren (der sogenannte Generationenvertrag) lehnte der Vater des Wirtschaftswunders als nicht zukunftsfähig ab. Adenauer setzte sich mit dem bekannten Ausspruch »Kinder kriegen die Leute sowieso« dabei über diese Bedenken hinweg.

Anders sah es beim sogenannten Bundesversorgungsreformgesetz vom 20. Juli 1957 aus, das uns in diesem Zusammenhang ganz besonders interessiert. Es sah nämlich vor, dass die Beamtengehälter ab 1957 um sieben Prozent gekürzt wurden, um den dadurch entstandenen Betrag für die spätere Versorgung der Beamten zu verwenden.[9] Was wir hier in Ansätzen sehen, ist der Versuch, einen ersten kapitalgedeckten Pensionsfonds für die spätere Beamtenversorgung der noch aktiven Jahrgänge einzurichten. Das Gesetz sah ausdrücklich vor, dass die einbehaltenen sieben Prozent der aktiven Beamten zur Sicherung der späteren Altersversorgung verwendet werden sollten. Der Anteil entsprach dem damaligen Eigenanteil der gesetzlichen Rentenversicherung der übrigen Arbeitnehmer. Das alles war ein Manöver des ersten deutschen Bundeskanzlers, mit dem er vor allem die Entlastung der öffentlichen Haushalte erreichen wollte. Adenauer und seine Regierung hatten nämlich das Problem, Millionen von Kriegsteilnehmern, Heimatvertriebenen und Kriegerwitwen versorgen zu müssen, und der Kanzler wollte natürlich auch die Wahl im Jahr 1957 wieder gewinnen. Deshalb sollten sich auch die Beamten frühzeitig an ihrer eigenen Altersvorsorge beteiligen. In der gesetzlichen Rentenversicherung führte Adenauer übrigens zeitgleich das Umlageverfahren ein, bei dem die Einzahlungen in die Rentenkasse gleich wieder ausbezahlt werden.[10]

Doch der Pensionsfonds von 1957 verschwand in den Folgejahren sang- und klanglos in den Haushalten der nachfolgenden Regierungen. Und auch von ihren Beiträgen sahen die Beamten in der Folgezeit nichts mehr wieder. »Hätte man mit dem Neubeginn des Öffentlichen Dienstes nach dem Krieg Vorsorge für die späteren Pensionen durch die Einrichtung eines Fonds getroffen, wären die Kosten für die Alterssicherung der Beamtinnen und Beamten sofort transparent geworden«, meint denn auch Gisela Färber, Expertin für die Altersvorsorge im Öffentlichen Dienst der Verwaltungshochschule Speyer. »Man hätte klar erkennen müssen, dass sich der Staat die Stellenexpansion der sechziger und siebziger Jahre nicht hätte leisten können.«[11]

Was auf den ersten Blick wie ein klarer Verstoß gegen die Treuepflicht des Staates gegenüber seinen Beamten anmutet, darf man heute aus der Rückschau aber sicherlich auch als ein Geschäft auf Gegenseitigkeit bezeichnen: Die Politik konnte das Geld aus dem angelegten Pensionsfonds gut gebrauchen und die Beamten waren sich sicher, auch weiterhin ihre Pensionen und Ruhestandsgehälter aus den laufenden Steuereinnahmen zu bekommen. Es gab folgerichtig auch keinen großen

Aufschrei von den Beamten. Sie hielten sich mit größeren Protesten zurück. Wichtig ist aber: Bereits 1957 – also vor mehr als einem halben Jahrhundert – haben die Finanzpolitiker das entstandene und bis heute existierende Problem richtig erkannt und damals einen als notwendig erachteten, weitsichtigen Beschluss getroffen. Nicht zuletzt, um einen aus dem Ruder laufenden Haushalt zu retten. Ein vergleichbarer Pensionsfonds sollte jedoch erst wieder – viel zu spät – vierzig Jahre später aufgelegt werden: in Rheinland-Pfalz.

Die größte Änderung in jüngster Zeit in der Beamtenbesoldung und -versorgung hat die Föderalismuskommission I im Zuge der deutschen Einheit 1992 gebracht. Sie regelte die Aufteilung von Zuständigkeiten zwischen dem Bund und den Ländern in einigen Bereichen neu. Dazu zählte auch das Beamtenrecht. Die bisher konkurrierende Zuständigkeit des Bundes für Laufbahn, Besoldung und Versorgung ist seitdem in der konkreten Ausgestaltung für die Beamten der Länder auf die Landesregierungen übertragen worden (Art. 70 GG) – im Gegensatz übrigens zum bundesweit einheitlichen Tarifvertrag für Angestellte im Öffentlichen Dienst. Für die Beamtenbesoldung gilt seitdem eine neue Reföderalisierung der Zuständigkeiten. Eine Entwicklung, die übrigens auf europäischer Ebene in anderen EU-Ländern ihre Entsprechung findet. Die traditionelle Auffassung vom Öffentlichen Dienst als einem einheitlichen Arbeitgeber tritt so allmählich in den Hintergrund, das betrifft insbesondere die Wahl der Regelaltersgrenze sowie die Ausgestaltung der Beamtenversorgung. Bund und Länder haben sich darauf verständigt, nur mehr Rudimente des Beamtenrechts in Deutschland zukünftig zu vereinheitlichen. Damit fördert das Beamtenstatusgesetz die »kleinteilige Parzellierung des Beamtenrechts«,[12] statt einen gesamtstaatlichen Konsens in den zentralen Fragen des Beamtenrechts zu gewährleisten.

Erklärtes Ziel der Föderalismusreform I war es, die unterschiedlichen Gemengelagen dienstrechtlicher Zuständigkeiten zu beseitigen und damit zugleich Sparpotenziale in öffentlichen Haushalten zu verwirklichen. Auch wollte die Mehrheit der Länder – und will dies bis heute – für ihre Beamtenschaft landesangepasste Lösungen verwirklichen und nicht länger über den Bundesrat gezwungen sein, Kompromisse und Öffnungsklauseln in der Rahmengesetzgebung des Bundes auszuhandeln. Somit regelt das am 1. April 2009 vollständig in Kraft getretene Beamtenstatusgesetz die Sicherung eines Mindestmaßes an Homogenität des deutschen Berufsbeamtentums. Das Gesetz beansprucht, die beamtenrechtlichen Basisnormen festzulegen, »die gemeinsam mit Art. 33 Abs. 5 eine Klammer für einheitliche Grundstrukturen im Beamtenrecht darstellen« sollen. Damit kommt dem Gesetz eine »Schlüsselfunktion für die gesamte Föderalisierung des Beamtenrechts« zu.[13] Interessant ist dabei, dass es aber auch bereits in den Beratungen zur Föderalismusreform erste warnende Stimmen finanzschwacher Bundesländer gab, die darauf hinwiesen, es dürfe kein »bundesweites Gefälle im Bereich der Besoldung und Versorgung der Beamten« entstehen und die »Mobilität der Beamten« sei weiterhin zu gewährleisten. Wie wir noch sehen werden, war diese Warnung berechtigt.

Mit dem Beschluss der Föderalismuskommission wurde dabei eine gegenläufige Initiative der Bundesländer aus dem Jahr 1971 revidiert, in der Teile dieser Kompetenzen von den Ländern im Wege einer Rahmengesetzgebungskompetenz auf den Bund übertragen worden war. Nicht unwichtig war übrigens 1971 die Begründung für eine solche bundeseinheitliche Regelung: Es sollte ein ruinöser Wettlauf zwischen den Ländern vermieden werden. Mit Sparzielen in öffentlichen Haushalten, so der interessante Befund, lassen sich also sowohl Zentralisierungen als auch Föderalisierungen des Dienstrechts in Deutschland begründen, beurteilt ein so profunder Kenner der Materie wie Jürgen Lorse diese Veränderungen ahnungsvoll.[14] Er dürfte recht behalten.

Beamte in Bund, Ländern und Kommunen

Manchmal ist es gut, sich der Wahrheit auf Umwegen zu nähern und in freundlich-verbindlichem Ton. Hans-Werner Sinn, Chef des Münchener ifo-Instituts und einer der einflussreichsten Wirtschaftswissenschaftler in Deutschland, hat dies vor rund acht Jahren getan, als er seine »Sieben Wahrheiten über Beamte« für eine große deutsche Boulevardzeitung aufschrieb. Eingeleitet wurden sie mit der Frage: »Ist Deutschland krank, weil es sich Heerscharen von unkündbaren Staatsdienern leistet, die wenig arbeiten, die Bürger anmuffeln und ihre Pfründe einstreichen?« »Nein«, antwortete der ifo-Chef, »die Tatsachen sehen bei näherem Hinsehen doch wohl etwas anders aus als dieses Klischee.« Und er zählte auf:

1. Deutschland hat mit nur 12,5 Prozent an der Gesamtzahl der Arbeitnehmer extrem wenige Staatsdiener. In Dänemark und Schweden arbeitet ein Drittel der Arbeitnehmer beim Staat, in Großbritannien tun es 22 Prozent, und selbst in den USA zählt man 16 Prozent. Unter den entwickelten OECD-Ländern liegen wir, was den Anteil der Staatsdiener betrifft, auf einem der letzten Plätze, vergleichbar mit Luxemburg und Japan. Dennoch arbeiten deutsche Behörden im internationalen Vergleich vorbildlich. Die Effizienz der deutschen Staatsdiener hält jedem internationalen Vergleich stand.
2. Nur etwa ein Drittel der Staatsdiener sind Beamte und Richter, die den vollen Kündigungsschutz genießen. Zwei Drittel sind Angestellte bzw. Arbeiter, die dem normalen Tarifrecht unterworfen sind. Der Kündigungsschutz vieler privat beschäftigter Arbeitnehmer ist heute fast so hoch wie jener der Beamten. Wer 15 Jahre beschäftigt war, ist kaum noch kündbar. Auch Beamter wird man nicht von heute auf morgen, sondern nach sehr langen Wartezeiten.

3. Beamte können nicht streiken und sind dem Staat gegenüber per Eid zur Treue verpflichtet. Sie können jederzeit an einen anderen Ort versetzt werden, wo sie gebraucht werden. Sie stellen eine immer verfügbare, verlässliche Basis des Staatswesens dar, die auch in schwierigsten Zeiten Stabilität garantiert. Richter und Polizisten sind zum Beispiel Beamte, weil sie unabhängig und unbestechlich sein müssen. Und früher waren es auch die Lokführer, Schrankenwärter oder Fluglotsen, weil man sicherstellen wollte, dass der Verkehr nicht durch Streiks lahmgelegt werden kann. (Warum freilich Lehrer oder Universitätsprofessoren im Normalfall Beamte sein sollten, ist nur schwer einzusehen.)

4. Staatsdiener arbeiten mehr. Die tarifliche Arbeitszeit der Arbeiter und Angestellten im Öffentlichen Dienst liegt mit durchschnittlich 1708 Stunden pro Jahr um 3,5 Prozent über dem Durchschnitt der in der Privatwirtschaft beschäftigten Arbeitnehmer, wo 1649 Stunden pro Jahr gearbeitet werden. Beamte arbeiten sogar bis zu zwölf Prozent länger als die Beschäftigten in der privaten Wirtschaft.

5. Die Bruttolöhne und -gehälter der Staatsbediensteten lagen Mitte 2003 trotz der längeren Arbeitszeiten im Durchschnitt um 5,5 Prozent unter den entsprechenden Werten der privaten Wirtschaft, obwohl Staatsbedienstete im Durchschnitt über eine höhere Qualifikation als privat beschäftigte Arbeitnehmer verfügen müssen.

6. Dass Beamte begünstigt sind, weil sie keine Sozialabgaben zahlen, ist ein Märchen. Da der Staat seit jeher mit der Privatwirtschaft konkurrieren musste, sind bei gleichen Qualifikationsstufen die Netto- und nicht etwa die Bruttogehälter der Beamten mit den Gehältern der Privatwirtschaft vergleichbar. Was andere an Sozialabgaben zahlen, wird den Beamten von vornherein nicht als Gehalt zugebilligt.

7. Die Beamtengehälter stiegen zumindest im gehobenen Dienst viel langsamer als die Gehälter in der Privatwirtschaft. In den dreißig Jahren von 1970 bis 2000 stiegen die Bruttomonatsverdienste der hoch qualifizierten Angestell-

ten im privaten Sektor um durchschnittlich 330 Prozent, doch die Gehälter der Beamten des gehobenen Dienstes stiegen durchschnittlich nur um 190 Prozent. Der Stundenlohn eines Industriearbeiters stieg in der gleichen Zeit um 350 Prozent, und der Sozialhilfesatz nahm um 450 Prozent zu.

Fazit: Die Beamten sind viel billiger und fleißiger als ihr Ruf. Seien wir froh, dass wir sie haben.[1]

Das war im Jahr 2004. Einige Zahlen, die Sinn damals aufführte, sind inzwischen Makulatur. So ist heute Deutschland mit einem Anteil von rund zwölf Prozent Beamten und Angestellten im Öffentlichen Dienst im europäischen Vergleich das »zweitgünstigste« Land. Nur in der Slowakei liegt der Anteil noch darunter. In den USA sind es 16 Prozent, in Italien knapp 19 Prozent, in Frankreich gar 24 Prozent und in Skandinavien sogar rund dreißig Prozent. Insgesamt ist in Deutschland die Zahl der Beschäftigten im Öffentlichen Dienst in den vergangenen zwei Jahrzehnten deutlich gesunken – durch Privatisierungen und durch Stellenabbau. Zu diesem Ergebnis kommt eine neue Studie aus dem Frühjahr 2012, die der Berliner Finanzwissenschaftler Dieter Vesper im Auftrag des Instituts für Makroökonomie und Konjunkturforschung der gewerkschaftsnahen Hans-Böckler-Stiftung erarbeitet hat.[2] Viele der Ansichten von Hans-Werner Sinn sind dabei sicherlich auch heute noch richtig. Nur eben nicht alle. Etwa, dass Beamte billiger sind als Angestellte im Öffentlichen Dienst. Dies gehört, da ist sich die Wissenschaft inzwischen ziemlich einig, zu einer der Lebenslügen dieser Republik. Fleißig und lange Zeit wurde sie von vielen Politikern kolportiert. Nicht ohne Grund, denn die Politik machte und macht sich bis heute im kurzfristigen Denken in Legislaturperioden einen Riesenvorteil zunutze, den die Einstellung von Beamten nun einmal bietet: Beamte kosten zunächst nämlich in der Tat weniger als Angestellte, denn die Sozialabgaben entfallen in ihrer aktiven

Zeit komplett. Das hat die Politik lange Zeit sehr zu schätzen gewusst!

Die Beamten selbst sind trotz ihrem verständlichen Wunsch nach Besitzstandswahrung nicht für das heute absehbare Finanzdesaster verantwortlich. Im Gegenteil: Es waren die Politiker, die so gerne immer noch mehr Beamte um sich scharten, weil die Kosten für die Rücklagen lange Zeit in der Primitiv-Buchführung der Kameralistik öffentlicher Haushaltsführung nicht aufzutauchen brauchten. Warum auch? Gezahlt wird eben später. Das alles hatte lange Zeit etwas von einer Kreditkartenmentalität an sich, die nicht nur im Mutterland von American Express, Barclays und Visa Card gang und gäbe ist, wo amerikanische Möchtegern-Hauseigentümer die jüngste US-Immobilienblase mit ungedeckten Krediten zum Platzen brachten. Nein, auch deutsche Politiker verfuhren in der Vergangenheit mit Steuergeldern nicht viel anders: Sie stellten immer gerne noch mehr Beamte ein, für deren volle Altersvorsorge erst dann gezahlt werden muss, wenn sie selbst nicht mehr in Amt und Würden sind und ihre eigenen Pensionen genießen.

So explodierte der Öffentliche Dienst geradezu in den sechziger, siebziger und achtziger Jahren. Ganz besonders im Bildungswesen, wo die Bezüge von Lehrern und Hochschullehrern sich – auch im europäischen Vergleich – bis heute mehr als sehen lassen können. Die Anzahl der Bediensteten im Öffentlichen Dienst verdoppelte sich in den zwei Jahrzehnten zwischen 1960 und 1980 im Westen schlichtweg. Die Zahl der Beschäftigten in der Verwaltung von Bund, Ländern und Gemeinden stieg zwischen 1950 und 1993 von 1,18 Millionen auf 3,48 Millionen an.[3] Das ist ein Zuwachs von stattlichen 195 Prozent. An dieser Stellenvermehrung waren der Bund mit einem Anteil von 11 Prozent, die Länder mit 53,8 Prozent und die Gemeinden mit 35,2 Prozent beteiligt.

Was in den sechziger Jahren in der Politik noch aus einer Mischung aus Naivität und Unbedarftheit gemacht wurde, zieht sich als Verhaltensweise aber bis in die jüngste Zeit hinein. So

ließ sich 1998 beispielsweise der sozialdemokratische Offen-
bacher Bürgermeister Gerhard Grandke bundesweit als kom-
munaler Sparpolitiker feiern, weil er 390 Angestellte zu scheinbar billigeren Beamten machte, um dadurch seinen städtischen
Etat zumindest kurzfristig zu entlasten. Grandke, früher selbst
Stadtkämmerer, machte zwar sofort die Gegenrechnung auf
und präsentierte einen eigenen kommunalen Pensionsfonds.
Aber wie wenig Pensionsfonds wirklich helfen, werden wir später noch sehen – zum Beispiel auf Bundesebene an dem ein-
drucksvollen Beispiel der Unterstützungskassen für ehemalige
Beamte von Post und Telekom.

Hinter dem Sozialdemokraten Grandke wollten damals
auch andere nicht zurückstehen. Beispielsweise die sozialdemokratische Ministerpräsidentin von Schleswig-Holstein, Hei-
de Simonis. Sie wollte der Landesbank Schleswig-Holstein ge-
statten, Angestelltenjobs in Beamtenstellen umzuwandeln, damit Beitragsgelder gespart werden konnten. Erst nach massi-
vem öffentlichem Druck nahm sie ihre Entscheidung wieder
zurück. In die gleiche Kerbe schlug aber auch ein so stramm
konservativer Mann wie der damalige Brandenburger CDU-In-
nenminister Jörg Schönbohm. »Die Verbeamtung von hundert
Angestellten senkt die Ausgaben um 600 000 Mark«, rechnete
der CDU-Politiker vor Jahren seinen defizitären Kommunen
vor.[4] Kurze Zeit später wandelte auch die brandenburgische
Landesregierung gut 7000 Teilzeitpädagogen in Beamte um,
um Sozialabgaben von 27 Millionen Mark zu sparen.[5]

Und das war kein Einzelfall: Überall versuchten Ende der
neunziger Jahre SPD- wie CDU-regierte Länder und Kommunen durchzusetzen, was sie stets der Privatwirtschaft vorwar-
fen: den heimlichen Rückzug aus der gesetzlichen Rentenversicherung. Nach der Einheit machten Länder wie Sachsen,
Thüringen und Hessen mit eigenen Gesetzen Tausende bishe-
riger Angestellter zu Beamten. Städte und Gemeinden zogen
nach. Dabei musste auch schon damals allen Beteiligten klar
gewesen sein: Der Trend zum beamteten Staatsdienst schädigt
Deutschlands Solidarsysteme gleich doppelt: Durch die Verbe-

amtung fehlen Beitragszahler für die Rentenkasse, und die öffentlichen Haushalte geraten in Not.

In einzelnen Bundesländern im Osten gab es deshalb bereits vor Jahren erste warnende Stimmen. Im sogenannten »Benchmark-Gutachten«, vom sachsen-anhaltinischen Finanzminister Jens Bullerjahn (SPD) in Auftrag gegeben, warnten die Autoren bereits 2005, dass es »auf der Landesebene einen Personalüberhang von circa 8000 Vollzeitäquivalenten und auf der Gemeindeebene von circa 6900 Vollzeitäquivalenten (gibt). In dynamischer Sicht sind sogar noch deutlich höhere Personalabbaubedarfe erkennbar, da zusätzlich zum gegenwärtigen Personalüberhang auch die Notwendigkeit besteht, den Personalbestand dem Rückgang der Bevölkerung anzupassen, da mit dem Bevölkerungsrückgang auch ein proportionaler Einnahmenverlust verbunden ist.« Bis zum Jahr 2012 müsste das Land Sachsen-Anhalt, so das Resümee der Autoren, circa 22 Prozent seines Personals auf der Landesebene abbauen und weitere circa 6,5 Prozent in den Jahren bis 2020. Bis 2012 müsste der Personalabbau eine Größenordnung von circa 11 400 Vollzeitäquivalenten erreichen – »wobei es mehr als fraglich erscheint, ob das Land diesen Anpassungsprozess in dieser Höhe bewältigen kann«.[6] Man sieht: Die Zeitbombe konnte man bereits ohne Weiteres ticken hören. Aber niemand wollte sie entschärfen.

So kommen die Einstellungswellen von damals heute als Kostenlawine auf uns zurück. Das Ganze geht zudem einher mit einer über dem Durchschnitt liegenden längeren Lebenserwartung von Beamten. Manche Studien sprechen von zwei, andere von drei Jahren. Das hat nichts mit Belastung oder Arbeitseifer zu tun, sondern mit der generellen Tatsache, dass Akademiker im Schnitt älter werden als etwa der Handwerker auf dem Bau. Immer mehr Transferempfänger – und dazu gehören die Beamten auch – stützen sich also auf eine immer kleinere Zahl von Steuerzahlern. Eine brisante Mischung, wie auch die Expertin für Beamtenpensionen, Gisela Färber, meint. »Ich denke, dass man hier einfach eine Lastverschiebung zu Lasten der zukünftigen Generationen gemacht hat, die im Übrigen weitaus dramatischer ist als alles, was wir in der Rentenversicherung derzeit diskutieren.«[7] Und die zudem auch zeitlich nur noch geringere Spielräume offen lässt.

Beim Bund, der rund zwanzig Prozent der deutschen Beamten stellt, stieg die Zahl der Pensionäre in den Jahren von 1994 bis 2007 von 131 800 auf 167 400. Das ist ein Anstieg von 27 Prozent.[8] Heute sind es wieder weniger Pensionäre geworden, vor allem weil sich die Aufgabenstellungen beim Öffentlichen Dienst im Bund unter anderem auch durch Umstrukturierungen in der Verwaltung verändert haben. So gab es zum Stichtag 1. Januar 2011 noch rund 126 600 Pensionäre – das waren 0,7 Prozent mehr ehemalige Beamte bzw. Berufssoldaten als ein Jahr zuvor.[9] Doch das bedeutet nicht viel, wie man sehr schön im Statistischen Jahrbuch aus dem Jahr 2010 nachlesen kann. Dort heißt es:»Im Laufe des Jahres 2010 wurden beim Bund rund 2800 Beamte und Beamtinnen in den Ruhestand versetzt (minus 8 Prozent gegenüber 2009). Dieser relativ starke Rückgang der Neupensionäre und -pensionärinnen ist weitgehend demografisch bedingt: Im Jahr 2010 erreichte der geburtenschwache Jahrgang 1945 die Regelaltersgrenze von 65 Jahren.«[10] Das ist der letzte Kriegsjahrgang. Danach aber ging es mit der Geburtenrate in Deutschland wieder steil nach oben. In der Ländergesamtheit stellt das Jahr 1949 den geburtenstärksten Jahrgang in den Reihen des Öffentlichen Dienstes dar. Dieser Jahrgang geht in zwei Jahren – 2014 – in den Ruhestand.

Sechs Milliarden Euro ließ sich der Bund im Jahr 2009 seine früher unmittelbar in seinen Diensten stehenden Ruhestandsbeamten kosten. Wie sie auch in Zukunft zu finanzieren sind, darauf gibt der – bislang neueste – 4. Versorgungsbericht des Bundes aus dem gleichen Jahr eine mehr als kryptische Antwort:»Entscheidend für die Tragfähigkeit des Versorgungssystems ist das Verhältnis der Ausgaben zum Bruttoinlandsprodukt und den Steuereinnahmen«, schreibt die Bundesregierung dazu sperrig in ihrem aktuellen Versorgungsbericht.[11]

Das soll heißen: Der Staat baut darauf, dass Wirtschaftsleistung und Steuereinnahmen auch in Zukunft stetig steigen, um den Finanzbedarf für seine Ruhestandsbeamten wie bisher zu decken. Doch das ist eine Rechnung mit vielen Unbekannten, wie wir spätestens mit der letzten Wirtschafts- und Finanzkrise vor Augen geführt bekommen haben. Im nüchternen Amtsdeutsch heißt es dazu bereits im Vorwort des 3. Versorgungsberichts der Bundesregierung aus dem Jahr 2005 warnend: »Die zunehmende Alterung wirft Probleme bei der Finanzierung der umlagefinanzierten sozialen Sicherungssysteme auf, zu denen auch die überwiegend steuerfinanzierten Versorgungssysteme des Öffentlichen Dienstes gehören. Immer weniger Jüngere müssen die Leistungen für immer mehr Ältere aufbringen. Das alternde und abnehmende Arbeitskräftepotenzial berührt mittel- und langfristig über die sozialen Sicherungssysteme hinaus auch die Wirtschaftsentwicklung insgesamt. Es kann in den kommenden Jahrzehnten kaum damit gerechnet werden, dass die Wirtschaft in Deutschland ähnlich dynamisch wächst wie während der sechziger und Anfang der siebziger Jahre.«[12]

Aber der Bund ist nicht nur für die unmittelbar in seinen Diensten stehenden Beamten, Richter, Soldaten und deren Hinterbliebene über ihre aktive Zeit hinaus verantwortlich. Er muss auch für die »mittelbar« im Bundesdienst stehenden Versorgungsempfänger, etwa bei der Bahn oder der Post und im sonstigen Bundesdienst, etwa bei der Arbeitsagentur, der Bundesbank oder dem Bundesversicherungsamt, geradestehen. Und das, obwohl gerade Post, Telekom und Bahn seit langem privatisiert sind. Hier aber hat sich in den letzten Jahren Erstaunliches ereignet. Während bei der Bahn die Zahl der Pensionäre im Zeitraum von 1994 bis zum Jahr 2007 um 13,3 Prozent auf heute 211 900 zurückgegangen ist, ist sie bei der Post im gleichen Zeitraum um sagenhafte 44,5 Prozent auf über 270 000 Ruheständler angestiegen. Sie wird gefolgt vom zahlenmäßig sehr viel kleineren sonstigen »mittelbaren« Dienst, der heute rund 32 800 Pensionäre verzeichnet, dabei allerdings auch erhebliche Zuwächse bei den Pensionierungen in den

Jahren 1994 bis 2007 aufweist – nämlich ein Plus von 36 Prozent! Insgesamt kommen so zu den 126 600 »direkten« Bundes-Pensionären noch einmal knapp 500 000 weitere Versorgungsempfänger hinzu. Wer die alternde Republik sehen will, braucht nur den Öffentlichen Dienst in seiner ganzen Bandbreite genauer zu betrachten![13]

Und für alle legt der Steuerzahler jedes Jahr weitere Milliarden auf den Tisch. Denn wer glaubt, die heute privatisierten Unternehmen Post und Telekom würden für »ihre« Beamten im Alter aufkommen, der täuscht sich gewaltig. Es ist immer noch der Staat, der weiterhin den größten Teil der Ruhestandsgehälter zahlt. So sieht es auch das Gesetz vor. Mit der Zusicherung bei den Pensionen hatte der Bund einst den Börsengang der Telekom 1996 überhaupt erst möglich gemacht und darauf vertraut, durch ein großes Aktienpaket und hohe Kurse samt satten Gewinnen die Außenstände, sprich: Pensionen, auf Jahre hinaus bezahlen zu können. Verspekuliert nennt man das, was da mit den Pensionszahlungen im Zusammenspiel von Politik und Telekom passiert ist: auf Kosten der Steuerzahler, die – als Kleinanleger – gleich doppelt zur Kasse gebeten wurden. Es sollte nicht das letzte Mal gewesen sein, dass die Politik die Altersvorsorge seiner Staatsdiener in den Sand gesetzt hat, um sie anschließend dem Steuerzahler aufzubürden.

Und so zahlt der Bund weiter – und das, obwohl Post und Telekom bis vor kurzem jeweils eigene Unterstützungskassen hatten, die heute im »Bundes-Pensions-Service für Post und Telekommunikation e.V.« (BPS-PT) verschmolzen sind. Der BPS-PT betreut derzeit fast ein Fünftel der Versorgungsempfänger in der Bundesrepublik und ist damit die größte Beamtenversorgungskasse in Deutschland mit rund 273 000 Ruhestandsbeamtinnen und -beamte, Witwen, Witwer und Waisen. Post und Telekom sind nach Art eines Pensionsfonds gesetzlich verpflichtet, seit dem Jahr 2000 einen jährlichen Beitrag in Höhe von 33 Prozent der aktiven und der fiktiven Bruttobezüge der ruhegehaltsfähig beurlaubten Beamten an die Unterstützungskassen zu zahlen.

Der Bund muss seit dem Jahr 2004 jedes Jahr mit weiteren Milliarden aushelfen. Im offiziellen Amtsdeutsch heißt dies: »Nach dem PTNeuOG gleicht der Bund Unterschiedsbeträge zwischen laufenden Zahlungsverpflichtungen der Unterstützungskasse einerseits und laufenden Zuwendungen der Deutsche Post AG und der Deutsche Postbank AG oder den Vermögenserträgen andererseits auf geeignete Weise aus und gewährleistet, dass die Unterstützungskasse jederzeit in der Lage ist, die gegenüber ihren Trägerunternehmen übernommenen Verpflichtungen zu erfüllen.«[14]

Was also anfänglich gut durchdacht erschien, ist heute zu einer beachtlichen Hypothek für jede Bundesregierung geworden. Was das genau heißt, lässt sich leicht in Euro beziffern: Ende 2004 waren dies knapp sechs Milliarden Euro, die die Bundesregierung bereitstellen musste. Im nächsten Jahr, 2005, waren es bereits 6,3 Milliarden Euro, 2006 6,6 Milliarden Euro.[15] Und 2009 stieg die Zahl bereits auf elf Milliarden Euro an, die der Steuerzahler für frühere Beamte von Post und Telekom aufbringen muss. Und das auf viele weitere Jahre hinaus.

Bereits im Jahr 2001 rechnete der damalige Chef des Bundesrechnungshofs, Joachim Romers, in der Sendung ›Monitor‹ mit dem schönen Titel »t-bakel« im Südwestrundfunk die Folgen der Pensionierungslawine hoch: »Wir gehen davon aus, dass die Zahlungen an die Versorgungsempfänger bis zum Jahr 2034 ansteigen und dann wieder sinken werden.«[16] Auf wie viel sich dabei allein bei den drei Post-Nachfolgeunternehmen – Post, Postbank und Telekom – die Pensionsansprüche in den nächsten drei Jahrzehnten summieren, verriet der damalige Sprecher des Bundeswirtschaftsministeriums, Jörg Müller: »Wir gehen davon aus, dass bei den drei Post-Nachfolgeunternehmen bis zum Jahr 2045 hochgerechnet ein Betrag von mindestens 720 Milliarden Mark für den Bund anfallen wird. Bei der Bahn kann man in etwa von einem gleichen Betrag ausgehen.«[17] Auch wenn die Summe heute, gut zehn Jahre später, zu hoch gegriffen erscheint: Mit 343 Milliarden Euro rechnet der Bundes-Pensions-Service auf seiner eigenen Seite immer noch – bis zum Jahr 2090. Das macht durchschnittlich vier Milliarden Euro pro Jahr.[18]

Bei der Bahn summieren sich die Ruhestandszahlungen und Beihilfen für den Bund auf mehr als 5,5 Milliarden Mark im Jahr, ausgezahlt durch das Bundeseisenbahnvermögensamt. Bis zum Jahr 2050 werden sie sich dabei auf 110 Milliarden Euro summieren.[19] »Weiche des Wahnsinns« urteilte darüber die ›Süddeutsche Zeitung‹ in einem Artikel. Denn wo die Politik vor zehn Jahren noch im Eilverfahren für die beschleunigte Aufnahme von »aktiven« Angestellten in den Beamtenstatus sorgte, schlug sie im Fall der früheren Staatsunternehmen Post und Telekom genau den umgekehrten Weg ein. Sie beförderte (oder duldete zumindest stillschweigend) massenhafte Frühpensionierungen, um die in die Privatwirtschaft entlassenen früheren Staatsunternehmen so schnell wie möglich wettbewerbsfähiger zu machen: 25 000 Postbeamte haben sich allein in den vergangenen zehn Jahren auf diese Weise in die Frühpension verabschiedet – mit einem Durchschnittsalter von 48 Jahren. Insgesamt, so kann man im Versorgungsbericht der Bundesregierung nachlesen, erhöhte sich im Bereich der ehemaligen Deutschen Bundespost die Zahl der Versorgungsempfänger zwischen 1994 und 2007 von 187 300 auf 270 700. Das ist ein Plus von 44,5 Prozent. »Goldener Pensions-Handschlag – und tschüss! Der Steuerzahler wird's richten«, umschrieb der Kommentator der ›Bild‹-Zeitung diese »Aktion Abendrot« wohl zu Recht.

Die Zahl der Versorgungsempfänger im Bereich der ehemaligen Deutschen Bundespost wird in den kommenden Jahren zwar deutlich abnehmen und von 271 000 im Jahr 2007 auf 117 600 im Jahr 2050 sinken. Dies bedeutet einen Rückgang um rund 56,6 Prozent. Allerdings wird die Zahl der Pensionäre noch bis in die 2030er-Jahre auf einem sehr hohen Niveau von über 250 000 Versorgungsberechtigten verharren.

Und damit entstehen astronomische Kosten. Bis auf 8,7 Milliarden Euro kann sich dies allein für die ehemaligen Postbeamten – so steht es im 3. Versorgungsbericht – Jahr für Jahr bis

2035 summieren. Von heute an gerechnet wären dies rund 150 000 000 000 (150 Milliarden) Euro. Danach sinken die Ausgaben für den Bund auf im Höchstfall 6,7 Milliarden Euro – jährlich.[20] Das sind aber noch einmal hundert Milliarden Euro. Die Finanzkrise des Jahres 2010 ist nichts dagegen!

Mit großer Nonchalance bürden die Politiker die Last der Pensionszahlungen künftigen Steuerzahlern auf, nur um sich in der Gegenwart auf die Schnelle zu entlasten. Dazu kommen die kleinen und großen Taschenspielertricks, mit denen versucht wird, sich auch noch aus ebendiesen Verpflichtungen gegenüber Beamten und Ruhegehaltsempfängern zu stehlen. Denn die Not klammer Kassen und Haushalte ist einfach zu groß – und macht erfinderisch. Um kurzfristig seinen Haushalt in einem besseren Licht dastehen zu lassen, griff zum Beispiel der frühere Bundesfinanzminister Hans Eichel (SPD) im Jahr 2005 zu so einem Trick.[21] Er wollte die Neuverschuldung um 0,3 Prozentpunkte auf 3,7 Prozent drücken, um die Maastricht-Schuldenkriterien nach außen hin zumindest einhalten zu können. Dazu verkaufte Eichel mithilfe von Morgan Stanley und Deutscher Bank einen Teil der Forderungen des Bundes gegenüber den Nachfolgeunternehmen der Deutschen Bundespost, Post und Telekom an private Investoren. Dabei handelte es sich um eine sogenannte Verbriefungstransaktion, in der der Bund Einnahmen vorzog, die aus der Übernahme von Pensionsverpflichtungen der Jahre 2006 bis 2021 resultierten. Eigentlich hätten sich nämlich beide Unternehmen bis zum Jahr 2090 mit rund 18 Milliarden Euro an den Ruhestandsbezügen ihrer Beamten beteiligen sollen. Doch die aktuellen Haushaltssorgen der Politik waren größer. Und so verkaufte Eichel die Pensionsverpflichtungen für weniger als die Hälfte ihres Wertes auf dem freien Markt und nahm nur mehr acht Milliarden Euro ein. Die Differenz bezahlt – bis heute – der Steuerzahler. Und nicht einmal genutzt hat Hans Eichel diese Operation damals. Er scheiterte im Hinblick auf die Maastricht-Kriterien am Einspruch von Eurostat, der europäischen

Kontrollbehörde. Sie akzeptierte die Forderungsverkäufe, die Eichel als eine Verringerung der Staatsschulden ausgeben wollte, nicht, so dass die deutsche Defizitquote am Ende doch noch die Vier-Prozent-Marke überschritt.

Das Vorziehen von Einnahmen ist für Staaten deshalb so interessant, weil sie anders als Unternehmen in der freien Wirtschaft die künftigen Zahlungsverpflichtungen nicht bilanzieren müssen. Während Unternehmen Änderungen des Vermögens und künftige Verpflichtungen in der Bilanz aufzeigen müssen, zielt die Kameralistik allein auf die Ausführung des Haushaltsplanes. Die Zahlungsströme stehen im Vordergrund der Betrachtung.

Aber bereits im darauf folgenden Jahr 2006 war die Bonner Pensionskasse wieder leer. Um sie aufzufüllen, wurden endgültig sämtliche künftig fälligen Beitragszahlungen von Post, Postbank und Telekom am Kapitalmarkt versilbert und so noch einmal rund 7,5 Milliarden Euro eingenommen. Spätestens hier muss man sich fragen, ob das Treueverhältnis des Staates für seine Staatsdiener immer und in jedem Fall gegeben ist oder ob nicht der Steuerzahler für etwas in Haft genommen wird, was die Politik ihm eingebrockt hat. Denn seitdem zahlt der Bund Jahr für Jahr.[22]

Frühpensionierungen, goldener Handschlag, »Aktion Oktobersonne« – dies alles sind Schlagworte, die eine Politik zum Nachteil künftiger Generationen umschreiben. Und glaube keiner, dass man dabei aus dem Desaster der letzten ein, zwei Jahrzehnte gelernt hätte. Selbst im Zeichen einer labilen Weltkonjunktur, der Staatsschuldenkrise in ganz Europa und Sparhaushalten auf allen Ebenen fällt die Politik immer wieder gerne in alte Verhaltensmuster zurück. Denn wie verkleinert man beispielsweise eine Armee aus Zeit- und Berufssoldaten, die sich heute trotz weltweiter Auslandseinsätze im Inland vor allem als ein aufgeblähter ministerieller und behördlicher Wasserkopf darstellt? Bundesverteidigungsminister Thomas de Maizière, ansonsten eher als Sinnbild von Seriösität, Aufrichtigkeit und Bodenhaftigkeit bekannt, macht es vor: Er muss den Umbau von einer Wehrpflichtigen- hin zu einer Freiwilligenarmee bewerkstelligen, der mit einem massiven Spar- und Verkleinerungsprogramm einhergeht. Es ist – nach der Vereinigung der Bundeswehr mit der »Nationalen Verteidigungsarmee« NVA der ehemaligen DDR – der größte Umbau in der Geschichte der Bundeswehr.

Und wie schafft man dies alles? Indem man zum Beispiel auslagert. Nicht etwa Personal, sondern zuerst einmal die Kosten für Pensionsansprüche, die auf einmal nicht mehr im entsprechenden Einzelplan des Verteidigungsministeriums ausgewiesen werden, sondern an einer anderen Stelle im Haushaltsplan des Etats 2012 der Bundesregierung auftauchen. Bezahlt ist damit noch nichts, gespart aber – auf dem Papier – eben schon.[23] Weil aber die Bundeswehr nun auch faktisch kleiner werden muss, hat Thomas de Maizière noch mehr getan: Er plant, für alle Berufssoldaten, die freiwillig ausscheiden, eine Abschiedsprämie zu zahlen. Sie soll bei 5000 Euro pro Dienstjahr liegen und steuerfrei sein. Maximal beträgt die Abfindung 100 000 Euro – pro Mann. Wer älter als fünfzig Jahre ist, kann sich zudem vorzeitig in den Ruhestand versetzen lassen – mit einer Abfindung und ohne Abschlag bei den Pensionszahlungen – alles auf Kosten der Steuerzahler. Gerechnet wird mit 9200 Berufssoldaten, die auf diese Weise bis zum Jahr 2017 aus der Armee ausscheiden werden. Hinzu kommen rund 3000 Beamte, die vorzeitig ihren Dienst kündigen werden. Deshalb sieht das »Reformbegleitprogramm« auch Ausgaben in Höhe von mehr als einer Milliarde Euro vor, das de Maizière im Sommer 2011 bekannt gab. Wer sich wundert, warum die »Verschlankung« einer beamteten Mammutbehörde – denn das war und ist die Bundeswehr ja auch – so geräuschlos abläuft, wird dies bei näherer Betrachtung leichter verstehen. Den vielen zivilen angestellt Beschäftigten aber an den Garnisonsstandorten, die nun geschlossen werden, die Einkommenseinbußen und Arbeitslosigkeit zu befürchten haben, wird dies alles andere als egal sein können. Zwar ist de Maizière zum Jahresbeginn 2012 auf Druck seiner Kabinettskollegen des In-

nen- und Finanzministeriums mit diesen großzügigen Vor-
schlägen, die ihm seine Beamten aufgeschrieben haben, erst
einmal gescheitert: Offiziere dürfen demnach erst ab 52 ausscheiden, Zivilbeschäftigte mit 60 statt 55, für früher ausschei-
dende Bundeswehrangehörige sind die Einmalzahlungen
nicht mehr steuerfrei, werden aber erheblich angehoben. Und
es soll nun an erster Stelle das gelten, was der Beamtenstatus
eigentlich in seinem Kern impliziert: die gesetzliche Veranke-
rung des Vorrangs der Weiterverwendung an anderer Stelle, in
anderen Behörden. Doch in höheren Besoldungsgruppen
dürfte dies, das steht heute schon fest, wohl eher schwierig werden. Denn Arbeiten in einer rangniedrigeren Position, wie dies
in der freien Wirtschaft Arbeitslosen ohne weiteres von der Politik vor dem Absturz in Hartz IV zugemutet wird, ist Beamten
nicht zuzumuten – selbst dann nicht, wenn die Höhe der Bezüge gleich bleibt. Und somit ist die Tendenz schon klar: Der
Steuerzahler zahlt in jedem Fall – auch und gerade dann, wenn
es um großzügige Vorruhestandsregelungen geht, von denen
die Politik selbst gerne behauptet, sie passten so gar nicht mehr
in die politische Landschaft.

Überhaupt ist schwer zu verstehen, dass Medien in Deutschland sich beispielsweise über den üppig ausgestatteten Öffentlichen Dienst in Griechenland und anderen südeuropäischen
Staaten und die dortigen, zum Teil schwer verständlichen Privilegien aufregen, gleichzeitig aber der wiederholte Hinweis des
Bundesrechnungshofes – zuletzt wieder im Herbst 2011 – auf
die Situation im eigenen Land nahezu ungehört verhallt. Denn
griechische Verhältnisse gibt es auch bei uns! Warum – beispielsweise – braucht die Bundesrepublik in der Verantwortung von Bundesverkehrsminister Peter Ramsauer (CSU) und
seiner vielen Vorgänger ein Wasser- und Schifffahrtsamt mit sage und schreibe 12 000 Beamten und Angestellten, aufgeteilt
auf sieben eigenständige Wasser- und Schifffahrtsdirektionen
von Kiel bis Würzburg, dazu 39 untergebene Wasser- und
Schifffahrtsämter und vier Sonderbehörden wie die Bundesanstalt für Gewässerkunde oder das Bundesamt für Seeschiff-

fahrt und Hydrografie? Das macht 1,7 Mitarbeiter pro Stromkilometer – die größte Beamten- und Angestelltendichte auf öffentlichen Verkehrswegen in Deutschland überhaupt.[24] Mögen sich auf deutschen Autobahnen auch Tag für Tag die Pkws Stoßstange an Stoßstange stauen – an bundesdeutschen Wasserstraßen staut sich nur eins: ein überbordender Öffentlicher Dienst. Eine Verwaltung »wie zu Kaisers Zeiten«, ärgert sich denn auch beispielsweise der FDP-Verkehrsexperte Patrick Döring. Umgekehrt dokumentieren viele WSV-Ämter stolz ihre historischen Wurzeln bis in die Zeiten des Wiener Kongresses. Residenzen wie das Schifffahrtsamt Magdeburg, eine 1842 errichtete preußische Zitadelle, zeugen von langer Tradition und gehörigem Statusbewusstsein. Eine paradoxe Lage, urteilt dazu der Autor der ›Wirtschaftswoche‹ in einem Artikel über diesen Anachronismus: »Die deutschen Wasserstraßen und Seewege sind der einzige der drei Verkehrsträger, den der Bund noch in Eigenregie verwaltet – und dazu noch nach Güteraufkommen der kleinste. Dennoch absorbiert er fast die Hälfte der rund 26 000 Mitarbeiter des Ramsauer-Ministeriums.«[25]

Dem Bund geht es trotz solcher Praktiken noch einigermaßen gut. Wie ist es um die Länder bestellt? Rund achtzig Prozent der deutschen Beamten – insgesamt sind dies 1,2 Millionen – arbeiten in Ländern und Gemeinden. Dass es so viele sind, hängt natürlich von den unterschiedlichen Aufgabenstellungen ab, die Bund, Länder und Gemeinden haben. Auf Landesebene findet sich deshalb auch der Großteil der Beamten im Schul- und Hochschuldienst – allein Lehrer stellen rund dreißig Prozent der Landesbeamten – sowie im Polizei- und Justizvollzugswesen. Und kein Ministerpräsident von keiner Partei hat es sich je entgehen lassen, bei seiner Wahl oder Wiederwahl mit der Einstellung von noch mehr neuen Lehrern und noch mehr Polizisten zu werben. Insgesamt hat sich so die Zahl der Landesbeamten seit 1960 bis zum Jahr 2007 um rund 736 300 erhöht, was einem Zuwachs von ziemlich genau 161 Prozent entspricht. 1970 gab es noch 356 000 Beamte. 1990 waren es bereits 441 900, 2003 dann 569 200.[26]

Bei dem Anstieg in den letzten drei Jahrzehnten spielt es eine nicht unwesentliche Rolle, dass der Anteil der Teilzeitbeschäftigten aufgrund der gestiegenen Frauenquote insbesondere in den Ländern immer größer geworden ist. So ist dort die Zahl der Beamtinnen und Beamten zwischen 1960 und 1999 um 703 400 (oder um rund 154 Prozent) überdurchschnittlich gewachsen, wobei dies weitgehend in den Jahren vor 1985 – mit Schwerpunkt in den siebziger Jahren – geschah. Zusätzlich gab es in den Jahren 1992 und 1993 einen überdurchschnittlichen Zuwachs aufgrund des vereinigungsbedingt erweiterten Tätigkeitsgebiets und zwischen 1991 und 1997 einen Zuwachs durch die Zunahme der Zahl der Beamten in den neuen Bundesländern.

Wie wenig dabei auf eine nachhaltige Haushaltspolitik Rücksicht genommen wurde, ja, wie nah – kurzfristig gesehen – Haushaltspolitikern dabei immer das eigene Hemd war, hat zum Beispiel auf eindrucksvolle Art und Weise noch im Jahr 2001 das hoch verschuldete Land Berlin demonstriert. Hatte die frühere Finanzsenatorin Annette Fugmann-Heesing (SPD) noch 1996 nach einer beispiellosen Verbeamtungswelle, die allein im Ostteil der wiedervereinten Hauptstadt zu mehr als 6600 neuen Beamtenstellen geführt hatte, angeordnet, dass ab sofort vor allem keine Lehrer mehr verbeamtet werden sollten, weil der Lehrerberuf keine hoheitliche Aufgabe sei, kam es wenige Jahre später nach kleineren Verbeamtungswellen erneut zum großen Dammbruch. Der spätere Schulsenator Klaus Böger (SPD), der eigentlich gegen den Beamtenstatus für Lehrer war, musste 26 Millionen Mark einsparen. Sofort wurden rund 2500 Lehrer verbeamtet. Berlin stand mit dieser »Lösung« nicht alleine da. Dem Beispiel folgten Bremen, Hamburg und Schleswig-Holstein, wo ebenfalls aktuelle Haushaltsprobleme drückten und die Not groß war.

Dies alles geschah, obwohl alle Landespolitiker sehr genau wussten – und das schon seit Jahren –, dass bis zum Jahr 2020 besonders in den westdeutschen Bundesländern ein starker Anstieg bei den Pensionierungen zu erwarten sein würde. Besondere Schwierigkeiten dürfte den Länder-Finanzministern dabei die berufliche Zusammensetzung ihrer Landesbeamten, das heißt der heutigen und künftigen Ruhegehaltsempfänger, bereiten. Denn ein erheblicher Anteil der Landesbeamten waren oder sind eben Lehrer. Gerade aber dort, im Schuldienst, war der Personalanstieg in den letzten Jahren besonders hoch. Im 3. Versorgungsbericht der Bundesregierung kann man dazu nachlesen: »So stieg der Anteil der Beamten hier im Vergleich zu den Beamten der sonstigen Gebietskörperschaften – Bund und Gemeinden – im früheren Bundesgebiet von 34 Prozent in 1970 auf 41 Prozent in 1985.«[27] Trotz zurückgehender Schülerzahlen ist der Personalbestand in der Folgezeit aber nicht etwa zurückgegangen. Mit den erhöhten Einstellungsquoten stieg nicht nur der Personalanteil des Bildungsbereichs am Gesamtpersonalbestand des Öffentlichen Dienstes. Vielmehr wurde gleichzeitig auch die Laufbahnstruktur zugunsten des gehobenen und höheren Dienstes verändert, da Beamte im Schuldienst ausschließlich diesen Laufbahnen angehören. So hat sich nicht nur die Zahl der Beamten im Schuldienst von 1970 bis 2002 um 84 Prozent erhöht, sondern im gleichen Zeitraum ist auch die Zahl der Beamten in den Laufbahnen des höheren und gehobenen Dienstes in den Ländern sogar um 98 Prozent gestiegen.

Was dem Schulsenator oder Kultusminister die Lehrer wert waren, wurde sehr schnell auch auf andere Beamtengruppen übertragen. Allen voran sorgten sich die Innenminister der Länder um ihre Polizei. Dort, im Vollzugsdienst, schlug ein Großteil der Länder den Weg ein, die Dienstposten, die bislang vorwiegend dem mittleren Dienst zuzuordnen waren, beamtenrechtlich »aufzuwerten«. Hierzu führten einige Länder die sogenannte »zweigeteilte Laufbahn« ein, das heißt der mittlere Dienst wurde zugunsten des gehobenen Dienstes abgeschafft. So kann man im 3. Versorgungsbericht der Bundesregierung nachlesen, dass sich der Anteil der Planstellen im gehobenen Dienst im Durchschnitt aller Länderpolizeien von 29 Prozent im Jahr 1994 auf 56 Prozent bereits im Jahr 2002 erhöht hatte.

Andere Länder haben das für einen Beamten ohne Laufbahn-prüfung erreichbare Amt auf Ämter der nächsthöheren Laufbahn hin ausgedehnt und/oder das Eingangsamt aufgewertet. Insgesamt hat sich allein im Zeitraum von 1993 bis 1999 der Anteil des gehobenen Dienstes zuungunsten des mittleren und einfachen Dienstes um 17,5 Prozentpunkte (von 21,3 Prozent auf 38,8 Prozent) und von 1999 bis 2002 um weitere 7,2 Prozentpunkte auf 46 Prozent gesteigert.[28] Der berühmte »kleine Beamte«, der gerade in Fragen der Ruhestandsversorgung gerne vom Beamtenbund und ver.di angeführt wird – so viel sei an dieser Stelle bereits gesagt – gehört damit einer aussterbenden Spezies an.

Selbst dort, wo man aus den Fehlern der Vergangenheit hätte lernen und neu anfangen können – in den neuen Bundesländern im Osten – gab es niemanden, der dem Treiben der Politik rechtzeitig Einhalt gebot. So kommt es im Osten zwar zu den besten Relationen zwischen Pensionären und Einwohnern durch die insgesamt schlankere Personalstruktur der dortigen Länderverwaltungen. Und die meisten Beamten dort gehen auch erst nach dem Jahr 2020 in Pension. Zudem hatten die »jungen« Länder 1989/90 noch keine »Altlasten« und sind somit sozusagen bei null gestartet. Die Zahl der Pensionäre steigt deshalb auch in den nächsten Jahren dort nur sehr bescheiden an und erreicht selbst nach 2020 in allen Projektionen bei der Zahl ihrer Ruhegehaltsempfänger nicht das Niveau der westdeutschen Länder. Doch auch im Osten Deutschlands hat man in Sachen Verbeamtung – mit einigen Ausnahmen – sehr schnell vom Westen gelernt. Bereits beim 3. Versorgungsbericht der Bundesregierung aus dem Jahr 2005 findet sich der verräterische Hinweis, dass die Zahl der Versorgungsempfänger besonders auch durch »eine deutlich gestiegene Verbeamtungsquote« im Osten Deutschlands sowie einer geänderten Zugrundelegung des höheren durchschnittlichen Alters bei der Verbeamtung nicht gehalten werden konnte.

Besonders hervorgetan hat sich dabei der brandenburgische Ministerpräsident Matthias Platzeck (SPD).[29] Von 1998 bis

2005 wurden in Brandenburg rund 7500 Lehrer »in ständiger Teilzeit«, wie es in der Ernennungsurkunde hieß, verbeamtet. Hintergrund war ein Überhang von rund tausend Lehrern durch geringere Schülerzahlen. Angesichts knapper Kassen schien der Teilzeitbeamte eine kostengünstige Lösung zu sein. Den Lehrern – so das Lockmittel, mit dem das Land damals warb – bringe der Beamtenstatus Sicherheit. Für die Landeskasse brachte er aber erst einmal eine Ersparnis von jährlich gut fünfzig Millionen Euro durch Sozialbeiträge, die nicht mehr gezahlt werden mussten. Entlassungen der eigentlich nicht mehr benötigten Lehrkräfte wurden so auch verhindert – auf Kosten der Steuerzahler. Denn die Beamten gingen am Ende vor Gericht – und siegten. Und so muss das Land Brandenburg den Teilzeitlehrern auch weiterhin das volle Gehalt bezahlen, da sie – so gaben sie an – ohne Einwilligung auf eine halbe Stelle gesetzt worden waren. Eine »Verwaltungspraxis nach Gutsherrenart« auf Kosten der Steuerzahler, nannte dies damals der Grünen-Fraktionsvorsitzende Axel Vogel. Zur Verantwortung gezogen wurde bis heute: niemand.

Die demografische Falle schnappt im Osten zwar weniger hart und im Vergleich zum Westen etliche Jahre später zu. Aber auch sie wird in den Landeshaushalten der »jungen« Länder nicht ohne gravierende Folgen bleiben. Die künftigen Pensionäre stellen dann einen zusätzlichen Kostenblock dar, der bislang in den ostdeutschen Länderhaushalten kaum ins Gewicht fiel, denn die Zahl der Versorgungsempfänger lag in allen neuen Bundesländern im Jahr 2000 alles in allem gerade einmal nur bei 2000 Personen. Fünfzig Millionen Euro mussten sie dafür zahlen. 2040 werden es aber rund 6,6 Milliarden Euro sein. Hinzu kommt: Der Anstieg der Pensionärszahlen im Osten fällt zeitlich zusammen mit dem Auslaufen der Solidarpakt-II-Gelder. Dann wird es auch bei den Personalausgaben ungemütlich werden. Vor einem »Sprengsatz für die Haushalte« warnen deshalb bereits heute viele Landesminister.[30] Vor allem auch deshalb, weil infolge der im Frühjahr 2009 vereinbarten Tarifverhandlungen im Öffentlichen Dienst die Entgeltanpas-

sungen (einschließlich der Ost-West-Angleichung) und deren
Übertragung auf Beamte und Versorgungsempfänger die Ausgaben für die Länder im Osten seitdem noch einmal zusätzlich
gestiegen sind – um fünf Prozent für Personal und Pensionen.
Für das Gesamtjahr 2010, so kann man deshalb auch im Bun-
desbankbericht für die öffentlichen Finanzen im Mai 2010
nachlesen, »wird deshalb ein weiterer Anstieg des Defizits der
Kernhaushalte der Länder erwartet. Gemäß den bislang vorlie-
genden Planungen soll das Defizit sogar auf einen Rekordwert
von knapp 33,5 Milliarden Euro zunehmen«.[31]

Bei den Städten und Gemeinden sieht es nicht viel besser
aus: Der Personalbestand der Gemeinden nahm von 1950 bis
1987 kontinuierlich zu, wobei sich der Anstieg nach 1982 deutlich abflachte. Nur die Kommunen in den alten Bundesländern erweiterten ihren Personalbestand auch über das Jahr
1987 hinaus in nennenswertem Umfang. Insgesamt waren
2007 bei ihnen 177 700 Beamte beschäftigt. Seit 1960 hat sich
ihre Zahl damit um rund 67 Prozent vergrößert.

Heute droht deshalb auch vielen deutschen Städten akute
Finanznot. »Wir werden unsere Ansprüche und Erwartungen
an unsere Städte insgesamt herunterschrauben müssen, sonst
geht es uns irgendwann wie Griechenland«, meint Kiels Oberbürgermeister Torsten Albig. Mancher mag das nicht glauben
wollen. Wir meinen ja genau zu wissen, dass die Hellenen nicht
wirtschaften können und jahrzehntelang über ihre Verhältnisse gelebt haben. Deshalb musste man sie unter Kuratel des Internationalen Währungsfonds, der Europäischen Zentralbank
und der EU-Kommission stellen. Doch gleichzeitig übersehen
wir nur allzu gerne, dass es auch bei uns – im kleineren nationalen föderalen Rahmen – vergleichbare Zustände wie in Griechenland gibt. So stehen mittlerweile in fast allen Bundesländern zahlreiche Städte und Gemeinden unter öffentlicher
Zwangsverwaltung oder sind kurz davor, einen »Sparkommis-
sar« des Landes vor die Nase gesetzt zu bekommen, weil sie
seit Jahrzehnten mehr ausgeben, als sie an Steuern einnehmen.
Allein in Nordrhein-Westfalen stieg im Jahr 2011 die Zahl der

kreisangehörigen Städte mit Nothaushalten von 107 auf 118. Das heißt, die Städte dürfen nur noch die Ausgaben tätigen, zu denen sie gesetzlich oder vertraglich verpflichtet sind. Nur noch 25 der 359 Mitgliedskommunen im Städte- und Gemeindebund Nordrhein-Westfalen konnten 2010 einen ausgeglichenen Haushalt vorlegen. »Nie in der Geschichte unseres Landes waren so viele Kommunen im Nothaushalt wie in diesem Jahr. Mittlerweile ist es mehr als jede dritte. Ihnen steht das Wasser weiter als nur bis zum Hals. Sie brauchen wieder Luft zum Atmen«, sagte etwa die neue nordrhein-westfälische Ministerpräsidentin Hannelore Kraft in ihrer Regierungserklärung im Düsseldorfer Landtag.

Und was im Kleinen gilt, trifft auf Länderebene auf eine Stadt und ein Bundesland wie Berlin erst recht zu: Mit einer Schuldenquote von 66,4 Prozent reißt die deutsche Hauptstadt das Euro-Kriterium von sechzig Prozent Schuldenlast gemessen am Bruttoinlandsprodukt locker. Nimmt man die anteilige Bundeslast für das Bundesland Berlin dazu, summieren sich die Schulden bereits auf 108,2 Prozent. Übrigens übersteigt die gesamte ausstehende Verschuldung Nordrhein-Westfalens rein rechnerisch am Kapitalmarkt die von Portugal und Irland und die Berlins ist höher als die der gesamten Slowakei. Von »griechischen Zuständen« sind wir also wirklich nicht sehr weit entfernt.

Zweifel an der Kreditwürdigkeit der öffentlichen Hand sind deshalb mittlerweile auch bei uns angebracht. Eine Studie des Zentrums Öffentliche Wirtschaft und Daseinsvorsorge an der Universität Leipzig und der Commerzbank zeigt, dass fast nirgends ausreichend gespart und vorgesorgt wurde.[32] »Die Orientierung auf die jährlichen Ausgaben verhindert, dass man sich mit langfristigen Konzepten und dem Aufbau eines Kapitalstocks in den Kommunen beschäftigt«, so die Leipziger Wissenschaftler. Bisher tauchten die zukünftigen Pensionsverbindlichkeiten nur selten in der kommunalen Rechnungslegung auf. Nur langsam gehen viele Städte von der Kameralistik zum Verfahren der Doppik, eine Art betriebswirtschaftlicher

Bilanzierung, über. Wissenschaftler sprechen in diesem Zusammenhang von einem Wechsel vom »Geldverbrauchskon-
zept« zum »Ressourcenverbrauchskonzept«.[33] Dort wird für alle sichtbar, wie viel die Stadtväter in der Vergangenheit für Pensionen zurückgelegt haben, oder eben auch nicht. Denn bislang haben deutsche Städte das Problem unzureichender Finanzmittel durch Kreditaufnahmen stets bei »ihrer« Bank,
möglichst einer kommunalen oder regionalen Sparkasse, ge-
löst. Der Grund ist einfach: Kassenkredite kosten viele Städte
nur geringste Zinssätze. Die Banken geben den Städten das
Geld so billig, weil sie wissen, am Ende springt das Land ein,
wenn eine Stadt nicht mehr zahlen kann. Und das Land hatte
bisher immer Geld. Aber das muss nicht so bleiben. Vor kurzem
sorgte die Schlagzeile für Aufsehen, dass erstmals eine Bank einer Stadt den Kredit verweigert hat. Die Sache wäre eigentlich
nicht weiter berichtenswert gewesen, handelte es sich doch um
das kleine Ochtentrup im Münsterland. Doch könnte das Beispiel Ochtentrup heute sehr wohl auch für ein Umdenken der
Banken stehen, denen immer mehr bewusst wird: Ein Nullrisi-
ko gibt es auch für öffentliche Schuldner nicht mehr. Und das
wird sehr schnell von Banken berücksichtigt werden, die sich
durch neue Eigenkapitalvorschriften weit mehr als bisher bei
Krediten rückversichern müssen – oder sehr viel wahrscheinli-
cher: zunehmend knauseriger sein werden, wenn es um Kredite geht, die sie sich sehr gut bezahlen lassen werden.

Was den Städten und Gemeinden in Deutschland bei einer
nachhaltigen generationengerechten Finanzierung ihrer Versorgungsausgaben das Leben zusätzlich schwer macht, ist ihre
unsichere Finanzierung. Die Gewerbesteuer, Haupteinnahme-
quelle der Kommunen, ist, wie die Leipziger Experten zu Recht
sagen, sehr »konjunkturreagibel«. Das soll heißen: Vor dem
Hintergrund wirtschaftlicher Krisen stellen die stetig wachsenden Verpflichtungen im Bereich der Pensionsversorgung sowie
die zunehmende Zahl von Versorgungsberechtigten die Kommunen vor besonders große Herausforderungen. Aus dem 3.
Versorgungsbericht der Bundesregierung geht hervor, dass sich

die Anzahl der Versorgungsempfänger bei den Gemeinden bis zum Jahr 2030 um rund 57 Prozent auf 166 000 Pensionäre erhöhen wird. »Wir bekommen eine Vergreisung der Verwaltung in den nächsten zehn Jahren«, warnen deshalb auch die Leipziger Forscher. Und eine Kostenlawine, die bei jeder Kreisverwaltung und in jedem Rathaus deutlich ihre Spuren hinterlassen wird.[34]

Hinzu kommt, dass sich – ähnlich wie bei den Ländern – die Renteneintrittsgehälter aufgrund von Strukturveränderungen bei den Dienstlaufbahnen erhöhen werden. Die Ausgaben für Pensionen und Hinterbliebenenversorgung werden sich so von heute 2,9 Milliarden auf 6,2 Milliarden Euro im Jahr 2035 mehr als verdoppeln. Eine Stadt wie Essen beispielsweise rechnet damit, dass bis zum Jahr 2035 etwa 1800 Beamte ausscheiden werden. In Duisburg werden es bereits bis 2025 rund tausend Beamte sein.[35] Die beiden Kommunen berücksichtigen in den Bilanzen zwar bereits heute schon Rücklagen für diese Entwicklung – ob sie aber ausreichen, ist mehr als fraglich. Steigen jedoch die Personalausgaben der Kommunen, merken dies in erster Linie die Bürger vor Ort – durch Einsparungen der Verwaltung und bei kommunalen Dienstleistungen.

Die demografische Entwicklung

»Vom Standpunkt der Jugend aus gesehen, ist das Leben eine unendlich lange Zukunft. Vom Standpunkt des Alters aus eine sehr kurze Vergangenheit.« Kann man die zwei Seiten des Alterns, die »doppelte Alterung« unserer Gesellschaft, schöner beschreiben, als Arthur Schopenhauer dies getan hat? Wohl kaum. Heute leben Senioren, die glücklicherweise um viele Jahre älter werden, als noch vor etlichen Jahren denkbar war, in einer Gesellschaft, in der es immer weniger junge Menschen gibt. Und so sprechen Statistiker in diesem Zusammenhang auch eine gänzlich andere, trockenere Sprache als jeder Aphoristiker.[1] Ein wenig muss man sich in die Denkweise dieser Wissenschaft vertiefen, um zu verstehen, was mit solchen Wortungetümen wie »Pensionärsintensitäten«, »Versorgungs-Haushalts- oder Steuer-Quoten« oder »Pensionärsquotienten« gemeint ist. Es ist ohnehin noch nicht lange her, dass sich die Wissenschaft neben den nur allzu bekannten Schwierigkeiten bei der gesetzlichen Renten- und Pflegeversicherung nun auch des Problems der Beamtenpensionen und ihrer Finanzierbarkeit annimmt. Das gilt auch für die Politik, die sich zu lange überhaupt nicht mit der Problematik befasst hat.

So gibt es zum Beispiel erst seit der Föderalismuskommission I und den neuen Zuständigkeiten der Länder für ihre Beamten länderspezifische Versorgungsberichte. Bis dahin legten die jeweiligen Bundesregierungen je Legislaturperiode (1996, 2001, 2005, 2009) einen Sachstandsbericht vor, der auch die Bundesländer und sonstigen Gebietskörperschaften wie Städte und Gemeinden mehr oder minder summarisch umfasste. Heute haben erste Bundesländer – zunächst vereinzelt – (Bayern, Nordrhein-Westfalen, Rheinland-Pfalz, Baden-Württemberg, Brandenburg, Berlin) durchaus detaillierte Versorgungsberichte oder statistische Bestandsaufnahmen mit prognostischen Modellrechnungen und Darstellungen der Beamtenversorgung veröffentlicht. Diese wurden entweder über die Statistischen Landesämter publiziert oder als Drucksachen in den Landtag eingebracht. Es lohnt sich, diese nicht gerade leicht verständlichen Berichte genau zu studieren. Es gibt auch bereits die ersten wissenschaftlichen Studien, die einen Vergleich der Versorgungsaufwendungen der verschiedenen Bundesländer vornehmen und danach ein Ranking der Länder nach ihrer Personal- und Einstellungspolitik aufstellen. Der viel beschworene »Wettbewerbs-Föderalismus«, den jeder Ministerpräsident gerne anführt, wenn er sich beispielsweise mit der wirtschaftlichen Leistungsfähigkeit seines Landes schmücken will oder bildungspolitische Erfolge feiern möchte, hält so ganz allmählich auch Einzug im Hinblick auf eine nachhaltige und vor allem generationenverträgliche Haushalts- und Finanzpolitik.

Uns interessieren im Hinblick auf Personalkosten und Altersversorgung im Öffentlichen Dienst besonders die »Pensionärsintensität«, das heißt die Relation zwischen Pensionären und Einwohnern, sowie die Altersstruktur der Beamtenschaft in den einzelnen Bundesländern. Sie geben Aufschluss über heutige und künftige Ausgaben, die für die Altersversorgung getätigt werden müssen. Seit den neunziger Jahren steigt die Zahl der Versorgungsempfänger kontinuierlich an. So ist im Zeitraum von 1990 bis 2009 der Bestand der Ruhegehaltsempfänger und der Hinterbliebenen insgesamt um rund 21 Prozent angewachsen.[2] Und auch im Jahr 2009 hielt diese Tendenz weiter an. Am 1. Januar 2009 bezogen rund 1,49 Millionen Personen im Zusammenhang mit einem ehemaligen öffentlich-rechtlichen Dienstverhältnis Versorgungsleistungen. Das waren 0,9 Prozent mehr als noch am 1. Januar 2008.

Nehmen wir einzelne westliche Flächenländer genauer unter die Lupe. Am Beispiel Bayerns lässt sich folgende Entwicklung skizzieren:[3] Die Gesamtzahl der Beamten des Freistaates Bayern mit Versorgungsanwartschaft hat sich von rund 87 200 im Jahr 1960 – so kann man es im Versorgungsbericht des Freistaates aus dem Jahr 2007 nachlesen – auf heute rund 202 300 im Januar 2006 erhöht. Das sind stattliche 132 Prozent mehr.

Dabei hat sich in Bayern die Zahl der Ruhestandsbeamten im Zeitraum von 1970 bis 2003 deutlich mehr als verdoppelt, anders als in den übrigen Ländern, bei denen die Zahl der Ruhestandsbeamten im gleichen Zeitraum nicht ganz so stark zugenommen hat. »Als Folge der auf den Aufgabenzuwachs und die veränderten gesellschaftlichen Anforderungen an den Staat zurückzuführenden Personalmehrungen«, heißt es im Amtsdeutsch weiter im bayerischen Versorgungsbericht, »stellen die Personalausgaben mit rund 43,1 Prozent inzwischen den größten Ausgabenblock im Haushalt dar. Der Anteil wird in den nächsten Jahren noch steigen, weil Sparmaßnahmen in diesem Bereich lange Reaktionszeiten aufweisen.«

Heute versorgen die bayerischen Steuerzahler fünf Pensionäre je tausend Einwohner, im Jahr 2020 werden es knapp neun zu versorgende Staatsdiener sein. Die Gesamtzahl der Versorgungsempfänger des Freistaates – gemeint sind hier vor allem Witwen und Waisen – ist im gleichen Zeitraum zwischen 1960 und 2006 ebenfalls – wenngleich nicht ganz so stark – um 125,51 Prozent angestiegen – von rund 44 300 auf rund 99 900. Damit aber nicht genug: Die Zahl der Versorgungsempfänger wird nach den gegenwärtigen Annahmen, so die Autoren, bis zum Jahr 2020 um knapp fünfzig Prozent und bis zum Jahr 2035 noch einmal um 69 Prozent gegenüber dem Stand vom Januar 2006 anwachsen und damit ihren Höchststand erreichen. Was das für einen Landeshaushalt bedeutet, in dem bereits heute schon für Personalausgaben – also für aktive und im Ruhestand befindliche Beschäftigte – fast jeder zweite Steuereuro ausgegeben wird, werden wir im nächsten Kapitel sehen.

Ein Blick in das Nachbarland Baden-Württemberg zeigt ein ähnliches Szenario. Schon im Vorwort des landeseigenen Versorgungsberichts[4] warnt der damalige Finanzminister Willi Stächele (CDU) im März 2010: »(Auf den Staat) werden dramatisch ansteigende alterungsbedingte Ausgaben zukommen. Dem kann sich auch das Land als Dienstherr von rund 187 000 Beamtinnen und Beamten nicht entziehen.« Und weiter heißt es: »Belastbare Daten über die Entwicklung der Versorgungsempfänger und die künftigen Versorgungsausgaben erlangen eine immer größere Bedeutung für die Finanzlage des Landes. Eine generationengerechte Finanzpolitik muss diese Daten berücksichtigen und bei haushaltsrelevanten Entscheidungen einbeziehen.« Wir werden noch sehen, wie dies die Politik in der Praxis tut.

Zunächst konstatiert der landeseigene Versorgungsbericht dabei aber erst einmal ganz nüchtern die beeindruckende Entwicklung der Zunahme der Versorgungsempfänger: »Da die Zahl der Versorgungsempfänger für die nächsten Jahrzehnte durch den vorhandenen Personalbestand bestimmt ist, bewirkt die Aufstockung der aktiven Beamten in den letzten Jahrzehnten einen entsprechend starken Anstieg der Zahl der Versorgungsempfänger in der Zukunft. Würde jede frei werdende Stelle wieder besetzt, würde die Zahl der Versorgungsempfänger bis zum Jahr 2040 um 73 Prozent auf rund 161 200 ansteigen. Erst danach ist wieder mit einem leichten Rückgang auf 159 800 Beamte zu rechnen. Der Anstieg der Zahl der Versorgungsempfänger in den kommenden Jahren ist vor allem auf die Zunahme der Zahl der Ruhegehaltsempfänger von 70 200 im Jahr 2008 auf 129 000 im Jahr 2050 (plus 84 Prozent) zurückzuführen. Würde man frei werdende Stellen nicht mehr zu hundert Prozent wieder besetzen, so würde sich dies erst nach circa dreißig Jahren nennenswert auswirken. Bei einer Wiederbesetzungsquote von achtzig Prozent würde sich bis zum Jahr 2050 die Zahl der Versorgungsempfänger auf 152 100 (plus 63 Prozent) erhöhen.« Der Anteil der Beamten an den Beschäftigten des Landes Baden-Württemberg hat sich dabei seit 1980 von 59,74 Prozent auf 76,39 Prozent im Jahr 2007 erhöht. Für den uns schon bekannten »Pensionärsquotienten« heißt dies: Auf tausend Baden-Württemberger im erwerbsfähigen Alter kommen zurzeit rund 6,9 Pensionäre. In den Jahren bis 2025 steigt der Wert auf 14,1, um im Jahr 2050 dann bei 16,1 Ruhestandsbeamten je tausend Einwohner zu liegen.

Interessant ist auch die Entwicklung im größten deutschen Bundesland Nordrhein-Westfalen. Hier haben fast eine Viertelmillion Staatsdiener den Beamtenstatus. Der aktuelle Anteil von Beamten an den Beschäftigten im Öffentlichen Dienst beläuft sich damit auf 75 Prozent und liegt dabei bundesweit in der Spitzengruppe.[5] Nur in Schleswig-Holstein mit einem Anteil von 76 Prozent wird ein noch höherer Anteil erreicht. Allerdings hat Nordrhein-Westfalen im Vergleich zu den anderen Bundesländern eine Beamtenintensität, die sich eher im Mittelfeld bewegt. Letztere ist definiert als Verhältnis zwischen der Anzahl der Beamten und der Größe der jeweiligen Bevölkerung. In Nordrhein-Westfalen kamen im Jahr 2008 auf tausend Einwohner 13,8 Landesbeamte. Insgesamt stieg die Zahl der Beamten von 165 000 im Jahr 1970 auf über 260 000 im Jahr 2005 an. Das ist ein Plus von 57,6 Prozent. Die Zahl der Versorgungsempfänger kletterte dabei allein in den letzten zwei Jahrzehnten von 97 100 (1990) auf über 151 000 im Oktober 2007. Das ist ein Anstieg um 56,2 Prozent.

Das Finanzministerium Nordrhein-Westfalen hat dabei gemeinsam mit dem früheren Landesamt für Datenverarbeitung und Statistik (LDS) für den im Dezember 2007 veröffentlichten zweiten Versorgungsbericht eine Prognose über die Entwicklung der Versorgungsausgaben sowie der Empfängerzahlen der Beamtenversorgung erstellt. Danach wird sich die Zahl der Versorgungsempfänger zwischen 2006 und 2030 kontinuierlich von 144 700 auf 255 200 erhöhen. Das entspricht einer Steigerung von 74,3 Prozent. (plus 60,3 Prozent bei Ruhestandsbeamten und plus 88,7 Prozent bei Hinterbliebenen).[6]

Die hier aufgeführten drei westdeutschen Flächenstaaten Bayern, Baden-Württemberg und Nordrhein-Westfalen stehen dabei symptomatisch für die Entwicklung in der »alten« Bundesrepublik. Ähnlich sieht es in Rheinland-Pfalz mit seinen 65 000 Landesbeamten (2011) aus, das sind 16,3 Beamte auf tausend Einwohner.[7] Derzeit kommen auf tausend rheinland-pfälzische Steuerzahler rund 8,3 Pensionäre. Dieser Wert steigt in den folgenden Jahren stark an und erhöht sich bis 2035 auf 17,8 – mehr als eine Verdoppelung. »Die in den vor uns liegenden Jahren in den Ruhestand Tretenden werden die öffentli-

chen Kassen in enormem und bisher weitgehend ausgeblende-
tem Umfang in Anspruch nehmen«, heißt es deshalb auch sehr
treffend im rheinland-pfälzischen Versorgungsbericht aus dem
Jahr 2011.[8]

In Niedersachsen ist es ähnlich: Gut 125 000 Landesbeamte
hat das Land, das macht 15,7 Beamte auf tausend Einwohner.
Im Auftrag des niedersächsischen Finanzministeriums legte
das Landesamt für Bezüge und Versorgung (NLBV) im Frühjahr 2009 eine Prognose für die Entwicklung der Versorgungsausgaben sowie der Empfängerzahlen der Beamtenversorgung
vor. Danach wird sich die Zahl der Versorgungsempfänger zwischen 2009 und 2030 von 73 700 auf 107 300 erhöhen – eine
Steigerung um 45,9 Prozent.[9]

Man kann diese Entwicklungen durch alle Bundesländer
der »alten« Bundesrepublik hindurchdeklinieren – mit vergleichbaren Ergebnissen. Ausnahmen, das heißt allerdings
Ausschläge nach oben, sind die Stadtstaaten. Denn in Hamburg, Bremen und Berlin stellt sich die Entwicklung noch einmal um einiges dramatischer dar. Als selbstständige Gebietskörperschaften beschäftigen sie trotz geringer Einwohnerzahl
absolut gesehen zwar nur wenige verbeamtete Staatsdiener. Sie
weisen aber allesamt die höchste Beamtenintensität auf, sind
heute bereits chronisch überschuldet und hängen am Tropf des
Länderfinanzausgleichs und – wie Bremen – gesonderter finanzieller Bundeszuweisungen und Konsolidierungshilfen. Im
Vergleich zu den anderen Bundesländern hat Bremen dabei
die höchste Beamtenintensität aller 16 Bundesländer. Dort kamen im Jahr 2008 auf tausend Einwohner 21,7 Landesbeamte –
ein Wert, der sich in den nächsten Jahren auf 25,7 erhöhen
wird. Insgesamt gibt es 2011 in Bremen knapp 13 000 Versorgungsempfänger – seit 1980 ein Anstieg von gut 38 Prozent.[10]

Augenfällig ist in den westlichen Bundesländern auch die Altersstruktur der Beamten – ob noch aktiv oder bereits im Ruhestand. Westdeutsche Flächen- und Stadtstaaten haben im
Durchschnitt die ältesten aktiven Beamten und die jüngsten

Ruheständler. Und in wenigen Jahren kommen zu dieser Gruppe überdurchschnittlich viele Pensionäre, die älter als achtzig Jahre sein werden. Dies alles wird sich fatal auf die jeweiligen Landeshaushalte auswirken. Schauen wir uns noch einmal das Beispiel Rheinland-Pfalz an:[11] Gut 71 Prozent der Beamten sind vierzig Jahre und älter, beinahe die Hälfte der aktiven Beamten hat bereits die fünfzig überschritten und wird damit in rund 15 Jahren in den Ruhestand gehen. Die Gruppe der Sechzig- bis Siebzigjährigen, die bereits im Ruhestand sind, aber im Durchschnitt noch viele Jahre Pensionsbezug vor sich haben, stellt einen Anteil von fast 52 Prozent. Insgesamt kann damit von einer recht jungen Pensionärspopulation gesprochen werden. Das ändert sich aber gerade im Hinblick auf die Zahl derjenigen Ruhestandsbeamten, die schon bald über achtzig Jahre alt sein werden. Ihr Anteil wird sich bis zum Jahr 2040 verfünffachen. Das hat Konsequenzen für die Länderhaushalte, denn aller Wahrscheinlichkeit nach wird ein Teil von ihnen pflegebedürftig werden und das Land muss durch Beihilfeleistungen für einen Teil der entstehenden Kosten aufkommen.

Ähnlich sieht es in Niedersachsen aus. Auch hier gibt es eine hohe Zahl von Beamten, die fünfzig Jahre und älter sind. Sie bilden schon in wenigen Jahren die Zahl der »jungen« Pensionäre zusammen mit einer bis 2040 stark wachsenden Zahl von Ruheständlern über achtzig Jahren. In Nordrhein-Westfalen sind rund 68 Prozent vierzig Jahre und älter, 43 Prozent über fünfzig Jahre, 27 Prozent sind 55 Jahre und älter. Sie alle gehen bald in den wohlverdienten Ruhestand und treffen dort auf die »jungen« Pensionäre zwischen sechzig und siebzig Jahren, die einen Anteil von 48 Prozent unter den männlichen und einen Anteil von fünfzig Prozent unter den weiblichen Ruhestandsbeamten haben. Im Jahr 2009 gab es 92 400 Beamte über 65 Jahre und 17 200 Beamte über achtzig Jahre. Innerhalb der folgenden elf Jahre erhöht sich der Anteil der über 65-Jährigen auf 140 100. Im Jahr 2028 wird mit 150 400 Pensionären der Spitzenwert erreicht, bis 2050 wird der Wert dann wieder leicht auf 138 000 zurück gehen. Exponenziell wachsen wird dementsprechend auch die Zahl der Ruhegehaltsempfänger, die achtzig Jahre und älter sind – von 28 500 im Jahr 2020 auf 64 000 im Jahr 2037. Einer zahlenmäßig immer größer und älter werdenden Gruppe von Ruhestandsbeamten steht so eine immer kleiner werdende Zahl von Steuern zahlenden Arbeitnehmern gegenüber, die bis 2050 von 11,8 auf 9,1 Millionen schrumpfen wird.[12]

In einem Stadtstaat wie Bremen wird die Kombination von einer überalterten aktiven Beamtenschaft in Kombination mit einer großen Anzahl »junger« Pensionäre mit steigender Lebenserwartung dramatische Folgen haben. 76 Prozent der bremischen Beamten sind vierzig Jahre und älter, jeder Zweite ist über fünfzig Jahre alt, jeder Dritte über 55 Jahre. Ihnen stehen in Bremen bereits heute Ruhestandsbeamte gegenüber, von denen jeder Zweite erst zwischen sechzig und siebzig Jahre alt ist. Gut zwanzig Prozent von ihnen sind »erst« zwischen sechzig und 65 Jahre alt.

Ähnlich sieht es in Berlin aus. Zwar wurde die Zahl der Stellen im völlig aufgeblähten Berliner Landesdienst fast halbiert und neue, junge Arbeitskräfte wurden nur noch in Ausnahmefällen eingestellt.[13] Die Folgen: Die Behörden sind heute überaltert, Zehntausende Beamte und Angestellte werden in absehbarer Zeit in den Ruhestand gehen. Im Jahr 2024 werden voraussichtlich 65 000 Beamte und deren Hinterbliebene aus der Landeskasse versorgt. Den Senat wird das zwei Milliarden Euro kosten, das ist ungeheuer viel Geld, für das es keine Gegenleistung mehr gibt. Berlin ist glücklicherweise knauserig geworden, wenn es um die Verbeamtung von Lehrern und anderem Landespersonal geht – durchaus auch mit negativen Folgen, wie wir noch sehen werden. Deshalb gibt es heute über 11 000 Beamte weniger im Landesdienst als 2003. Das ist sicherlich der richtige Weg. Aber auf die öffentlichen Kassen wird sich das erst in zwei, drei Jahrzenten, also erst für die nächste Generation, auswirken.

Dass es auch durchaus anders gehen kann, macht uns ein Land wie Sachsen vor. In der mittelfristigen Finanzplanung für die Jahre 2007 bis 2011 für Sachsen heißt es bezeichnenderweise: »Dass Sachsen seit 2005 im Vergleich zu den anderen Ländern höhere Pro-Kopf-Ausgaben hat, ist insbesondere in der sehr restriktiven Verbeamtungspolitik des Freistaates Sachsen begründet, die jedoch zur Generationengerechtigkeit beiträgt. In Sachsen haben nur etwas mehr als ein Viertel der beim Land Beschäftigten den Beamtenstatus, während dies in den anderen neuen Bundesländern immerhin schon über vierzig Prozent und in den alten Bundesländern sogar mehr als zwei Drittel sind. (...) Der Freistaat Sachsen verringert (deshalb) nicht nur die explizite Verschuldung, sondern auch die implizite Verschuldung. Die implizite Verschuldung resultiert vor allem aus den aufgelaufenen Pensionsverpflichtungen.«[14]

Was man in Sachsen dabei so dezidiert beim Namen nennt, wird in anderen Ländern aber immer noch – zuweilen eher verschämt – verschwiegen. Zu einer ehrlichen Bestandsaufnahme der Politik reicht es vielerorts bis heute nicht.

Schuldentilgung und Pensionslasten

Es war ein Paukenschlag, mit dem der damalige hessische Finanzminister Karlheinz Weimar und Ministerpräsident Roland Koch (beide CDU) die Eröffnungsbilanz ihres Bundeslandes zum 1. Januar 2009 vorlegten.[1] Der Grund: Hessen enthüllte als erstes Flächenland mit einer Staatsbilanz gemäß Handelsgesetzbuch, dass die Ansprüche aktueller und künftiger Pensionäre den mit Abstand größten Passivposten von 38 Milliarden Euro im Landeshaushalt darstellen. Auch wenn viele Landesbeamte und ihre Kollegen in anderen Bundesländern dies vielleicht nicht gerne hören werden: Hessen ist überall. Die Kosten für bereits im Ruhestand befindliche Beamten und künftige Ruhestandsbeamten waren im Jahr 2009 bereits um acht Milliarden Euro größer als Hessens gesamtes Landesvermögen. Für ein Unternehmen ohne Rücklagen wäre dies der sofortige Weg in die Pleite. Müssten die Länder ihre künftigen Lasten in einer Bilanz ausweisen wie jeder »ehrbare Kaufmann«, dann könnten – wie wir noch sehen werden – die Ministerpräsidenten reihenweise den Gang zum Insolvenzrichter antreten.

»Kaufmännische Rechnungslegung macht wie kein anderes buchhalterisches Instrument transparent, welche Lasten auf den Staatshaushalt zukommen«, sagte etwa Wolfgang Wagner, Vorstand bei PricewaterhouseCoopers, die die Hessen-Bilanz unter die Lupe genommen haben. Noch wichtiger sei aber, dass die Haushälter daraus Konsequenzen zögen. Denn die bei Kämmerern und Finanzministern traditionell übliche Kameralistik lasse in der Zukunft liegende Pensionslasten schnell unter den Tisch fallen.

Es ist also Zeit, sich dem Problem zu stellen – nicht nur in Hessen. In der Politik und in der Öffentlichkeit wächst das Bewusstsein dafür, dass die »expliziten« Staatsschulden eben kein zutreffendes Bild von den wahren Lasten für zukünftige Generationen abgeben, zu langsam. »Werden die Staatsschulden wirklich richtig erfasst«, fragte etwa Sybille Wagener bereits vor einigen Jahren zu Recht in einem lesenswerten Aufsatz und führte als Beispiel neben Darlehensrückzahlungen an das zum damaligen Zeitpunkt hochverschuldete und kurz vor dem Staatsbankrott stehende Jelzin-Russland auch die Beamtenversorgung an. Ihre Freiburger Kollegen vom »Forschungszentrum Generationenverträge« haben darauf eine eindeutige Antwort gegeben. »Zu der Spitze des Eisbergs«, schreiben die dortigen Wissenschaftler, »kommen die impliziten Schulden, die fünf Mal so viel ausmachen und unter der ›statistisch‹ ausgewiesenen Wasserlinie liegen. Die fiskalische Relation entspricht dabei fast genau der physikalischen, also jener zwischen Wasser und Eis.« Die »Stiftung Marktwirtschaft« argumentiert ähnlich. Sie beziffert deshalb auch die Gesamtverschuldung aller Gebietskörperschaften nicht nur mit den rund zwei Billionen Euro, mit denen die Bundesrepublik Deutschland Ende 2011 auf allen drei föderalen Ebenen »offiziell« in der Kreide steht, sondern auf ein Vielfaches davon: auf rund acht Billionen Euro bzw. 315 Prozent des Bruttoinlandsprodukts. Den milliardenschweren Unterschied nennt die Stiftung die »Nachhaltigkeitslücke«.

Die Berechnung dieser Nachhaltigkeitslücke baut auf dem Konzept der Generationenbilanz auf: Die implizite Schuld entspricht dem zukünftigen Missverhältnis zwischen öffentlichen Einnahmen und Ausgaben und damit dem Umfang, in dem die Staatsschulden bei geltendem Recht zukünftig zunehmen werden. Mit anderen Worten: Die Nachhaltigkeitslücke zeigt, wie groß die Rücklagenbildung sein muss, damit das heutige Leistungsniveau auch für die Zukunft finanzierbar bleibt. »Wäre ein Kaufmann ehrbar, der seiner Bank bei der Aushandlung eines Kredites zwei Drittel seiner Kreditschulden verschweigt?«, fragen deshalb nicht zu Unrecht auch die Wissenschaftler der »Stiftung Marktwirtschaft« und ergänzen: »Der Staat hat indes gegenüber seinen Bürgern weniger Bedenken. Statt die Staatsschulden in voller Höhe anzugeben, verschweigt er einen beträchtlichen Betrag.«[2]

Zum »Eisbrecher« zu werden, der die unter der Wasserlinie liegenden Schuldenblöcke miteinbezieht, um im Bild der Freiburger Wissenschaftler zu bleiben, dazu hat sich die Politik bisher nur ansatzweise entschließen können. Bestenfalls ist sie mit dem Eispickel im Finanz-Packeis unterwegs und kratzt an den Eisschollen mal hier, mal da herum, auf der Suche nach einer sicheren, aber vor allem bequemen Passage. Warum sollte die Politik auch mehr tun? Würde sie die Probleme ernsthaft angehen, müssten nämlich höchst unpopuläre Entscheidungen getroffen werden. Also lieber auf die große Katastrophe in zehn oder 15 Jahren warten, als heute entschieden gegen sie vorgehen. Den Preis für dieses Nichtstun werden wir alle entrichten müssen. Heute schon leiden besonders junge Beamte darunter.[3]

Die Zahlen sind alarmierend: Auf 767 Milliarden Euro, das haben Fachleute errechnet, belaufen sich die Pensionsverpflichtungen der bis zum Jahr 2060 in Deutschland ausscheidenden Beamten – und das unter der wenig realistischen Annahme, dass keiner von ihnen ersetzt wird.[4] Falls doch, dann steigt der Barwert der Pensionen auf fast 1,8 Billionen Euro. Zum Vergleich: Die Schulden aller Bundesländer zusammengerechnet betrugen Ende des Jahres 2010 insgesamt 660 Milliarden Euro. Für die Speyerer Verwaltungsexpertin Gisela Färber ist die Lage der Beamtenversorgung deshalb »so alarmierend wie die Finanzkrise« seit der Lehman-Pleite. Und Gisela Färber ist keineswegs der Riege der Privatisierungseiferer zuzurechnen. In einer Studie für die gewerkschaftsnahe Hans-Böckler-Stiftung kommt sie sogar zu noch höheren Belastungen. Ihr Ergebnis: Würde der Staat jetzt schon ernsthaft Vorsorge bis 2050 treffen, müsste er rund 970 Milliarden Euro zurücklegen – »und das«, so Färber, »sei noch konservativ gerechnet«.[5]

970 Milliarden Euro – das ist ungefähr die Hälfte der deutschen Staatsschulden insgesamt! Eine Zahl, die niemand hören will. Weder die Politik in Bund und Ländern, die zurzeit mit vergleichbaren Summen dafür kämpft, das internationale

Finanzsystem und ganz besonders den Euro zu retten. Und schon gar nicht der Deutsche Beamtenbund. Denn so schnell und um so viel kann ein Haushalt in den nächsten Jahren gar nicht wachsen, dass man derartige Summen aus ihm mal einfach so herausschneiden könnte, ohne vielen Wählern wehzutun. Wäre dies korrekt ausgewiesen in den öffentlichen Haushalten, wäre dadurch jede Etatplanung sofort hinfällig. Und so werden die künftigen Verpflichtungen des Staates auch nur in den seltensten Fällen genau dort ausgewiesen, wo sie eigentlich hingehören: in den nationalen Haushalten.

Denn auch die expliziten Staatsschulden aller Bundesländer zusammengenommen wachsen bereits mehr als bedrohlich an – um 66 Prozent allein seit dem Jahr 2001 auf heute rund 660 Milliarden Euro. Das sind mehr als 26 Prozent des Bruttoinlandsprodukts – also mehr als ein Viertel aller in Deutschland produzierten Waren und Dienstleistungen.[6] Bedenkt man aber, dass mit dem Alimentationsprinzip für die gegenwärtig (aktiven und passiven) verbeamteten Staatsdiener Leistungsversprechen für die Zukunft eingegangen worden sind, dann müsste, wenn man richtig bilanziert, in den Länderhaushalten in der Summe mehr als das Doppelte, also über fünfzig Prozent des Bruttoinlandsprodukts, ausgewiesen werden.

Diese Summen tauchen in den Länderhaushalten nicht auf, weil der Staat auch auf Länderebene rein kameralistisch budgetiert. Erst langsam tastet man sich in ersten ländereigenen Versorgungsberichten mit Modellrechnungen und verschiedenen Projektionen in eine Richtung vor, die auch in der Zukunft liegende Kosten bereits heute sichtbar macht.

Dabei lauern die größten Gefahren vor allem in den Länderhaushalten. Weil Personalkosten feststehende Ausgabenblöcke sind, sind Länderhaushalte – anders als beispielsweise der Haushalt des Bundes – sehr unflexibel. Der weitaus größte Teil der Ausgaben eines Landeshaushalts ist bereits festgelegt, bevor überhaupt die Landtage mit den ersten Haushaltsberatungen beginnen. Dabei ist der größte Brocken die Personalkosten inklusive der Versorgungsausgaben. Sie liegen in den westdeutschen Ländern zwischen 35 und mehr als vierzig Prozent des Gesamtetats.[7] Das ist ein weit höherer prozentualer Anteil als beim Bund. Zu dem guten Drittel an Personalkosten, die Jahr für Jahr steigen, kommt – ebenfalls mit wachsender Tendenz – der Haushaltsposten namens Zinszahlungen hinzu. Die Vergangenheitslasten werden in Zukunft immer größere Teile der Steuereinnahmen aufzehren und der Politik damit immer engere Fesseln anlegen.

In welchem Ausmaß die vollständige Bedienung der Schulden die künftigen Steuereinnahmen der Länder beanspruchen werden, lässt sich dabei unter anderem durch die »Schuldenquote« errechnen, die das Verhältnis zwischen Schulden und dem Barwert der künftigen Steuereinnahmen wiedergibt. Der Barwert ist ein Wert, den zukünftige Zahlungen in der Gegenwart besitzen. Hilfreich ist aber auch der Wert, der sich mittlerweile in etlichen Versorgungsberichten des Bundes und einzelner Länder wiederfindet: die sogenannte »Versorgungs-Haushaltsquote«. Sie gibt das in Prozent ausgedrückte Verhältnis der Versorgungsausgaben zum Staatshaushalt wieder und wird uns noch bei den folgenden Fallbeispielen beschäftigen. Vor allem dann, wenn wir sie zu der »Zinsausgaben-Steuerquote«, also den Ausgaben, die wir für die Zinsen der Altschulden im Verhältnis zum Steueraufkommen der Länder, addieren. Das alles klingt ein wenig kompliziert, bedeutet aber nichts anderes als eine Addition der »Vergangenheitslasten« zukünftiger Haushalte. Dieser Wert sagt sehr viel über die bisherige und künftige Nachhaltigkeit von Finanz- und Haushaltspolitik aus.

Für alle Länder haben die Wissenschaftler um Bernd Raffelhüschen in Freiburg errechnet, dass sich die für die Bedienung der Beamtenversorgung notwendigen Steuereinnahmen auf rund 13,7 Prozent der gesamten – erhofften – zukünftigen Steuereinnahmen summieren.[8] In absoluten Zahlen entspräche dies einem Barwert von 1806 Milliarden oder 1,8 Billionen Euro. Mit 942 Milliarden Euro entfällt etwa die Hälfte davon ausschließlich auf die Versorgungsbezüge für bereits pensionierte Beamte sowie auf die Pensionszusagen des noch aktiven

Personals – das heißt, wenn ab sofort keine weiteren Verbeamtungen mehr vorgenommen würden. Müssten die öffentlichen Haushalte also wie private Unternehmen Rückstellungen für ungewisse Verbindlichkeiten bilden, wären für die bestehenden Beamten Pensionsrückstellungen in Höhe von eben jenen 942 Milliarden Euro vorzunehmen. Zu den vorhandenen Versorgungszusagen kämen noch einmal weitere 864 Milliarden Euro oder 6,6 Prozent hinzu, wenn die Länder ihre bisherige Einstellungspolitik in der Zukunft beibehalten würden. Insgesamt würden sich so die notwendigen Rückstellungen von Bund und Ländern sehr schnell auf bis zu drei Billionen Euro summieren. Eine Horrorvorstellung für jeden Haushälter und Politiker und den Wählern wohl kaum verständlich zu machen. Rücklagen in einer solchen Höhe bilden zu müssen, bedeutet nämlich, an anderer Stelle notwendige Einsparungen in einem bis heute ungeahnten Ausmaß vornehmen zu müssen. Wer aber mitverfolgt, wie in Haushaltsberatungen in Bund, Ländern und Gemeinden oftmals um weitaus geringerer fünf- oder sechsstelliger Einsparungssummen gerungen wird, ahnt, welche Kraftanstrengung hier gefordert wäre.

Eine ausreichende Rücklage bilden müssten insbesondere die Bundesländer. Die Versorgungsausgaben für die Beamten der Länder und Gemeinden stiegen zwischen 1991 und 2006 um 9,1 Milliarden Euro auf 20,9 Milliarden Euro an.[9] Dies entspricht einem Anstieg um 77,1 Prozent. 2009 waren es bereits 22 Milliarden Euro und für 2020 wird mit mehr als 34 Milliarden kalkuliert. Wohlgemerkt: Jahr für Jahr. Im Jahr 2030 wird sogar mit einem Spitzenwert von 78 Milliarden Euro allein an Versorgungsleistungen für Ruhestandsbeamte und deren Hinterbliebene gerechnet.[10]

Wie brisant das ist, stellt man fest, wenn man einen Blick auf die Situation einzelner Länder richtet. Nehmen wir das Beispiel eines angeblich so »reichen« Landes wie das Musterländle Baden-Württemberg, das im Länderfinanzausgleich – sehr zum Leidwesen vieler Baden-Württemberger – anderen, »ärmeren« Bundesländern in der Vergangenheit Jahr für Jahr mit viel Geld unter die Arme greifen musste. In einem generationengerecht bilanzierten Haushalt würden sich einige wichtige Kennziffern des Landeshaushalts grundlegend verschieben. Denn die schwarz-gelbe Regierung unter Ministerpräsident Stefan Mappus (CDU) hinterließ der ersten bundesdeutschen grün-roten Landesregierung mit Ministerpräsident Winfried Kretschmann (Grüne) rote Zahlen und zusätzlich manche versteckte Erblast. Der Berg der Altschulden des Landes am Kreditmarkt türmt sich auf gut 45 Milliarden Euro.[11] Das ist knapp ein Drittel mehr als das Volumen eines einzigen Jahresetats. Zwar hatte die CDU/FDP-Koalition die zunächst geplante Rekordneuverschuldung von 4,8 Milliarden Euro im Doppelhaushalt 2010/11 nach dem Anziehen der Konjunktur wieder auf 2,6 Milliarden Euro gedrückt. Aber ein schlüssiges Sanierungskonzept für einen ausgeglichenen Etat liegt für die kommenden Jahre bis heute nicht vor. Dabei gilt seit Anfang 2008, dass das Land grundsätzlich ohne neue Kredite auskommen will. Sollte es sich – wie nach der Wirtschafts- und Finanzkrise – dennoch zu neuen Schulden gezwungen sehen, müssen diese binnen sieben Jahren wieder getilgt werden.

Aber die regulär im Haushaltsplan stehende Kreditaufnahme ist nur die halbe Wahrheit. Bis zum Jahr 2030 werden sich die Versorgungsausgaben – ohne Beihilfeaufwendungen – von derzeit drei Milliarden auf sechs Milliarden verdoppeln.[12] Im Jahr 2050 werden sie bei rund zehn Milliarden Euro liegen, so der offizielle Versorgungsbericht des Landes. Dies würde eine Steigerung von 263 Prozent im Vergleich zum Jahr 2008 bedeuten. Und das bei einem derzeitigen Haushaltsvolumen von »nur« 35 Milliarden Euro. Die oben beschriebene »Versorgungs-Haushalts-Quote« betrug im Jahr 1980 noch 5,7 Prozent und erhöhte sich bis zum Jahr 1998 nur leicht um 0,3 Prozentpunkte auf 6,0 Prozent. Ab 1999 verschärfte sich der Anstieg jedoch deutlich, wie man im Versorgungsbericht nachlesen kann. Die Quote stieg innerhalb von nur sieben Jahren bis 2005 um 3,5 Prozentpunkte auf 9,5 Prozent an.

Schon heute hat Baden-Württemberg insgesamt eine »Personalausgaben-Steuerquote« – das sind die Ausgaben für alle aktiven und passiven beim Land Beschäftigten in Relation zum Steueraufkommen – von 59 Prozent und eine »Zinsausgaben-Steuerquote« – das ist die Bedienung der Schuldzinsen in Relation zum Steueraufkommen – von acht Prozent (Stand: 2011). Das bedeutet, dass der durch Steuergelder finanzierte Anteil am Landeshaushalt bereits heute allein durch die Personal-, Versorgungs- und Zinskosten zu rund 67 Prozent ausgeschöpft wird. Damit steht das Land alles andere als gut da. Im Gegenteil: Aus dem »reichen« Land kann so aufgrund der demografischen Entwicklung schon sehr bald ein »armes« Land werden.

In der ersten Regierungserklärung eines grünen Ministerpräsidenten in Deutschland, Winfried Kretschmann, heißt es deshalb sehr zu Recht: »Zwar sieht die vordergründige Optik des Haushalts im Vergleich zu anderen Bundesländern recht gut aus. Doch wenn man die verdeckten und verschobenen Lasten berücksichtigt, sieht es anders aus: Zählt man die wachsenden Pensionsverpflichtungen und die im Haushalt verbuchte Verschuldung zusammen, so steht Baden-Württemberg auf dem letzten Platz aller 13 deutschen Flächenländer – auf dem letzten Platz! (...) Das alles bei einem Schuldenberg von vierzig Milliarden Euro! Hinzu kommt, dass die bisherige mittelfristige Finanzplanung eine erhebliche Schieflage hat. Sie weist für die Jahre 2012 bis 2014 eine jährliche Finanzierungslücke von etwa drei Milliarden Euro aus.«[13]

Was müsste das Land also in einer ehrlichen Bilanz hierfür zurückstellen? Im Bericht des baden-württembergischen Rechnungshofes aus dem Jahr 2010 finden sich – nicht zum ersten Mal – dafür deutliche Worte: »Der finanzpolitische Sprengsatz der Pensionsverpflichtungen würde noch deutlicher, wenn – wie es die ›Standards staatlicher Doppik‹ nach §7a in Verbindung mit §49a Haushaltsgrundsätzegesetz vorsehen – für Beamte und andere nach Bundes- oder Landesrecht versorgungsberechtigte Personen nach versicherungsmathematischen Regeln Rückstellungen für Pensionen, Beihilfen und ähnliche Verpflichtungen gebildet würden. Das Land Hessen hat mit der Einführung des kaufmännischen Rechnungswesens in seiner Eröffnungsbilanz am 1. Januar 2009 mehr als 38 Milliarden Euro Rückstellungen für Pensionen und ähnliche Verpflichtungen ausgewiesen. Nach einem überschlägigen Vergleich der dargelegten Personal- und Versorgungsausgaben in 2009 mit den entsprechenden Aufwendungen des Landes Hessen ergäbe sich in Baden-Württemberg ein Rückstellungsbedarf von grob gerechnet siebzig Milliarden Euro. Diese Größenordnung der Pensionsverpflichtungen als sogenannte ›implizite Staatsverschuldung‹ verdeutlicht die Auswirkungen der Versorgungslasten auf die künftigen Haushalte. Der Rechnungshof in Stuttgart wiederholt deshalb seine frühere Empfehlung (siehe Denkschrift 2003 und 2006), den Umfang der Pensionsverpflichtungen im Haushaltsplan auszuweisen.«[14]

Dieser eigentlich notwendige Rücklagenbedarf entspricht damit ungefähr der »expliziten« Staatsverschuldung in Höhe von 63,8 Milliarden Euro (Stand: 6/2011). So sparsam können die Menschen in Baden-Württemberg gar nicht sein, um derartige Kosten ohne gravierende Einbußen in der Zukunft aufzufangen. Der Rechnungshof mahnt deshalb: »Das Land hat seine Pensionsverpflichtungen über viele Jahre nicht etatisiert und keine oder nur unzureichende Vorsorge für die künftigen Versorgungsleistungen getroffen. So wurde die Illusion erzeugt, neue Beamtenstellen seien besonders preiswerte Ressourcen. Auch hier muss die bisherige politische Praxis nachhaltig geändert werden: Für jeden neu eingestellten Beamten müssen dem Versorgungsfonds des Landes 13 600 Euro jährlich zugeführt werden. Das geltende Recht sieht für neue Beamte lediglich 6000 Euro vor.« Das Resümee der Rechnungsprüfer: »Ohne weitere Eingriffe in die bestehenden Versorgungs-, Beihilfe- und Heilfürsorgeregelungen wird der Anteil der Versorgungsausgaben an den gesamten Personalausgaben weiter drastisch steigen. Bei einer ansonsten unveränderten Ausgabenstruktur drohen künftige Haushalte völlig aus dem

Ruder zu laufen. Die ab 2018 bis 2020 vorgesehene Entnahme von Mitteln aus den Sondervermögen ›Versorgungsrücklage‹ und ›Versorgungsfonds‹ kann nicht zu einer ausreichenden Entlastung der Versorgungsausgaben führen.«

Das bedeutet: Eigentlich müsste Grün-Rot den Rotstift bei der Altersversorgung der Staatsdiener ansetzen, um den Haushalt mittel- und langfristig auch nur einigermaßen wieder ins Lot zu bekommen. Das dürfte aber auf den erbitterten Widerstand von ver.di und dem Beamtenbund stoßen, die sich schon erfolgreich gegen das sogenannte »Vorgriffsstundenmodell« gewehrt hatten, mit dem die schwarz-gelbe Vorgängerregierung die Arbeitszeit der Beamten vorübergehend erhöhen wollte, um Kosten zu sparen. Dass Entscheidendes geschieht, ist unwahrscheinlich. Kann eine grün-rote Landesregierung mit einem grünen Ministerpräsidenten, dem nicht gerade wenige Sympathien aus dem Bereich des Öffentlichen Dienstes entgegengebracht werden, der eigenen Wählerklientel sagen, dass sie über Gebühr die öffentlichen Haushalte belastet?

Nehmen wir als ein weiteres Beispiel das Land Bayern. Bis zum Jahr 2050 werden im ungünstigsten Fall die Versorgungsaufwendungen von drei Milliarden Euro im Jahr 2008 auf zehn Milliarden Euro ansteigen – ein Plus von 222,4 Prozent.[15] Im gleichen Zeitraum wächst der landeseigene Haushalt aber »nur« von 31,3 Milliarden Euro auf 68 Milliarden Euro, also um 94,4 Prozent. Die Personalausgaben – und hier in erster Linie die Versorgungsleistungen (ohne Beihilfe) steigen also doppelt so stark an wie das Haushaltsvolumen – in absoluten Zahlen von 15,1 Milliarden Euro im Jahr 2006 auf 33,7 Milliarden Euro im Jahr 2050. Insgesamt werden die Besoldungsausgaben von 2006 bis 2050 um 78,8 Prozent und die Versorgungsausgaben um 166,2 Prozent anwachsen.

Seit längerem hat deshalb der bayerische Rechnungshof angemahnt, dass das Land mit 300 000 Beamten und öffentlichen Angestellten »überbesetzt« ist.[16] 17,2 Milliarden Euro kostete dies die Verwaltung allein im Jahr 2010. Eine »Personalausgaben-Steuerquote« von über vierzig Prozent und eine »Zins-

Steuerquote« von derzeit 4,8 Prozent zeigen: Auch diesseits der Alpen wird in den nächsten Jahren fast jeder zweite Euro für »aktive« und »passive« Beschäftigte im Öffentlichen Dienst sowie die Bedienung der Altschulden ausgegeben. Das ist viel. Vor allem dann, wenn das Land sich so ehrgeizige Ziele gesetzt und im Doppelhaushalt 2010/2011 wieder keine neuen Schulden aufgenommen hat. Was auf den ersten Blick wie eine glanzvolle Sparaktion aussieht, hat jedoch weitreichende Auswirkungen – auch auf die künftige Versorgung der Beamten – und ist alles andere als ein politisches Bravourstück.

In jedem Fall werden die Belastungen für den Steuerzahler groß. Und sie sind mit allerlei Risiken versehen. Das gilt insbesondere für das nicht zuverlässig abschätzbare künftige Wirtschaftswachstum sowie für die Entwicklung der für den Haushalt besonders wichtigen Größe des Steueraufkommens – und auch für die Entscheidungen, wofür dieses Geld am Ende ausgegeben werden wird. Und das kann im Fall Bayerns eben auch schon mal für die Sanierung der Bayern-LB sein.

Wollte die bayerische Staatsregierung, die sich ja auch stets der besonderen Wertschätzung von Familie rühmt, den Barwert der künftigen Pensionsverpflichtungen »generationengerecht« ausweisen, müsste sie dafür Rückstellungen in Höhe von 154 Milliarden Euro bilden. Das wäre rund das Fünffache des derzeitigen Schuldenstands des Freistaats, der sich auf rund 29 Milliarden Euro (Stand 2011)[17] beläuft. Aus dem solide finanzierten Freistaat, für den sich Bayern gerne hält, würde so sehr schnell ein gravierender Problemfall.

Ähnlich sieht es in Nordrhein-Westfalen aus: Die Zahl der Versorgungsempfänger wird sich hier von 144 700 im Jahr 2006 auf 252 300 im Jahr 2040 erhöhen.[18] Das ist ein Anstieg von 67,8 Prozent. Die Modellrechnungen des zweiten Düsseldorfer Versorgungsberichts aus dem Jahr 2007 gehen davon aus, dass sich die Versorgungsausgaben, ausgehend von 4,3 Milliarden Euro im Jahr 2006, um 72 Prozent auf 7,4 Milliarden Euro im Jahr 2040 erhöhen werden. Der Höchststand würde demnach zwischen den Jahren 2027 und 2029 mit einem Wert von 7,8

Milliarden Euro erreicht. Der nordrhein-westfälische Haushalt 2011 weist einen Umfang von 55,3 Milliarden Euro auf. Im Jahr 2010 gab die Düsseldorfer Landesregierung 5,5 Milliarden Euro für die Versorgung und die Beihilfeleistungen des Landes für seine Ruhestandsbeamten aus. Das sind rund zehn Prozent des Haushalts. Berücksichtigt man ferner noch den Schulden- dienst – kein anderer Flächenstaat weist so viel Schulden auf wie Nordrhein-Westfalen, allein zwischen 1998 und 2009 kam es hier zu einem Anwachsen der Verschuldung um 63 Prozent –, entfallen bereits in der Gegenwart rund 27 Prozent der Aus- gaben im steuerfinanzierten Landesetat NRW allein auf Ver- sorgung und Schuldzinsen. Nimmt man die »Personalausga- ben-Steuerquote« und die »Zinsausgaben-Steuerquote« zu- sammen, so kommt man auf Werte von 45,9 Prozent (Stand: 2012) und 13,2 Prozent (Stand: 2012).[19] Mithin werden 59,1 Prozent des Landeshaushalts für »aktiv« und »passiv« Be- schäftigte im Öffentlichen Dienst und die Bedienung der lau- fenden Schuldzinsen ausgegeben. Da bleibt nicht viel Geld für Investitionen und sonstige Vorhaben. Politischer Gestaltungs- spielraum sieht auf jeden Fall anders aus – es sei denn, man versucht, wie die rot-grüne Landesregierung in Düsseldorf dies 2011 getan hat, einen Haushalt mit noch mehr neuen Schulden aufzustellen. Dabei berief sich die rot-grüne Minderheitsregie- rung von Ministerpräsidentin Hannelore Kraft (SPD) selbst im Jahr des größten wirtschaftlichen Wachstums seit langem auf eine »Störung des gesamtwirtschaftlichen Gleichgewichts«. Wenige Monate später erklärte der Verfassungsgerichtshof im westfälischen Münster den so ausgestalteten Haushalt für ver- fassungswidrig.

Auch für Nordrhein-Westfalen gibt es Berechnungen dar- über, was im Landeshaushalt als notwendige Rücklage einge- stellt werden müsste, um den Anforderungen der Zukunft ge- recht zu werden. Ein Gutachten kommt zu dem Ergebnis, dass sich der Barwert aller bis zum Jahr 2050 anfallenden Ruhege- haltsausgaben in NRW auf 182,6 Milliarden Euro beläuft – das ist mehr als die derzeitige »explizite« Verschuldung Nordrhein-Westfalens im Jahr 2011 von »offiziell« 173 Milliarden.[20] Nordrhein-Westfalen, das seit Dekaden über seine Verhältnisse lebt, läge damit eindeutig oberhalb der durch die Maastricht-Kriterien festgesetzten Verschuldungsobergrenze von sechzig Prozent des landeseigenen Bruttoinlandsprodukts. Das Fazit der Gutachter ist deshalb auch klar: »Aufgrund des in naher Zukunft beginnenden Eintritts kohortenstarker Beamtenjahrgänge in den Ruhestand wird der Anteil der Versorgungsaufwendungen an den Gesamtausgaben Nordrhein-Westfalens deutlich steigen. Schon diese Entwicklung wird die fiskalische Handlungsfreiheit der Landespolitik einschränken. Gelingt es nicht, in Zukunft Ausgaben und Einnahmen in Einklang zu bringen, also negative Finanzierungssalden und weitere Nettokreditaufnahme zu vermeiden, wird die Verschuldung des Bundeslandes wachsen. Dies führt wiederum zu steigenden Zinslasten. Somit werden Beamtenversorgung und Schuldendienst immer größere Posten des Landeshaushaltes werden.«

In Rheinland-Pfalz, bei dem dienstältesten Ministerpräsidenten der Bundesrepublik, Kurt Beck (SPD), sieht es ähnlich aus: Der Landeshaushalt 2010 hat laut Ansatz des zweiten Nachtragshaushalts einen Umfang von 13,6 Milliarden Euro. Ein großer Teil dieser Mittel floss in den Personaletat. Die angesetzten Personalausgaben inklusive Versorgungsausgaben lagen bei 5,15 Milliarden Euro. Der Personalkostenanteil inklusive Ruhestandsbezüge betrug somit rund vierzig Prozent.[21] Rechnet man die Zinssteuerquote von 12,7 Prozent (Stand: 2012) dazu, kommt man auch für den Mainzer Haushalt darauf, dass jeder zweite Euro für »aktive« und »passive« im Öffentlichen Dienst Beschäftigte sowie für die Bedienung der laufenden Schulden ausgeben wird.[22] Eine generationengerechte Bilanzierung müsste für die Beamtenversorgung der Jahre bis 2050 dabei Finanzmittel in Höhe von 36,5 Milliarden Euro an Rückstellungen vorsehen – das entspricht ungefähr der derzeitigen Verschuldung des Landes von 35 Milliarden (Stand 6/2010).[23] Allerdings vermutet der rheinland-pfälzische Rechnungshof schon jetzt, dass sie bis zum Jahr 2014 auf 41 Milliarden Euro ansteigen wird.[24] Damit ist Rheinland-Pfalz mit 67 Prozent gemessen am Bruttoinlandsprodukt verschuldet – und eigentlich ein klarer Fall für einen »blauen Brief« aus Brüssel wegen jahrzehntelangen Verstoßes gegen die Maastricht-Kriterien.

Und auch ein Blick nach Niedersachsen verrät: In Hannover wird haushaltstechnisch und finanzpolitisch ebenfalls alles andere als nachhaltig und umsichtig gewirtschaftet. Würden die Niedersachsen generationengerecht bilanzieren, müssten sie für die künftigen Pensionsansprüche ihrer Beamten auf einen Schlag 78 Milliarden Euro zurückstellen.[25] Und das bei einem Schuldenstand von derzeit 64 Milliarden Euro. Das Land Niedersachsen ist unter den westdeutschen Flächenstaaten dasjenige mit der höchsten Pro-Kopf-Verschuldung. Es wäre deshalb auch nicht annähernd in der Lage, diesen Kapitalbetrag aufzubringen. Seit 1980 gab es kein einziges Jahr ohne eine positive Nettokreditaufnahme. Schon heute gibt das Land (Personalkosten-Steuerquote: 39 Prozent; Zins-Steuerquote: 13,2 Prozent) mehr als fünfzig Prozent der steuerfinanzierten Haushaltsmittel für Personal und Kreditzinsen aus.[26] Eine gefährliche Entwicklung, denn hinzu kommt das, was für alle Bundesländer und den Bund sowie die Kommunen generell zutrifft: Aufgrund des demografischen Wandels und des Rückgangs der Bevölkerung im erwerbsfähigen Alter werden in den nächsten Jahren die Steuereinnahmen tendenziell eher zurückgehen. Trotz immer neuer jährlicher Rekorde beim Steueraufkommen dürfte sich so die Einnahmebasis für alle Gebietskörperschaften in Zukunft eher verkleinern.

Was das im Extremfall bedeuten kann, lässt sich sehr schön am Beispiel des Stadtstaates Bremen zeigen. Bremens Bürgermeister Jens Böhrnsen, im Mai 2011 für vier Jahre wieder in sein Amt gewählt, ist ein bedächtiger Mann. Besondere Statur gewann er sehr zu Recht, als er eine Zeit lang für den zurückgetretenen Bundespräsidenten Horst Köhler »erster Mann« im Staat wurde. Doch auf die einfache Frage, wie er auch in Zukunft seinen Haushalt, und vor allem seine Beamten, über die aktive Tätigkeitsphase hinaus bezahlen will, reagierte er bereits im Wahlkampf 2010 merkwürdig einsilbig. Aber irgendwie interessiert der Schuldenstand Bremens auch niemanden in Deutschland so richtig – vor allen Dingen nicht die Bremer selbst, denn an der Weser weiß keiner so genau, wie es finanziell weitergehen soll.

Fest steht nur: Das Land, ursprünglich von der amerikanischen Militärregierung erfunden, hat mit 660 000 Menschen weniger Einwohner als Frankfurt am Main und ist seit Jahrzehnten chronisch überschuldet. Jedes Jahr geben die Bremer eine satte Milliarde mehr aus, als sie einnehmen. Ende 2010 hatte die Stadt 17,7 Milliarden Euro Schulden.[27] Damit stieg auch der persönliche Anteil, der auf jedem Einwohner des Zwei-Städte-Staates allein an Kommunal- und Landesschulden lastet, zum Jahresende auf 26 788 Euro. Nach den Finanzplanungen des Senats soll die Pro-Kopf-Verschuldung Bremens bis zum Ende des Jahres 2013 sogar auf über 30 000 Euro anwachsen. Bremen nimmt damit den Spitzenplatz im bundesdeutschen Schulden-Ranking ein.

Man muss wissen, dass Stadtstaaten generell ein relativ großes öffentliches Angebot an Dienstleistungen aufweisen müssen, das auch für das Umland bereitgestellt wird wie zum Beispiel im Bereich der Hochschulen und Kultur. Zudem haben Stadtstaaten die besondere Situation, dass die Wirtschaftskraft und die Steueranteile gemessen am jeweiligen Anteil des Landes nicht übereinstimmen. Ursächlich hierfür ist, dass Einpendler in vielen Fällen im Nachbarbundesland leben. Vollständig hausgemacht sind die Bremer Schulden also nicht. Aber nichtsdestoweniger trifft auf Bremen seit langem das nun wirklich nicht zu, was in Artikel 29 des Grundgesetzes steht, dass nämlich »die Länder nach Größe und Leistungsfähigkeit die ihnen obliegenden Aufgaben wirksam erfüllen« müssen. Bei der Durchführung dieser Aufgaben soll die »wirtschaftliche Zweckmäßigkeit« berücksichtigt werden. Die folgerichtige Konsequenz könnte nur eine Neugliederung des Bundesgebiets sein. Davon sind wir heute weiter denn je entfernt.

Und so hilft allen deutschen Stadtstaaten eigentlich nur das, was zurzeit bei der Staatsschuldenkrise auf gesamteuropäischer Ebene diskutiert wird: ein »haircut«, also ein Schuldenschnitt, auf Kosten der öffentlichen und privaten Gläubiger mit einem anschließenden Sanierungsprogramm, so wie dies der IWF für die PIIGS-Staaten – Portugal, Irland, Italien, Griechenland und Spanien – verlangt. Denn die Bremer Finanzen sind einfach nur desolat. Umso unverständlicher ist, dass sich nicht – ähnlich wie im Fall Griechenland – ein Sturm der Entrüstung zuallererst bei den Bremer Steuerzahlern selbst, aber auch im Rest der Republik dagegen erhebt, marode Kleinstaaten wie die Hansestadt mit immer neuen Geldspritzen vor dem eigentlich Unausweichlichen zu bewahren: dem Insolvenzfall.

In der freien Wirtschaft wäre das, was in Bremen seit Jahren stattfindet, ein Fall für die Justiz – wegen erfolgter Insolvenzverschleppung. Die Personalausgaben-Steuerquote beläuft sich in Bremen auf 58,7 Prozent und die Zinsausgaben-Steuerquote auf stolze 25,5 Prozent (Stand: 2012).[28] Damit sind mehr als achtzig Prozent der Steuereinnahmen im Bremer Haushalt für Personalausgaben und Kreditfinanzierung ausgegeben, bevor irgendwelche anderen Projekte überhaupt angegangen werden können. Ähnlich sieht es in Hamburg aus. Auch Hamburg wird in den nächsten Jahren in massivste Finanzierungsschwierigkeiten kommen. Die Hafenstadt wird schon in Kürze mehr als 25 Prozent ihres Steueraufkommens allein für Pensionsaufwendungen aufbringen müssen. Bremen und Hamburg sind deshalb ein Paradebeispiel dafür, wie die Politik in einem Kleinstaaten-Biotop jahrzehntelang vor sich hin wurschteln konnte, ohne dem Steuerzahler auch nur ansatzweise offenzulegen, was mit seinen Steuergeldern jetzt und in der Zukunft passieren wird. Ein Ende der Unvernunft ist im bundesdeutschen Föderalismus nicht abzusehen.

Im Gegenteil: An der Weser konzentrieren sich die Politiker nicht etwa auf eine Lösung des alten Schuldenproblems, sondern setzen alles auf eine Reform des Länderfinanzausgleichs im Jahr 2019, um so am Ende noch mehr Steuergelder aus dem gemeinsamen Ausgleichstopf zu erhalten. Rechnet man zu den expliziten Schulden, die Bremen angehäuft hat, auch noch die zusätzliche implizite Verschuldung von 27,7 Milliarden Euro hinzu, kommt man auf eine Verschuldung des bremischen Bruttoinlandsprodukts von weit über hundert Prozent. Bremen »(ist) ein Paradebeispiel dafür, wie starke Überschuldung langfristig die Handlungsfähigkeit der Politik (geradezu lähmt)«.[29]

Und Bremen steht nicht allein: Weitgehend unbeachtet von der Öffentlichkeit hat der neu gegründete »Stabilitätsrat« von Bund und Ländern im Mai 2010 zum ersten Mal eine drohende Haushaltsnotlage nicht nur für Bremen, sondern auch für Berlin (Pro-Kopf-Verschuldung: 17 140 Euro), das Saarland (Pro-Kopf-Verschuldung: 10 340 Euro) sowie Schleswig-Holstein (Pro-Kopf-Verschuldung: 8545 Euro) festgestellt.[30] Durchschnittlich sind die deutschen Bundesländer mit 6250 Euro pro Kopf verschuldet. Bereits im Oktober 2010 beschloss das Gremium, das seit der Föderalismusreform II die im Grundgesetz verankerte Schuldenbremse kontrollieren soll, die vier maroden Länder einer besonderen Beobachtung von außen zu unterstellen – ähnlich wie dies der IWF und die EU-Kommission auf der größeren europäischen Ebene für Griechenland und Italien tun. Es ist das erste Mal in der bundesrepublikanischen Nachkriegsgeschichte, dass es ein solches Verfahren gibt. Dem Gremium gehören der Bundesfinanzminister, die Landesfinanzminister und der Bundeswirtschaftsminister an, die nun mit den betroffenen Landesregierungen Sanierungsmaßnahmen vereinbaren, deren Erfolge alle sechs Monate überprüft werden. Im Fall der vier Haushaltssünder bedeutet dies, dass die Sanierungsprogramme ab dem Jahr 2012 fünf Jahre lang laufen werden. Mit einem kleinen Unterschied gegenüber den von der EU geforderten Sanierungsprogrammen: Sollten Erfolge bei der nachhaltigen Haushaltskonsolidierung ausbleiben – und sollten sie zum Beispiel in Bremen unter diesen Umständen je eintreten? –, gibt es anders als im Europäischen Stabilitäts- und Wachstumspakt keinerlei nennenswerte

Strafen für die Länder. Es gibt ja den reichen Steuerzahler im Rest der Republik …

Wie man es auch ganz anders machen kann, zeigt wiederum einmal mehr Sachsen mit einer der niedrigsten »Beamtenintensitäten« – ein furchtbares Wort – in Deutschland. Das Land muss deshalb nur einen niedrigen Prozentsatz von seinen künftigen Steuereinnahmen für die Versorgungsleistungen seiner Beamten ausgeben. Dementsprechend niedrig ist auch die Versorgungs-Steuerquote. Im Jahr 2010 gab Sachsen (circa 4,1 Millionen Einwohner) gerade einmal 133 Millionen für die Versorgung seiner beamteten Staatsdiener aus (Versorgungs-Steuerquote: 1,2 Prozent), 2020 werden es 335 Millionen (Versorgungs-Steuerquote: 3,9 Prozent) sein, 2030 511 Millionen (Versorgungs-Steuerquote: 6,6 Prozent) und 2040 552 Millionen (Versorgungssteuer-Quote: 7,6 Prozent).[31] Aber das sind alles sehr moderate Werte für ein Land, das derzeit nicht mehr als rund jeden vierten Euro (Personalausgaben-Steuerquote: 26,4 Prozent) für seine aktiven und passiven im Öffentlichen Dienst arbeitenden Beschäftigten ausgibt und für seine Altschulden eine Zinsausgaben-Steuerquote von gerade einmal 5,6 Prozent hat. Insgesamt gibt der sächsische Finanzminister Georg Unland die »implizite« Verschuldung seines Landes im Doppelhaushalt 2009/2010 mit gut sechs Milliarden Euro an – bei einem Bruttoinlandsprodukt von 95 Milliarden ist dies ein sehr respektabler Wert.[32] In Sachsens Nachbarschaft, in Thüringen (2,2 Millionen Einwohner), liegt das Bruttoinlandsprodukt bei circa 48 Milliarden. Der Schuldenstand beträgt 16,2 Milliarden. 2005 lagen die Kosten für die Versorgung von Beamten, Richtern und deren Hinterbliebenen noch bei knapp 32 Millionen Euro. Für 2011 waren es aber bereits 81,5 Millionen Euro, für 2020 wird sogar mit der vierfachen Summe gerechnet.[33]

Die Finanzierung von Rückstellungen durch Schulden

»Die Altersversorgung des Öffentlichen Dienstes wird zusätzlich durch die personelle Ausweitung seit den sechziger und siebziger Jahren belastet, die damals eine Folge der gestiegenen gesellschaftlichen Anforderungen (insbesondere Schulen, Hochschulen, Innere Sicherheit) war und in den kommenden Jahren zu einer stark ansteigenden Zahl von Versorgungsempfängern führen wird. Vor diesem Hintergrund stehen gerade auch die Versorgungssysteme des Öffentlichen Dienstes vor der Aufgabe, die Finanzierung der Altersversorgung auf eine langfristig sichere Grundlage zu stellen. Die Menschen müssen sich auf einen gesicherten Lebensunterhalt im Alter verlassen können. Notwendig ist daher eine nachhaltige Finanzierung der sozialen Sicherungssysteme. Allgemein wird von einem nachhaltig finanzierten Versorgungssystem gesprochen, wenn zur langfristigen Gewährleistung eines bestimmten Versorgungsniveaus keine steigenden Finanzierungsanteile (Beitragsund/oder Steuersätze) erforderlich sind bzw. wenn eine unveränderte Finanzierungsquote längerfristig nicht zu Leistungsrücknahmen führt.«[1]

So steht es fast ein wenig beschwörend im 3. Versorgungsbericht der Bundesregierung aus dem Jahr 2005. Weiter heißt es: »Das bisherige Versorgungsniveau wäre längerfristig ohne Steuererhöhungen oder erhebliche Umschichtungen innerhalb der öffentlichen Haushalte zugunsten der Altersversorgung nicht aufrechtzuerhalten.«[2] Für Steuererhöhungen gab es in der Vergangenheit sicherlich viele Begründungen, und es fällt immer noch schwer zu verstehen, warum beispielsweise ausgerechnet ein Großteil der Ökosteuer in die gesetzliche Rentenversicherung fließt. Ordnungspolitisch transparente und klare Strukturen und Benennungen, wofür welches Geld ausgegeben wird, sehen anders aus. Natürlich ist die Politik viel zu klug, mögliche Steuererhöhungen explizit mit der Besoldung und Versorgung von Beamten in Verbindung zu bringen. Eher diskutiert man heute das genaue Gegenteil: Steuern und Abgaben sollen am besten gesenkt werden. Aber Umschichtungen in öffentlichen Haushalten finden, wie wir im vorigen Kapitel gesehen haben, bereits heute und vor allem bei den Ländern in riesigem Umfang statt. Und diese Umschichtungen werden in den nächsten Jahren noch sehr viel größer werden, denn von einer »nachhaltigen« Finanzierung der Beamtenversorgung kann immer noch keine Rede sein. Deshalb muss das Thema auf die Tagesordnung und vor allem auch öffentlich diskutiert werden.

Eine Institution hat das in den vergangenen Jahren immer wieder mit aller Deutlichkeit getan: der Sachverständigenrat zur Begutachtung der gesamtwirtschaftlichen Entwicklung, die sogenannten »Fünf Wirtschaftsweisen«. Sie forderten im Frühsommer 2011 wieder einmal, dass die Politik in den nächsten Jahren die »Rente mit 69« ins Auge fassen soll. »In den Jahren 2045 und 2060 wird vermutlich ein gesetzliches Renteneintrittsalter von 68 bzw. 69 Jahren erforderlich sein«, so die Experten. Auch für die Beamtenversorgung sollten die höheren Altersgrenzen gelten. Für spezielle Berufe seien auch Sonderlösungen denkbar. Bereits in ihrem Jahresgutachten 2003/2004 legte der Sachverständigenrat Berechnungen vor, wonach unsere Systeme der sozialen Alterssicherung einschließlich der Beamtenversorgung in keiner Weise nachhaltig finanziert sind. Seitdem ist in der Rentenversicherung zwar viel passiert, und bei den Beamten hat sich auch einiges getan. Doch wie immer steckt der Teufel im Detail. Es lohnt deshalb die Mühe, sich mit den kleinen und großen Tricks der Politik ein wenig zu beschäftigen, um zu erkennen, auf welch dünnem Eis man sich in einem so reichen Land wie Deutschland bei der Frage der Altersvorsorge für seine Staatsdiener bewegt.

Wir erinnern uns: Der Politik war bereits seit Mitte der sechziger Jahre bekannt, dass man auch bei der Beamtenversorgung nicht einfach auf den Langmut der Steuerzahler vertrauen darf.[3] Doch erst Jahrzehnte später, mit dem Versorgungsreformgesetz 1998 und dem Beamten-Versorgungsrücklagegesetz, gab es einen neuen Rechtsrahmen, wurde die Bildung von Versorgungsrücklagen bei Bund und Ländern gesetzlich vorgeschrieben. §14a des Bundesbesoldungsgesetzes (BBesG) hält die Bildung einer Versorgungsrücklage als Sondervermögen gesetzlich fest. Damit will der Staat seinen gigantischen Pensionsberg »untertunneln«.[4] Diese Rücklagen sollen im Wege verminderter Bezügeanpassungen von Beamten und Versorgungsempfängern aufgebracht werden. Damit haben – »endlich!«, möchte man ausrufen – Elemente der Kapitaldeckung auch Eingang in die Beamtenversorgung gefunden. Ein Umsteuern auf eine zumindest partielle Kapitaldeckung ist der Weg, der von der überwiegenden Zahl der Experten und Fachpolitiker als entscheidend und notwendig für die langfristige Stabilisierung und Sicherung der Beamtenversorgung angesehen wird. Dies beinhaltet die Ergänzung der reinen Umlagefinanzierung durch bereits im Aufbau befindliche Versorgungsrücklagen und durch versicherungsmathematisch berechnete, laufende Einzahlungen in Versorgungsfonds.

Das ist die Theorie – beim Bund zumindest. Vorgesehen war ursprünglich, die Besoldungs- und Versorgungsanpassungen vom 1. Januar 1999 bis zum 31. Dezember 2013 in 15 Teilschritten um jeweils 0,2 Prozentpunkte zu vermindern und den Unterschied gegenüber den nicht verminderten Anpassungen dem Sondervermögen »Versorgungsrücklage« zuzuführen. Doch der Ansatz hatte nicht lange Bestand. Wurde 1998/99 noch die Vorsorge für Beamte als große Errungenschaft gefeiert, richteten sich bald darauf die Augen der Verbandsfunktionäre schon wieder nur mehr auf die Gegenwart: Im »Versorgungsänderungsgesetz 2001« wurde festgelegt, dass die ab 2002 folgenden acht Anpassungen von 0,2 Prozentpunkten für die nächsten acht Anpassungen wieder ausgesetzt werden sollten. Im Gegenzug dafür wurde festgeschrieben, dass der Versorgungshöchstsatz für Ruhestandsbeamte gleichzeitig schrittweise um 4,33 Prozentpunkte von 75 Prozent auf 71,75 Prozent abgesenkt wurde. Der Versorgungsrücklage wird dabei die Hälfte der durch diese Maßnahme erzielten Einsparungen zugeführt. Nach der achten Anpassung wird der Aufbau der Versorgungsrücklage wieder mit durchschnittlich 0,2 Prozentpunkten je Gehaltsanpassung fortgeführt.[5]

Eine weitere Verminderung und zusätzliche Abführung an den Rücklagenfonds, so sieht es das Gesetz vor, soll erst im Anschluss daran wiederaufgenommen und in den verbleibenden Teilschritten fortgeführt werden. Bis dahin bleiben die aus den bisherigen Absenkungen der Bezügeanpassungen resultierenden Zuführungen an die Versorgungsrücklagen unberührt und werden in der bis jetzt erreichten Höhe weitergeführt. Zusätzlich ist die Hälfte der Verminderung der Versorgungsausgaben durch das Versorgungsänderungsgesetz 2001 (§69 e BeamtVG) der Versorgungsrücklage zuzuführen. Nach 2017 sollen die Versorgungsrücklagen zur Entlastung der öffentlichen Haushalte schrittweise wieder aufgelöst werden. Der derzeitige und für 2017 prognostizierte Stand der Versorgungsrücklagen im Bund ist im 3. Versorgungsbericht der Bundesregierung enthalten. Er betrug zum Anfang des Jahres 2009 etwa 2,3 Milliarden Euro.

Was furchtbar kompliziert klingt und auch ist, läuft auf eine wichtige Erkenntnis hinaus: Die Pensionen heutiger Ruhestandsbeamter sind im Vergleich zu dem, was ein aktiver Beamter Monat für Monat ausgezahlt bekommt, zu hoch bemessen. Wir werden dies auch bei einem Vergleich zwischen Pensionen und Renten noch sehen. Die Standesvertretung der Beamten hört das verständlicherweise nicht gerne. Es ist typisch, dass die Tarifparteien – hier der Staat als Arbeitgeber im Öffentlichen Dienst und dort der Deutsche Beamtenbund und ver.di – diese entscheidende Erkenntnis quasi befristet haben. Ab 2017 fließen dem Bund jährlich 500 Millionen aus dieser Rücklage für seine Beamten zu. Das klingt nach viel Geld, ist in Wirklichkeit aber nur ein Tropfen auf den heißen Stein. Die wirklichen Versorgungsansprüche liegen um ein Vielfaches über der angesparten Summe.

Seit 2007 gibt es zudem beim Bund selbst und seinen nachgeordneten Behörden einen weiteren, zusätzlichen Fonds. Der kommt allerdings nur für künftige Pensionäre auf, die fast ihre gesamte Dienstzeit noch vor sich haben. Für die Pensionierungswelle in den nächsten Jahren ist das ohne Belang und bleibt hier auch weitgehend unberücksichtigt. Ähnlich sieht es in den Bundesländern aus.

Eine wirklich »nachhaltige« Rücklage, so drängt sich einem die Vermutung auf, sieht irgendwie anders aus. Um eine spätere Vollabdeckung der Versorgungsansprüche aus einem kapitalisierten Vermögen zu sichern, müssen nach Berechnungen von Versicherungsmathematikern für neu einzustellende Beamte – je nach Laufbahngruppe – rund dreißig Prozent der jeweiligen Brutto-Jahresbezüge in einen Versorgungsfonds eingezahlt werden. Die Personalkosten würden damit jeweils von der Generation getragen werden, die auch die öffentlichen Dienstleistungen der Beamten in Anspruch nimmt. Gleichzeitig würden die Versorgungsausgaben in die aktive Phase des Beamtenverhältnisses vorverlagert. Damit wäre auch zwingend ein Vorteil für die öffentlichen Haushalte beseitigt, der in der Vergangenheit so gerne genutzt wurde, nämlich, dass Beamte während ihrer aktiven Zeit deutlich kostengünstiger sind als Angestellte oder Arbeiter.[6] Doch in den Haushalten der Bundesländer lässt sich sehr gut erkennen, wie ernst es die Politik mit der nachhaltigen Sicherung der Ruhestandsbezüge für Beamte wirklich meint.

Haushälterische Verschiebebahnhöfe

Kein Ministerpräsident kann es sich heute leisten, für seine Beamten – selbst für diejenigen, die er neu einstellt – Monat für Monat ein Drittel des Gehalts für die Versorgung zurückzulegen. Wenn man nur ganz bescheiden rechnet und davon ausgeht, dass man beispielsweise pro Lehrer, Hochschullehrer oder Polizeibeamtem rund 10 000 Euro im Jahr in die Sozialkassen einzahlt, dann kommt man ganz schnell auf Beträge, die den Haushalt eines jeden deutschen Bundeslandes sprengen würden. Und deshalb lassen es die meisten Politiker in den Bundesländern auch sein. Um etwaigen lästigen und störenden Nachfragen zu entgehen, mogelt sich die Politik stattdessen durch – im stillen Einverständnis mit den beteiligten Interessenorganisationen der Beamten.

Nach außen hin rühmen sich die meisten Bundesländer umfassender Fürsorge für ihre Beamten. Als Grundlage hierfür gilt das neue Beamtenrecht, ein Ergebnis der Föderalismuskommission I (2003–2004).[1] Der Artikel 75 Abs. 1 des Grundgesetzes, der die Rahmenkompetenz für die Rechtsverhältnisse aller Beamten dem Bund übertragen hatte, wurde abgelöst. Nach der neuen Fassung des Art. 74a GG trat nun an die Stelle der Rahmengesetzgebungskompetenz eine konkurrierende Gesetzgebungsbefugnis des Bundes, die sich nur mehr auf die Regelung der Statusrechte und -pflichten der Beamten der Länder, Gemeinden und anderen Körperschaften des Öffentlichen Dienstes bezieht.

Die Gesetzgebung für Laufbahnen, Besoldung und Versorgung fällt seitdem den Ländern zu. Historisch gesehen sind wir also heute eigentlich wieder dort, wo wir zu Zeiten des »Preußischen Allgemeinen Landrechts« von 1794, also vor über 200 Jahren, schon einmal waren – bei einer landesweiten Zersplitterung des Beamtenrechts bzw. der Beamtenbesoldung.

Vorreiter auf dem Gebiet der versicherungsmathematisch errechneten Rücklagenbildung war – noch vor dem Bund – Rheinland-Pfalz gewesen mit einem eigenen Versorgungsfonds, den das Land 1996 bereits einrichtete (»Landesgesetz über den Finanzierungsfonds für die Beamtenversorgung Rheinland-Pfalz«).[2] Der Bund folgte mit dem oben beschriebenen Pensionsfonds und Sondervermögen für seine Beamten, ebenso bundesunmittelbare Behörden wie die Bafin, die Bundesanstalt für Finanzdienstleistungsaufsicht, die Bundesbank oder die Bundesagentur für Arbeit.[3]

Das Bundesland Rheinland-Pfalz rühmt sich, in den vergangenen Jahren durch moderne Ansätze der Haushaltsführung (Budgetierung) und Haushaltssteuerung (Leistungsaufträge) viel Bewegung in die Haushalts- und Finanzpolitik gebracht zu haben. Zudem wurden Teile der Landesverwaltung ausgegliedert und flexiblere Einheiten mit größerer Eigenverantwortung geschaffen.[4] Doch ein genauerer Blick hinter die Kulissen des nicht ganz so einfachen Haushaltsrechts lohnt sich. Denn auch Politiker betätigen sich gerne als Kulissenschieber für ein staunendes Publikum. Nehmen wir Platz im rheinland-pfälzischen Staatstheater zur Beamtenversorgung. Das Stück hat allerdings wenig mit der sonst gerühmten Pfälzer Leichtigkeit und der Jovialität seines Landesvaters zu tun. Es ist ein eher schwermütiges, wenn auch fantasievolles Haushaltsdrama – vorerst noch ohne reinigende Katharsis am Ende. Vorhang auf!

1. Akt – Errichtung eines Pensionsfonds. Rechtsgrundlage ist das »Landesgesetz über den Finanzierungsfonds für die Beamtenversorgung Rheinland-Pfalz« (LFinFG): Eine Pioniertat – einmalig und vorbildhaft. Erklärtes Ziel ist es, eine Rücklage zur Finanzierung der zukünftigen Versorgungs- und Beihilfeleistungen aller Beamten und Richter zu bilden, deren Dienstverhältnis nach dem 30. September 1996 begründet worden ist.[5] Die Anstalt erstattet dem Land auf Anforderung die entsprechenden Versorgungs- und Beihilfeausgaben, sobald diese anfallen. Haushaltstechnisch wur-

den die Zuführungen an den Finanzierungsfonds in den Jahren 1996 bis 2000 auch dort ausgewiesen, wo sie hingehören: bei den Personalausgaben. Applaus und Ovationen von den Zuschauern aus dem Bund und auf der Ländertribüne. Beispielhaft! Hervorragend! Vorhang zu.

2. Akt – Die doppelte rheinland-pfälzische Absicherung, Finanzierungsfonds und Versorgungsrücklage: Neben dem 1996 errichteten Finanzierungsfonds für alle ab 1996 eingestellten Beamten tritt nun auch in Rheinland-Pfalz die verpflichtende Versorgungsrücklage für alle Beamten in Kraft – zwei strikt voneinander getrennte Versorgungstöpfe, die allerdings unter dem gleichen Dach geführt werden und auch die gleichen Anlagemöglichkeiten vorsehen. Es wird also eingezahlt – gleich doppelt! Im Parlament sagte Finanzminister Carsten Kühl (SPD) dazu: »Es ist wichtig, für Neueinstellungen die richtigen Preissignale zu setzen und damit den sparsamen Umgang mit der Ressource Personal zu ermöglichen.«[6] Ab 2018 soll die verpflichtende Versorgungsrücklage aufgelöst werden und sukzessive dazu genutzt werden, bei den Pensionszahlungen für eine gewisse Entlastung zu sorgen. So wird dem Landeshaushalt Monat für Monat jeweils ein gewisser Prozentsatz der Besoldungsausgaben zugeführt, die aufgrund eines versicherungsmathematischen Gutachtens berechnet werden. Allfälliges zustimmendes Gemurmel selbst dann noch, als aufgrund neuerer finanzmathematischer Berechnungen von 2006 an die Beitragssätze um die Hälfte angehoben wurden. Dann wird die Szenerie düsterer: Im November 2006 verabschiedete der rheinland-pfälzische Landtag das »Zweite Landesgesetz zur Änderung beamtenversorgungsrechtlicher Vorschriften«. In das Landesgesetz über die Errichtung eines Finanzierungsfonds für die Beamtenversorgung Rheinland-Pfalz wurde ein neuer Paragraf 3c eingefügt. Demzufolge werden die Zuführungen des Landes an den Finanzierungsfonds nunmehr nur noch als Darlehen gewährt. Die Erstattungen des Finanzierungsfonds an das Land gelten entsprechend als Darle-

hensrückzahlung. Ein nicht ganz unwichtiger Unterschied.
Die SPD-Landtagsfraktion setzte den Gesetzentwurf gegen
die Stimmen der CDU und bei Stimmenthaltung des vorma-
ligen Koalitionspartners FDP durch. Leichtes Donnergrol-
len im Hintergrund. Der Vorhang fällt.

3. Akt – Das Bühnenbild ist nach wie vor heiter: Es wird fleißig
eingezahlt in die Vorsorgerücklagen, Monat für Monat, Jahr
für Jahr. Wechselnde Kulissen machen deutlich – die Zeit
vergeht. Im Jahr 2009 beträgt der Kassenstand des rheinland-pfälzischen Pensionsfonds stolze 329 Millionen Euro.
Der Bestand des Finanzierungsfonds beläuft sich am Jahresende 2009 auf 1,905 Milliarden Euro. 2010 sind es bereits
2,4 Milliarden Euro, die für mehr als 27 000 Beamte zurückgelegt werden.[7] Die jährlichen Renditen bewegen sich im
Mittel zwischen 3,6 und 4,2 Prozent. Eine stolze Summe.
Allfälliges zustimmendes Gemurmel im Zuschauerraum –
bei der Nennung der Kassenstände brandet sogar Szenenap-
plaus auf. Da zuckt ein Blitz über die Bühne, deutlicher
Theaterdonner ist zu hören. Wir schreiben inzwischen das
Jahr 2010. Es tritt auf – zum Monolog – der Rechnungshof in
dunkler Gestalt und fragt, warum denn seit 2006 verschiedene Personalausgaben auf einmal wie von Geisterhand nicht
mehr im Haushalt des Landes aufgeführt würden, zum Beispiel die der Hochschullehrer, die in einem »Globalhaus-
halt« für die Universitäten verschwänden? Und warum die
Zahlungen für die Pensionsfonds auf einmal nicht mehr als
Personalausgaben, sondern als »Investition« im Haushalt
ausgewiesen würden, obwohl sie natürlich nichts anderes
als vorgezogene Personalausgaben sind? Die Landesregierung versuche doch wohl hoffentlich nicht, durch diese Um-
widmungen zu verschleiern, dass ihre Personalausgaben mit
zuletzt 5,2 Milliarden Euro mittlerweile über fünfzig Prozent des Landeshaushalts einnähmen. Dadurch, dass Personalausgaben auf einmal »Investitionen« seien, mache das
Land mehr Schulden, als verfassungsrechtlich erlaubt seien.
Man wisse doch: Jedes Land dürfe nicht mehr Schulden ma-

chen, als es Investitionen – wirkliche Investitionen – tätige! Ungläubiges Staunen im Zuschauerraum, verhaltener Applaus. Der Vorhang fällt.[8]

4. Akt – Auftritt des damaligen rheinland-pfälzischen Finanzministers Carsten Kühl, der den Haushalt für das Jahr 2011 in den Landtag einbringt: Beifall aufseiten der Regierungspartei, ungläubiges Staunen aufseiten der Opposition. Kühl spricht davon, dass der Etat eine neue »Ära der Konsolidierungspolitik« einläute, und legt mit stolzgeschwellter Brust eine mittelfristige Finanzplanung bis zum Jahr 2014 und einen Ausblick auf das Jahr 2020 vor.[9] 2020 ist das Jahr, in dem die neu im Grundgesetz verankerte Schuldenbremse auch in den Ländern ihre volle Wirkung zeigen soll und die Etats eigentlich ausgeglichen sein und ohne neue Kredite auskommen sollen. Dieses Ziel werde in Rheinland-Pfalz – natürlich – erreicht, allerdings nur, wenn man die Zuführungen an den Pensionsfonds aus der Verschuldung herausrechne – ebenso wie man die Verschiebung der Landesbetriebe ja auch herausrechnen würde. Applaus von der Regierungsbank, Zwischenrufe vonseiten der Opposition, wachsende Unruhe im Publikum. Erste Pfiffe. Der Vorhang fällt.

5. Akt – Es tritt noch einmal auf: der Rechnungshof. Die Prüfer weisen darauf hin, dass ohne die Umwidmung der Zuführungen von 329 Millionen Euro an den Pensionsfonds im Jahr 2009 die Investitionsquote des Landes lediglich 8,5 Prozent hätte betragen dürfen, in den Folgejahren würde sich sogar eine um zwei bis fünf Prozentpunkte geringere Quote ergeben. Und überhaupt, so moniert der Rechnungshof, habe dies alles mit einer nachhaltigen Haushaltspolitik nicht viel zu tun. Bis Ende 2014 erwarte der Rechnungshof einen Schuldenberg von 41 Milliarden Euro. Man vermisse ein tragfähiges Konzept, wie der Landeshaushalt bis 2020 strukturell ausgeglichen werden könnte.[10] Der Vorhang fällt, Schweigen im Publikum, das immer verstörter wirkt.

Die Verstörtheit wächst, je mehr Details über das »Sondervermögen« für die Beamtenversorgung bekannt werden. Denn
was zahlt das Land Rheinland-Pfalz – neben allen Verbu-
chungstricks im Haushalt – in das »Sondervermögen« für seine Beamten ein? Geld aus dem laufenden Landeshaushalt,
möchte man annehmen. Ganz so einfach ist es aber nicht. Natürlich fließt Geld, und natürlich stehen Euros als Vermögens-
werte nebst Sparzinsen in den Büchern des Pensionsfonds.
Doch wird hier wirklich – volkswirtschaftlich gesehen – ein
»Mehrwert« im Sinne einer nachhaltigen Rücklage erzeugt?

Der Freiburger Wissenschaftler Bernd Raffelhüschen hat im
Auftrag des »Bundes der Steuerzahler« genauer nachgesehen.[11] Betrachten wir seine Erkenntnisse, zuerst im Hinblick
auf die Funktion des Pensionsfonds. »Anlage und Verwaltung
des Sondervermögens wurde dem Finanzierungsfonds für die
Beamtenversorgung Rheinland-Pfalz übertragen. Dabei handelt es sich um eine Anstalt des öffentlichen Rechts.« Was
macht der Pensionsfonds mit dem Sondervermögen? Er legt es
an, wie jeder Sparer auch. Und in was? »Die dem Sondervermögen zur Verfügung stehenden Mittel sind zu marktüblichen
Konditionen in Anleihen, Obligationen, Schatzanweisungen
oder Schuldscheinen des Landes oder anderer öffentlich-
rechtlicher Emittenten, in Forderungen an rheinland-pfälzische Gemeinden, Gemeindeverbände und Zweckverbände, in
Forderungen an Dritte, die vom Land verbürgt sind, oder in
Emissionen anderer Emittenten aus den Teilnehmerländern
der Europäischen Währungsunion, wenn sie vergleichbar besi-
chert sind, anzulegen«, heißt es in den Statuten des Pensionsfonds lapidar. Dann kommt der entscheidende Satz im Gutachten Raffelhüschens: »Nach Auskunft des für die Verwaltung der Versorgungsrücklage verantwortlichen Finanzierungsfonds für die Beamtenversorgung besteht das Portfolio
ausschließlich aus Landesschuldverschreibungen mit einer
Laufzeit von jeweils zehn Jahren.«

Und was sind »Landesschuldverschreibungen«? Nichts anderes als das, was der Name besagt: Schuldpapiere. Für die

Versorgungsfonds der Beamten kauft das Land Rheinland-Pfalz also Schuldtitel von sich selbst auf, um sie anzulegen. Finanzwissenschaftler würden dies ein »In-sich-Geschäft« nennen. Man verschiebt Schuldscheine von der einen in die andere Tasche. In dem Gutachten heißt es denn auch klipp und klar, »dass das rheinland-pfälzische Modell, das mittlerweile auch von anderen Bundesländern übernommen wurde, tatsächlich weder das Prinzip einer kapitalgedeckten Finanzierung erfüllt noch zu einer langfristigen Entlastung des Landeshaushalts führt und damit das Problem steigender Versorgungsausgaben nicht abmildern kann«. In der Tat: Seit Gründung des Finanzierungsfonds bzw. seit Einrichtung der Versorgungsrücklage in Rheinland-Pfalz lag die jährliche Nettokreditaufnahme deutlich höher als die jeweilige Zuführung an die Rücklagenfonds. Das bedeutet, »dass Rheinland-Pfalz die Überweisungen an die beiden Rücklagen aus Krediten finanziert hat. Anders ausgedrückt: Das Bundesland verschuldete sich bereits heute am Kreditmarkt, etwa durch die Ausgaben entsprechender Anleihen, und leistete dann die fälligen Zahlungen an den Finanzierungsfonds und die Versorgungsrücklage, deren Auszahlungen erst in etlichen Jahren zu gewärtigen sind. In dem Maß, in dem den Rücklagen Mittel zugeführt wurden, erhöhte sich so auch die jährliche Nettokreditaufnahme. Rheinland-Pfalz bildet also den Vorsorge-Kapitalstock nicht aus Ersparnissen, sondern aus neuen Schulden heraus, für die natürlich Zinsen zu entrichten sind«.

»So, wie der Fonds tatsächlich geregelt ist, ähnelt er eher einem haushälterischen Verschiebebahnhof«, beurteilte deshalb – in seltener Einmütigkeit mit dem »Bund der Steuerzahler« – die Landesvorsitzende des Deutschen Beamtenbunds, Lilly Lenz, die rheinland-pfälzische Politik.[12] Sie schlägt vor, die Fondsmittel nicht nur ausschließlich in Anleihen des Landes anzulegen, sondern auch andere konservative Investmentmöglichkeiten miteinzubeziehen. Eine Forderung, die der rheinland-pfälzische Finanzminister Kühl nicht gelten lassen will: »(Es) ist festzuhalten, dass es in der Phase, in der der Landeshaushalt noch unausgeglichen ist, ein Gebot der Vorsicht und ein Gebot der wirtschaftlichen Vernunft ist, die Überschüsse des Fonds in Landespapieren anzulegen. Wir gehen als Land damit keine zusätzlichen Risiken ein. Die Transaktionskosten sind nahezu null. Trotzdem wird eine marktgängige Verzinsung für mündelsichere Papiere erreicht. Unsere bisherige Strategie ist einfach, sicher und gut.«[13]

Sicher kann er sich mit dieser Einschätzung, wie wir im Folgenden noch sehen werden, aber keineswegs sein. Das Ziel war eine nachhaltige, generationengerechte Vorsorge für die Beamtenversorgung. Wenn die Politik jedoch die Beamtenversorgung weiterhin von der Hand in den Mund finanziert, dann kann das weder für die Steuerzahler noch für die Beamten eine wirklich vertrauenerweckende Maßnahme sein. Finanzpolitiker weisen zwar gerne darauf hin, dass eine solche Finanzierung durch Kredite sinnvoll sei, wenn die Erträge des Fondskapitals die für die Aufnahme des Kapitals erforderlichen Zinsen übersteigen, aber das ist nur das offene Eingeständnis dafür, wie sehr die Politik hier Vabanque spielt. In der Finanzwelt nennt man so etwas ein »Arbitrage-Geschäft«, also eine Zinswette, bei der man hofft, die Schuldzinsen seien am Ende geringer als die Ertragszinsen. Ein Vorgehen, das die Politik übrigens, wenn es um »die bösen Finanzmärkte« in Frankfurt, London, New York oder Tokio geht, gerne auf das Schärfste verurteilt.

Was die Beamtenversorgung im Vorzeigeland Rheinland-Pfalz angeht, war der gute Wille also durchaus modellhaft, die Ausführung aber keinesfalls. Mit steigenden Zinsen, vor allem Kreditzinsen, ist schon heute fest zu rechnen. Und sie haben unschöne Folgen für die übrigen Milliardenschulden von Bund, Ländern und Gemeinden. Es wird noch enger für jeden Haushalt – auch in Rheinland-Pfalz.

Nur die öffentliche Hand kann sich solch eine Art der Vorsorge leisten. In der Privatwirtschaft, auch darauf weisen die Gutachter immer wieder hin, »muss der Aufbau von Pensionsrückstellungen entweder aufwandswirksam über die Gewinn- und Verlustrechnung oder erfolgsneutral über eine direkte Buchung ins Eigenkapital erfolgen. Um das Eigenkapital bzw. das Verhältnis von Eigenkapital zu Fremdkapital nicht zu verringern, muss der Rückstellungsbetrag dabei aber zunächst einmal tatsächlich erwirtschaftet werden. Rückstellungen, die nicht aus erzielten Gewinnen erfolgen, zehren langfristig das Eigenkapital auf und führen zu Überschuldung und letztlich in die Insolvenz des Unternehmens«.[14]

Die kurzfristige Einstellung von Zahlungen

Bayerns Finanzminister muss ein glücklicher Mann sein. Wenn man das Staatsministerium für Finanzen am Münchener Odeonsplatz besucht, könnte man zumindest diesen Eindruck haben. Umso mehr, als der jeweilige Hausherr als Minister des Freistaats zugleich Eigentümer von über 150 000 Flurstücken und etwa 11 000 Gebäuden, wie zum Beispiel dem Staatlichen Hofbräuhaus, und Dienstherr der Bayerischen Schlösser- und Seenverwaltung oder der Bayerischen Seenschifffahrt ist. Nun gut, die Bayerische Landesbank gehört auch zu dem Portfolio sowie 107 Finanzämter. Aber eigentlich konnte der frühere bayerische Finanzminister und heutige Sparkassenverbandschef Georg Fahrenschon mit sich und der Welt zufrieden sein.

Ob das auch für seine Beamten gilt? Sie sollten kritisch hinterfragen, wie es um ihre Zukunft steht, und dazu auch Fahrenschons Nachfolger Markus Söder nicht so schnell aus der Verantwortung entlassen. Die Einbringung des Haushalts ist für jeden Finanzminister ein jährlich wiederkehrender Höhepunkt eines jeden Haushaltsjahres. Als er am 2. Februar 2011 im Bayerischen Landtag den Doppelhaushalt 2011/2012 einbrachte, hielt Georg Fahrenschon eine Rede. Sie stand unter der Überschrift: »Konsolidieren aus Verantwortung, Spielraum schaffen für Zukunftsgestaltung – für Bildung und Familie, für Arbeitsplätze und Innovation!« Solche Worte nehmen Politiker bei solchen und ähnlichen Gelegenheiten gerne in den Mund. Sie signalisieren Nachhaltigkeit und Generationengerechtigkeit. Allerdings war Fahrenschons Botschaft dann überraschend klar und eindeutig und hatte damit nichts mehr zu tun. In den nächsten Jahren sollen in Bayern keine neuen Schulden mehr gemacht werden. Es sind massive Sparmaßnahmen vorgesehen und die zu erwartenden Steuereinnahmen werden auch geringer sein als bisher. Woher aber das notwendige Geld in einem Landeshaushalt nehmen, der »auf

Kante genäht« ist? Seitdem der ehemalige Bundesfinanzminister Hans Eichel (SPD) vor einigen Jahren dieses Sprachbild in die Welt gesetzt hat, um seine eigene Sparpolitik zu beschreiben und auch gegenüber seinen eigenen Parteigenossen und seinem Kanzler zu verteidigen, ist es aus der Politikersprache nicht mehr wegzudenken.

Gespart wird in Bayern an vielem – und eben auch bei den Beamten. Ganz besonders bei den jungen. Der bayerische Finanzminister senkt 2011/2012 die Eingangsbesoldung für neue Beamte bis zum April 2013, verlängert die Wiederbesetzungssperre von drei auf zwölf Monate, führt eine Nullrunde für Beamte und Versorgungsempfänger 2011 ein und setzt die Leistungsbezüge aus. Alles Maßnahmen, die harte Einschnitte bedeuten, aber wohl sein müssen. Aber das war nicht das Einzige. Fahrenschon tat noch mehr: Er setzte auch die Zahlungen zum Versorgungsfonds und teilweise bei der Versorgungsrücklage aus. Rund eine halbe Milliarde Euro sollte so eingespart werden.

Wirklich eingespart wurde hier aber gar nichts. Künftige Steuerzahlergenerationen dürfen sich freuen. Sie dürfen nämlich die Rechnung begleichen, die so oder so fällig wird, wenn die Zahlungen für Beamtenpensionen anfallen und nicht genügend Versorgungsrückstellungen da sind. Auch in Bayern saniert man sich lieber in der Gegenwart auf Kosten der Zukunft. Man müsse schon anstreben, »den Pensionsfonds wieder zu bedienen«, war alles, was Ministerpräsident Horst Seehofer (CSU) dazu zu sagen hatte.[1] Glaubhaft ist dies nicht gerade. Im »Jahresbericht 2010« des Bayerischen Obersten Rechnungshofes reiht sich – an die Adresse der Landesregierung gerichtet – deshalb auch eine Warnung an die andere, auch und vor allem vor dem Hintergrund der Geschehnisse um die hoch defizitäre Bayerische Landesbank.[2] Und auch der im Januar 2012 veröffentlichte neue – zweite – Versorgungsbericht malt ein geradezu dramatisches Bild: Die Kosten für die Beamten laufen im Freistaat vollends aus dem Ruder. Vor allem die zunehmende Zahl von Versorgungsempfängern, also pensionierte Beamte und deren Hinterbliebene, macht Probleme. In dem 146 Seiten starken Papier prognostizieren die Experten des Finanzministeriums, dass die jährlichen Versorgungslasten für pensionierte Beamte und deren Hinterbliebene von derzeit rund 3,8 Milliarden Euro bis zum Jahr 2050 auf bis zu 15,2 Milliarden Euro steigen werden, denn die Zahl der Beamten ist in Bayern in den vergangenen Jahrzehnten exorbitant angestiegen – von 87 200 im Jahr 1960 auf 203 600 Beamte 2011. Entsprechend stieg auch die Zahl der pensionierten Beamten und der laut Beamtenrecht zu alimentierenden Hinterbliebenen stark an: von 44 300 im Jahr 1960 auf 114 100 im Jahr 2011. »Die Zahl der Versorgungsempfänger wird in der Zukunft überproportional ansteigen. Ausschlaggebend hierfür sind insbesondere die starken Stellenmehrungen in den sechziger bis achtziger Jahren. Die Entwicklung in der Versorgung ist also zumindest für die nächsten 30 bis 35 Jahre durch den vorhandenen Personalbestand vorgezeichnet und von der künftigen Entwicklung im Aktivbereich weitestgehend unabhängig«, heißt es deshalb im Entwurf für den 2. Bayerischen Versorgungsbericht der Staatsregierung mahnend.

Deutlicher als der Rechnungshof und der Versorgungsbericht wird die Junge Union in Bayern. Sie fordert in einem »Meinungspapier« die Landesregierung auf, den Beschluss zur Aussetzung der Zahlungen in den Pensionsfonds für bayerische Beamte wieder rückgängig zu machen. »Der Pensionsfonds wurde als nachhaltiges Instrument geschaffen, um die absehbaren immensen künftigen Haushaltsbelastungen durch Pensionsleistungen auszugleichen. Durch den Pensionsfonds wird damit sichergestellt, dass auch künftige Generationen trotz ansteigender Pensionslasten einen zukunftsweisenden Haushalt aufstellen können. Wer die Zahlungen zum Pensionsfonds aussetzt, spart somit an der Zukunft.«[3] Der Riss innerhalb der Politik geht mitten durch die Generationen. Und nicht nur der Bayerische Rechnungshof stellt der Seehofer'schen Sparpolitik bei Beamten ein schlechtes Zeugnis aus. Im Februar 2012 stellte der vom Steuerzahlerbund beauftragte Finanzwissenschaftler und Politikberater Bernd Raffelhüschen in München ein Gutachten vor, wonach der Freistaat für die Versorgung seiner Beamten »versteckte Schulden« von bis zu 220 Milliarden Euro vor sich her schiebe. In dieser Größenordnung habe es Bayern bislang versäumt, eine ausreichende Rücklage für seine Staatsdiener aufzubauen. Seit 1999 habe Bayern für seine Staatsdiener nicht mehr als 1,2 Milliarden Euro angespart – ein »Tropfen auf den heißen Stein«, wie Raffelhüschen und Tobias Benz, Mitautor der Studie, in der ›Süddeutschen Zeitung‹ meinen. Nicht gebildete Rückstellungen seien neue Schulden, werden die Experten dort weiter zitiert. Die Studie heizt die Diskussion um die Finanzpolitik weiter an. Ministerpräsident Horst Seehofer (CSU) hat angekündigt, bis 2030 alle Schulden abbezahlen zu wollen. Im Haushalt sind aktuell etwa 32 Milliarden Euro an Verbindlichkeiten ausgewiesen. Noch in diesem Jahr will Finanzminister Markus Söder eine Milliarde davon tilgen. Er erwägt sogar, das Rücklagensystem ganz abzuschaffen. Raffelhüschen hält diesen Weg für falsch. Aus seiner Sicht sollte Geld, das übrig ist, in die Rücklagen für die Pensionslasten fließen.

Was Bayern überlegt, hat Niedersachsen schon lange hinter sich. Für seine eigenen Beamten im Landesdienst war Christian Wulff nicht unbedingt ein vorausschauender, sorgender Ministerpräsident. Im Juli 2007 hatte die niedersächsische Landesregierung unter seiner Führung bei ihrer Haushaltsklausurtagung beschlossen, ab dem Haushaltsjahr 2010 ein auf Dauer angelegtes Sondervermögen »Niedersächsischer Versorgungsrücklage« einzurichten.[4] Dies schlug sich auch in der mittelfristigen Finanzplanung 2007 bis 2011 nieder, die für die Phase einer Null-Neuverschuldung den Aufbau eines zusätzlichen Versorgungsfonds vorsah. Damit wollte man sich am Vorbild anderer Bundesländer orientieren, die für neu eingestellte Beamte einen zusätzlichen – zweiten – Pensionsfonds aufgestellt haben. Ziel sollte sein, alle Versorgungsaufwendungen für die ab dem 1. Januar 2010 neu eingestellten Beamten vom Jahr 2020 an aus diesem Sondervermögen zu leisten. Hierfür sollten dreißig Prozent der monatlichen Dienstbezüge der betreffenden Beamten in die Rücklage eingezahlt werden. Allerdings war die Einführung dieses neuen Versorgungsfonds an das Ziel gekoppelt, dass im Jahr 2010 die Nettoneuverschuldung des Landes auf null reduziert würde. Die Landesregierung plante, den Gesetzentwurf im Frühjahr 2009 in den Landtag einzubringen. Zur Realisierung kam das Vorhaben jedoch bis heute nicht.

Noch in seiner Regierungserklärung vor dem Hannoveraner Landtag am 27. Februar 2008 sagte Wulff: »Sobald wir ohne neue Schulden auskommen, werden wir einen Pensionsfonds für neu eingestellte Beamte einrichten. Ab 2020 können die ersten Beamtenpensionen aus dem Fonds gezahlt werden. Jede Generation sichert so die Versorgung der Beamten, die sie eingestellt hat und von deren Arbeitsleistung sie profitiert hat. Auch dies ist ein Baustein für mehr Generationengerechtigkeit.«[5]

Die Aussage sollte ein Verfallsdatum von gut einem Jahr haben. Mit der Haushaltsklausur am 22./23. Juni 2009 beschloss die Landesregierung, die Zuführungen an das Sondervermögen »Niedersächsische Versorgungsrücklage« ab dem Haushaltsjahr 2010 kurzer Hand einzustellen. Begründet wurde diese Maßnahme damit, dass nach aktuellen Prognosen der stärkste Anstieg der Versorgungsausgaben bis zum Jahr 2014 stattfände, die Entwicklung ab 2015 abflachen werde und ab 2027 sogar ein Absinken der Versorgungsausgaben zu erwarten sei. »Eine weitere kreditfinanzierte Zuführung bis 2017 in der Phase der stärksten Zunahme der Versorgungsausgaben und eine Entnahme ab 2018 bei nachlassenden Steigerungen der Versorgungsausgaben, erscheint ökonomisch nicht vertretbar.«[6] »Dementsprechend«, heißt es weiter in der »Mittelfristigen Finanzplanung 2009 bis 2013«, »hat die Landesregierung in der Haushaltsklausur am 22./23. Juni 2009 beschlossen, die Entnahme von Mitteln aus der Niedersächsischen Versorgungsrücklage bereits ab dem Haushaltsjahr 2009 nach Maßgabe des Haushalts zur Deckung der Versorgungsausgaben zuzulassen und die Zuführungen an das Sondervermögen ›Niedersächsische Versorgungsrücklage‹ ab dem Haushaltsjahr 2010 einzustellen.«

Über 500 Millionen Euro des Pensionsfonds – immerhin finanziert unter anderem aus Minderanpassungen der Besoldungs- und Versorgungsbezüge von Beamten – wurden so zugunsten einer schnellen Haushaltskonsolidierung benutzt. Der Schritt wurde sowohl von Finanzexperten und dem Beamtenbund als auch vom Bund der Steuerzahler heftig kritisiert, die die Kurzsichtigkeit dieses Vorgehens anprangerten. »Wir wollten immer Vorsorgefonds, aber die Bundesländer verfrühstücken sie immer, wenn die Haushaltslage schwierig wird«, klagte deshalb Beamtenbund-Chef Peter Heesen.[7]

In der Haushaltsklausur am 22./23. Juni 2009 beschloss die Niedersächsische Landesregierung, auch die für 2010 vorgesehene Einführung eines Versorgungsfonds zurückzustellen. Die Begründung: Aufgrund der hohen Belastungen durch die Wirtschafts- und Finanzmarktkrise muss das Land heute mehr Schulden denn je aufnehmen. »Kapitalbildung und Schuldentilgung, die ihrerseits vollständig durch Nettokreditaufnahme finanziert werden müssen und per Saldo zu zusätzlichen Kosten führen, entsprechen nach Auffassung der Landesregierung nicht dem Grundsatz wirtschaftlichen Handelns. Damit wird das Land Niedersachsen bis auf weiteres keinen zusätzlichen kapitalgedeckten Pensionsfonds für neu eingestellte Beamte schaffen.«[8] Zwar deutlich in den Worten, aber insgesamt eher verhalten meldete sich daraufhin der DGB-Landesvorsitzende Hartmut Tölle zu Wort: »Die Versorgungsansprüche der Pensionärinnen und Pensionäre werden aufgrund der Altersstruktur in Zukunft deutlich steigen. Um seiner Verantwortung als Dienstherr gerecht zu werden, ist das Land daher gefordert, endlich Rücklagen für die Altersversorgung seiner Beamtinnen und Beamten zu bilden.«[9] Ein scharfer Protest hört sich anders an. Und warum sollte er auch stattfinden? Zu fürchten hat hier nur einer etwas – der Steuerzahler von morgen.

Auch Niedersachsen hat – kurzfristig – seine Versorgungsrücklage über neue Kredite finanziert und begründet das Auslaufen der Rücklage damit, es käme das Land am Ende zu teuer, immer neue Kredite für künftige Ausgaben in weiter Ferne aufzunehmen. Ob man in Rheinland-Pfalz, wo munter weiterhin Landesschuldverschreibungen in den Pensionsfonds gesteckt werden, diese Begründung gehört hat? Wohl kaum. Warum auch?

Auch das Beispiel Niedersachsen zeigt, man darf als Land nicht pausenlos über seine Verhältnisse leben. Und wenn es in der Beamtenversorgung keine so genannten »personalisierten Anwartschaften« und keine eindeutige Zweckbindung von Kapitalanlagen gibt, dann kann die Politik im Notfall mal eben schnell darauf zurückgreifen – siehe München, siehe Hannover. Damit ist letztendlich der Willkür Tür und Tor geöffnet.

In Hessen stehen in den nächsten Jahren Zahlungsverpflichtungen zugunsten der Staatsdiener von über vierzig Milliarden Euro an, bei einer aktuellen Gesamtverschuldung des Landes von 38 Milliarden Euro. Summen, die schwindelig machen – und eigentlich harte Sparmaßnahmen zur Folgen haben müssten. Doch die schwarz-gelbe Landesregierung reagiert viel zu zögerlich. Sie setzt allein auf eine schrittweise Anhebung der Regelaltersgrenze bei Beamtenpensionierungen, beginnend mit 2012. Damit wird sie das absehbare Finanzchaos nicht verhindern können. Zumal in Hessen bisher kaum Risikovorsorge getroffen wurde. Der eingerichtete Vorsorgefonds deckt laut Steuerzahlerbund derzeit gerade einmal ein Hundertstel der bestehenden Forderungen bei Beamtenpensionen ab.

Die thüringische Landesregierung hat für 2011 ebenfalls angekündigt, die Zahlungen an den Pensionsfonds für Beamte auszusetzen. Anders als sein rheinland-pfälzischer Kollege Kühl gab der Finanzminister Wolfgang Voß (CDU) mit großer Offenheit zu, dass schuldenfinanzierte Pensionsfonds keine wirkliche Lösung für eine korrekte, nachhaltige Alterssicherung sein können. »Die Voraussetzung für die Schaffung von Rücklagen ist ein konsolidierter Haushalt. Aber man legt doch kein Sparbuch an, wenn man offene Rechnungen nicht begleichen kann«, sagte der Minister.[10] So einfach und so wahr kann

Wirtschafts- und Finanzpolitik manchmal sein. Und so kurz-sichtig: Das 1999 begründete Sondervermögen sollte ab 2014 die Finanzierung der Beamtenpensionen unterstützen. Mit der Aussetzung würden in den kommenden Jahren rund acht Millionen Euro gespart, hatte noch seine Vorgängerin im Amt, die heutige Staatskanzleichefin Marion Walsmann (CDU), im Landtag angekündigt. Ziel sei, die Zahlungen in den nächsten Jahren wiederaufzunehmen.[11]

Der Landesverband des DGB hält das nicht für zulässig. Beamte leisteten dauerhaft »einen schmerzhaften finanziellen Beitrag zur Finanzierung der in Thüringen ab 2020 zu erwartenden sprunghaft ansteigenden Versorgungslasten«,[12] betont er in einer Stellungnahme zum Gesetzesvorhaben. Es widerspreche rechtsstaatlichen Grundsätzen, dass die Landesregierung diese Beiträge »nicht wie vorgeschrieben in den Pensionsfonds einzahlt, sondern zweckentfremdet für andere Dinge ausgibt«. Wenn die Landesregierung meine, die Versorgungslasten ohne kontinuierliche Einzahlungen in den Fonds finanzieren zu können, »dann sollten unseres Erachtens zunächst die Einsparungen bei den Bediensteten aufgehoben und die Besoldung und Pensionen entsprechend angehoben werden«.

Wo, wie in Bremen, die laufenden Haushaltssorgen so groß sind, dass man an ein Morgen schon gar nicht mehr zu denken wagt, liegt es nahe, dass man sich an solchen Vorbildern wie Bayern, Niedersachsen und Thüringen orientiert. Im Zuge der Haushaltsberatungen für den Haushalt 2011 wurde von der rot-grünen Regierung und dem Senat festgelegt, dass die Einzahlungen in den Sonderhaushalt Versorgungsrücklage für das Jahr 2011 ausgesetzt werden. Das so eingesparte Geld wird zur Deckung von Haushaltslöchern verwendet. Das hat langfristig zur Folge, dass die vom Senat für das Jahr 2019 prognostizierte Spitzenbelastung bei den Versorgungsleistungen nur unzureichend »untertunnelt« werden kann.[13]

Für den Bremer Landeshaushalt bedeutet es, dass dann im Jahr 2019 zusätzliche Gelder für die Beamtenversorgung bereitgestellt werden müssen. Das wiederum wird es für Bremen nahezu unmöglich machen, bis zum Jahr 2020 einen ausgeglichenen Haushalt aufzustellen.

In einer Antwort auf eine parlamentarische Anfrage antwortet der Bremer Senat denn auch ohne großes Schuldbewusstsein: »Der Senat weist darauf hin, dass in der aktuellen Planung auch nicht Beträge aus dem Sondervermögen entnommen werden, sondern lediglich die Zuführung neuen Kapitals ausgesetzt wird, insofern auf die besonderen Umstände in Bremen maßvoll reagiert wird.« Auf Kosten seiner Beamten. Und was ist mit weiteren Einzahlungen in den nächsten Jahren? Die Antwort des Senats darauf lautet wie folgt: »Die weitere Zuführung an das Sondervermögen Versorgungsrücklage aus den Kernhaushalten von Land und Stadtgemeinde Bremen ist in Abhängigkeit zur weiteren jährlichen Gesamtausgabenentwicklung und des Konsolidierungspfades bis 2020 zu sehen. Darüber wird jeweils bei den Haushaltsaufstellungen entschieden.«

Damit ist auch über das Schicksal der Bremer Beamten entschieden. Es gibt eine Versorgung nach Kassenlage. Kann jedoch irgendjemand glauben, dass ein Land, das so tief im Schuldensumpf steckt, schon bald wieder die Kraft aufbringen wird, Geld für seine künftigen Ruhestandsbeamten zur Seite zu legen? Schwerlich. Die Antwort auf genau diese Frage konnte man übrigens einige hundert Kilometer weiter südlich von Bremen, im Mainzer Landtag, bekommen, als dort im Februar 2011 der rheinland-pfälzische Finanzminister Carsten Kühl zu den langfristigen Auswirkungen eines solchen Zahlungsstopps befragt wurde. Kühl antwortete darauf: »Ich bin mir sicher, wenn wir den Pensionsfonds heute aussetzen würden – zurzeit führen wir pro Jahr ein Volumen von fast einer halben Milliarde Euro zu – und dieses Geld herausnähmen, um die Nettokreditaufnahme zu reduzieren, besäßen wir in keinem weiteren Jahr die Kraft, diesen Betrag wieder draufzusetzen; (…) Wer die Realität von Haushaltsaufstellungsverfahren kennt, weiß, dass ein solcher Kraftakt nicht zu leisten ist.«[14]

Vorsorge nach Kassenlage

Was macht man, wenn man – anders als Bayern und Niedersachsen – den gesetzgeberischen Vorgaben gehorchen will, das Geld aber hinten und vorne nicht reicht und man trotzdem keinerlei Unruhe bei den Betroffenen aufkommen lassen will? Dafür ist das Land Nordrhein-Westfalen ein gutes Beispiel. Der nordrhein-westfälische Landtag beschloss am 20. April 1999 das Gesetz zur Errichtung von Fonds für die Versorgung der Beamten in Nordrhein-Westfalen (Versorgungsfondsgesetz – EFoG) und legte dafür ein »Sondervermögen« an. Das soll ab dem Jahr 2018 schrittweise aufgelöst und zur Finanzierung zukünftiger Versorgungsaufwendungen eingesetzt werden. Im Jahr 2018 soll sich das angesparte Volumen auf bis zu sieben Milliarden Euro belaufen.[1]

So weit, so gut. Doch auch hier muss die Frage gestellt werden: Wie setzt sich dieses »Sondervermögen« eigentlich zusammen? Zum Beispiel aus einer kreditfinanzierten Sonderzuweisung des Landes in Höhe von 925 Millionen Euro. Auf eine kleine Anfrage des Landtagsabgeordneten Harald Schartau (SPD) im Jahr 2008 erklärte der damalige Finanzminister Helmut Linssen die »Anlagestrategie« des Pensionsfonds. Als Landtagsdrucksache trägt die Erläuterung des Ministers übrigens den schönen Titel: »Von der erfolgreichen Anlagepolitik des Finanzministers sollen alle Beschäftigten des Landes profitieren.«[2] Im Text heißt es: »Die Summe von insgesamt 925 Millionen Euro ist in zwei Teilbeträgen in den Jahren 2007 und 2008 aus dem Landeshaushalt dem Sondervermögen Versorgungsrücklage zugeführt worden. Der erste Teilbetrag von 680 Millionen Euro wurde im November 2007 als Termingeld bei einer Bank zu einem Zinssatz von 4,59 Prozent für drei Monate angelegt. Im Anschluss daran erfolgte eine Verlängerung der Termingeldanlage bis zum 30. Juni 2008 zu 4,35 Prozent. Ab dem 1. Juli 2008 erbrachte eine Wiederanlage dieser Summe zzgl. der erwirtschafteten Zinsen in drei etwa gleich großen Teilbeträgen für eine Dauer von neun Monaten bis zu zwei Jahren 5,23 Prozent, 5,48 Prozent und 5,65 Prozent. Der zweite Teilbetrag in Höhe von 245 Millionen Euro ist der Versorgungsrücklage im März 2008 zugeflossen; dieser wurde in zwei Teilbeträgen zu 125 Millionen Euro und 120 Millionen Euro beim Land selbst angelegt zu Zinssätzen von 4,31 Prozent und 4,36 Prozent. (…) Der durchschnittliche Zinssatz, den das Land für festverzinsliche Kredite bezahlt hat, betrug im November 2007 4,3 Prozent und im März 2008 4,1 Prozent. Damit ist belegt, dass die vom Sondervermögen erzielten Erträge über den vom Landeshaushalt für die aufgenommenen Kredite zu zahlenden Zinsen liegen.«

Wenn die Landesregierung für angelegtes Geld also mehr Zinsen einnimmt, als sie für die entsprechenden Kredite zahlen muss, warum, so wollte der Abgeordnete Harald Schartau daraufhin mit einem Augenzwinkern wissen, eröffnet sie dann den Beschäftigten des Landes nicht den Zugang zu dieser profitablen Anlage? »Weil das Betreiben von Bankgeschäften nicht Aufgabe der Landesregierung ist«, antwortete der befragte Minister augenscheinlich nicht ohne gewissen Stolz. Ach.

Politiker als Banker sind, so viel wissen wir heute, alles andere als Garanten für eine sichere Zukunft. Noch viel weniger sind sie dies, wenn sie mit sogenannten Arbitragegeschäften bei der Altersvorsorge ihrer Staatsdiener jonglieren. Das kann einmal gut gehen, beim nächsten Mal allerdings schon wieder nicht mehr. Denn es ist nur allzu offensichtlich, dass hier gegen alle Prinzipien verstoßen wurde, die sich die Politik selbst in diesem Zusammenhang vollmundig verordnet hat.

»Die Gelder der Versorgungsrücklage werden«, so schrieb der gleiche Finanzminister ein Jahr zuvor, 2007, »vom Besoldungsreferat des Finanzministeriums unter strikter Beachtung der Grundprinzipien Sicherheit und Ertrag angelegt.«[3] Gleichzeitig zählte Linssen den Landtagsabgeordneten auf, um was es sich hierbei handelte: Neben Anleihen der Deutschen Post sowie Pfandbriefen namhafter Unternehmen im Euroraum wa-

ren dies vor allem Landesschatzanweisungen und Schuldscheine der Länder Berlin, Brandenburg und NRW. Einmal
ganz davon abgesehen, wie seriös Schuldscheine des Landes
Berlin im Ernstfall wirklich sind – aus der Auflistung ging auch
hervor, dass Nordrhein-Westfalen Gelder des Pensionsfonds in
Staatsanleihen Griechenlands investiert hat. Und nicht zu
knapp! Völlig regelkonform und auf Anraten und nach den
Grundsätzen der Bundesbank wurden insgesamt 220 Millionen Euro investiert. In den Statuten heißt es eindeutig: »Spe-
kulative Vermögensanlagen sind für die Versorgungsrücklage
ausgeschlossen.« Da kann NRW im Vertrauen auf die Bundesregierung, die Europäische Union und die EZB nur beten und
hoffen, dass das Investment nicht unter einem Schuldenschnitt
Griechenlands leiden wird. »Hilfe für Griechenland rettet
Nordrhein-Westfalen vor dem Fiasko«, titelte im Mai 2010 auf
dem Höhepunkt der Staatsschuldenkrise in Europa die
›WAZ‹. Im Düsseldorfer Finanzministerium gab man sich da
noch ganz cool: »Aus Sicht des Landes ist die Rückzahlung
der Anleihen nicht gefährdet«, sagte eine Sprecherin – selbstverständlich in der stillschweigenden Annahme, dass der Bund
im Notfall einspringen und dem Land helfen wird.[4]

Ob ein Angestellter, für den sein Arbeitgeber eine Lebensver-
sicherung – sagen wir mal: bei der Allianz, die ebenfalls gut im
Griechenland-Geschäft engagiert ist – als Zusatzversorgung
abgeschlossen hat, wohl auch auf so viel Entgegenkommen
rechnen darf? Von allen anderen Anlegern, die sich derzeit um
ihr Erspartes für das Alter sorgen, einmal ganz abgesehen. Übrigens weiß bis heute niemand – noch nicht einmal der nordrhein-westfälische Beamtenbund – genau, wie die restlichen
knapp drei Milliarden Rücklagen des Pensionsfonds angelegt
sind. Auszahlungen aus den Pensionsfonds an Ruhestandsbeamte gibt es ohnehin erst ab dem Jahr 2017.

Aber nicht nur die Nordrhein-Westfalen sind in die »griechische Falle« getappt. Auch das Land Baden-Württemberg hält
eine Griechenland-Anleihe in Höhe von zehn Millionen Euro.
Diese ist nicht im Haushalt enthalten, sondern Teil des Son-

dervermögens Versorgungsrücklage. Neben der Griechenland-Anleihe sind darin auch Schuldtitel weiterer Staaten enthalten.[5] Sachsen-Anhalt besitzt spanische und italienische Anleihen und Hamburg – auf das wir gleich noch im Detail zu sprechen kommen – hat Italien Geld geliehen. Auch keine schönen Aussichten. Gibt es noch einen besseren Beweis dafür, wie wenig solide Anlagen in eigene Schuldverschreibungen oder die anderer maroder Staaten sind? Denn »griechische Zustände« haben wir – wie bereits beschrieben – in der Berliner Finanzpolitik allemal.

Nordrhein-Westfalen hatte noch andere Vorsorgepläne gefasst. Neben der verpflichtend vorgeschriebenen Versorgungsrücklage beschloss der Landtag im April 2005 die Einführung eines zusätzlichen Versorgungsfonds für alle Landesbeamten, die nach dem 31. Dezember 2005 eingestellt wurden. Um eine spätere Vollabdeckung der Versorgungsansprüche aus dem Kapitalstamm zu sichern, müssten für jeden – so hatte man errechnet – neu einzustellenden Beamten im mittleren Dienst 21,5 Prozent der Bruttojahresbezüge abgeführt werden. Für den gehobenen Dienst liegt dieser Wert bei 24,8 Prozent, im höheren Dienst sogar bei 29,2 Prozent.[6] Das Vorhaben erwies sich aufgrund der klammen Haushaltslage in Düsseldorf schon bald als undurchführbar. Und so beschloss man, weil das Geld eben fehlt, für jeden Beamten summarisch 500 Euro zurückzulegen. Ähnlich machen dies auch andere Bundesländer. Aus den 500 Euro sind in NRW aufgrund neuerer versicherungsmathematischer Berechnungen inzwischen 536 Euro geworden, danach knapp 600 Euro, wovon ab 2035 rund siebzig Prozent der Altersversorgung von Beamten beglichen werden sollen. Es ist klar, dass von einer wirklich nachhaltigen Vorsorge im Sinne einer Vollabdeckung auch hier nur bedingt die Rede sein kann. Es gibt den guten Willen, aber keine materielle Basis dafür.

Für den »Versorgungsfonds« in Düsseldorf gilt – das gab Finanzminister Helmut Linssen freimütig zu – dasselbe wie in München und Mainz: Das eingezahlte Geld wird bis heute ausschließlich in Schuldscheinen des eigenen Landes angelegt. Ein im Auftrag des »Bundes der Steuerzahler« erstelltes Gutachten kommt denn auch zu dem vernichtenden Schluss: »Das Ganze ist ein Nullsummenspiel: Am Kreditmarkt werden Anleihen des Bundeslandes ausgegeben, die daraus erzielten Einnahmen werden an das Sondervermögen transferiert, das selbst wiederum Schuldverschreibungen des Landes aufkauft. Im selben Maß wie der Versorgungsfonds gestiegen ist, sind bei dieser Variante auch die Neuverschuldung und damit auch zukünftige Zinsverpflichtungen gestiegen«.[7]

So richtig erklären wollen sich die Länder-Finanzminister – mit Ausnahme Niedersachsens, wie wir gesehen haben – zu diesem fragwürdigen Vorgehen nicht. Carsten Kühl, Finanzminister von Rheinland-Pfalz, streitet sogar schlichtweg ab, dass diese In-Sich-Geschäfte unseriös sind. Er setzt – im Gegenteil – auf den disziplinierenden Wert solcher Maßnahmen: »Ich teile nicht die Bewertung, dass das im Grunde genommen – ich sage das mit meinen Worten – nur Makulatur sei. Wir meinen immer noch, dass die Preisfunktion, die Transparenzfunktion und die Sicherheit, die man den Versorgungsempfängern damit gibt, einen Wert an sich darstellen und dass wir fest davon überzeugt sind, dass es in den Konsolidierungsüberlegungen eine deutlich größere Rolle spielt, dass man die Pensionsverpflichtungen transparent macht und sie durch einen solchen Pensionsfonds dokumentiert.«[8] Kühl geht noch einen Schritt weiter in seiner Verteidigung: »Alle, der Bund und die Länder, die mittlerweile einen solchen Pensionsfonds etabliert haben, machen das von der Technik her ein bisschen anders, aber alle finanzieren das aus laufenden Haushalten, und alle haben momentan Haushalte mit einer Nettokreditaufnahme größer als null. Wenn man das also zum entscheidenden Kriterium machen würde, (…) müssten jetzt alle ihre Pensionsfonds aussetzen, und das wäre zweifellos falsch.«

Mit Letzterem hat er sicherlich recht. Aber solide finanziert werden sollten Vorsorgefonds schon. Und das kann nicht mithilfe von neuen Schulden geschehen.

Das Verzocken von Vorsorgegeldern

Die Stadtstaaten in Deutschland sind aufgrund der Struktur der öffentlichen Verwaltung und der Aufgaben, die eine Stadt als Bundesland für ihre Bürger vorhalten muss, ganz besonders vom Problem steigender Versorgungsausgaben betroffen. Das gilt auch für Hamburg. Auf die stolze Hansestadt rollt eine Pensionswelle zu, die die Stadt weitaus mehr belasten könnte, als dies zurzeit absehbar ist. Hamburg leistet sich nämlich nicht nur eine Elb-Philharmonie, die alle bisherigen und neuen Kostenansätze mit schöner Regelmäßigkeit sprengt. Hamburg leistet sich auch eine üppige öffentliche Verwaltung. Allein in den vergangenen Jahren wurden 2000 neue Mitarbeiter eingestellt, die im Alter versorgt werden wollen.

2009 beliefen sich die Personalausgaben der Stadt auf rund 3,5 Milliarden Euro. Sie machen damit etwa ein Drittel der bereinigten Gesamtausgaben im Haushalt der Stadt aus. Berücksichtigt man noch die Zuweisungen für das Personal der Wirtschaftsbetriebe, erhöht sich das Gesamtvolumen der Personalausgaben auf über fünf Milliarden Euro. Dabei sanken in den letzten zehn Jahren die Personalausgaben für die aktiv Beschäftigten der Stadt um rund hundert Millionen Euro (von 2,4 Milliarden Euro auf 2,3 Milliarden Euro). Demgegenüber sind aber die Versorgungsausgaben im gleichen Zeitraum um 325 Millionen Euro gestiegen – von 800 Millionen Euro auf 1,15 Milliarden Euro. In der laufenden Finanzplanung geht der Senat bis 2013 von einem Anstieg um weitere hundert Millionen Euro auf dann knapp 1,3 Milliarden Euro aus.

Insgesamt belaufen sich die Pensionslasten des Stadtstaats auf den astronomischen Betrag von 16,8 Milliarden Euro. Das ist der Stand von 2008.[1] Schon jetzt gibt die Stadt Jahr für Jahr mehr Geld für Pensionäre aus als beispielsweise für Kindertagesstätten und Kultur. »Diese Entwicklung wird nicht kurzfristig aufgehalten werden können«, befürchtet Marcel Schweitzer, Geschäftsführer des Hamburger »Bundes der Steuerzahler« in einem Zeitungsinterview im Jahr 2010.[2] Immerhin gingen die Beschäftigten nun mit durchschnittlich 64 Jahren in den Ruhestand, vor zehn Jahren habe das Durchschnittsalter noch bei 62 Jahren gelegen.

Auch für Hamburg gilt, was für andere Bundesländer zu einem immer größer werdenden Problem wird. »Neben dem Schuldensockel sind die Pensionslasten ein zweites erhebliches Risiko für künftige Haushaltsjahre«, so der damalige haushaltspolitische Sprecher der SPD-Fraktion, Peter Tschentscher, der heute Finanzsenator ist, im selben Zeitungsinterview. Auch er hält die vom schwarz-grünen Senat betriebene Ausweitung der Beschäftigten in der Hamburger Verwaltung für »problematisch«. Es kommt deshalb einiges an Problemen auf den neuen Ersten Bürgermeister Hamburgs, den ehemaligen Bundesarbeits- und -sozialminister Olaf Scholz (SPD) zu. Ganz besonders deswegen, weil die Hafenstadt mehr als viele andere Industrieregionen von der Finanz- und Weltwirtschaftskrise überdurchschnittlich getroffen wurde. Die Hansestadt leistet sich nicht nur deutlich mehr Mitarbeiter, sondern musste auch in den zurückliegenden Jahren enorme Einnahmeausfälle hinnehmen – gerade von Unternehmen, deren Gewinne die Altersbezüge der Pensionäre eigentlich mitfinanzieren sollten.

Das gilt besonders für den Hamburger Versorgungsfonds (HVF). Der 2006 mit einem Startkapital von 1,3 Milliarden Euro gegründete Fonds soll die auflaufenden Pensionslasten verschiedener Anstalten öffentlichen Rechts wie des Uniklinikums Eppendorf oder »Fördern und wohnen« sowie die Pensionsaltlasten des ehemaligen Landesbetriebs Krankenhäuser (LBK) übernehmen, für die die Stadt lange Zeit gar keine Vorsorge getroffen hatte.[3] Während Nordrhein-Westfalen einen nicht geringen Teil seiner Pensionsgelder auf dem Peloponnes anlegte, griffen die Hamburger, die sich ansonsten gerne auf spezifische »hanseatische Kaufmannstugenden« berufen, bei ihrer Anlage größtenteils auf Aktien der HSH-Nordbank zurück. Infolge der Bankenkrise und des offensichtlichen Missmanagements bei der HSH-Nordbank rauschte der Wert der HSH-Aktien in den Jahren 2006 bis 2008 von 76 auf 19 Euro pro Aktie in den Keller. Allein für 2008 ergab sich nach Berechnungen der SPD ein Jahresfehlbetrag des Fonds in Höhe von 770 Millionen Euro und zum 31. Dezember 2008 ein negatives Eigenkapital von 256,9 Millionen Euro.

Insgesamt muss die Stadt Abschreibungen in Höhe von 1,6 Milliarden Euro vornehmen. Auch wenn sich die Aktie der Nordbank mittlerweile wieder etwas erholt hat, ist der Fonds immer noch finanziell ausgeblutet. »Der HVF ist praktisch pleite«, urteilt Tschentscher.[4] Sein Fazit im Jahr 2010: »Die laut Finanzsenator angeblich nicht betroffenen Steuerzahler müssen sich auf erhebliche Ausgleichszahlungen an städtische Unternehmen gefasst machen. Denn Hamburg muss frisches Geld in den Fonds und die HGV pumpen. Die Wertkorrektur der Aktien bedeutet einen massiven Vermögensverlust für Hamburg.«[5]

Nach dem Wegfall der ursprünglich erwarteten Dividenden aus der Beteiligung an der HSH Nordbank AG bestehen die wesentlichen Erträge des HVF in Erlösen aus dem Verkauf von Grundstücken, die nicht mehr betriebsnotwendig sind. Soweit die zugeführten oder erwirtschafteten Mittel zur Erfüllung der Aufgaben der Anstalt nicht ausreichen, nimmt der HVF zur Deckung seiner Verpflichtungen Kredite auf, für die Hamburg unbeschränkt haftet.[6] Und auch der Haushaltsexperte der Linkspartei, Joachim Bischoff, spricht von »dramatischen Finanznöten« des Versorgungsfonds, die die SPD nun verringern will. Zu Hilfe kommt den mit absoluter Mehrheit regierenden Sozialdemokraten dabei, dass die Stadt bis 2014 2,8 Milliarden Euro mehr an Steuereinnahmen einstreichen wird. Nachdem die Konjunktur wieder angesprungen ist, sieht Hamburg den höchsten Steuereinnahmen in der Nachkriegsgeschichte entgegen. Gleichwohl ist für Finanzsenator Tschentscher klar: »Die Lage ist durch die Steuerschätzung nicht rosig geworden. Wir schwimmen nicht im Geld, wir schwimmen nach wie vor in

Schulden.«[7] Und die betragen insgesamt rund 25 Milliarden Euro. Die Mehreinnahmen bei den Steuern sollen nun unter anderem für die Rekapitalisierung des Hamburger Versorgungsfonds aufgewendet werden. Andreas Dressel, Chef der SPD-Bürgerschaftsfraktion, machte in einem Bericht der ›taz‹ jedoch deutlich, dass die für 2011 erwarteten Steuermehreinnahmen »nur ein Tropfen auf den heißen Stein der Verschuldung dieser Stadt« seien.[8]

So wirken sich die Landesbankenpolitik des Senats, die Weltfinanzkrise und die Staatsschuldenkrise in Europa sehr direkt auch auf die Versorgungslasten der Stadt und ihrer Beamten aus. Griechenland ist heute überall. Rücklagen gibt es auch in einer so reichen Stadt wie Hamburg nur wenige. Im Jahr 1999 wurde das Sondervermögen »Versorgungsrücklage der FHH« gegründet, das der Entlastung der Versorgungsaufwendungen dienen soll.[9] Nach Auskunft des Senats wurden bis Ende 2008 rund 164 Millionen Euro angespart. Bis Ende 2010 sollen voraussichtlich weitere fünfzig Millionen hinzukommen. Ab 2018 soll die bis dahin gesammelte Summe zur Entlastung der Versorgungszahlungen aus dem Betriebshaushalt beitragen. Aber in welcher Höhe dieser Spartopf zur Entlastung des Betriebshaushalts beitragen kann, ist noch völlig offen. Bislang sieht es eher nach einem kleinen Zuschuss aus.

Es geht auch anders

Kann man einen Haushalt ausgleichen und gleichzeitig die implizite, also die eigentliche Verschuldung verringern? Ja, man kann. Zum Beispiel in Sachsen. Dort ist, wie in allen Bundesländern, die gesetzlich vorgeschriebene Versorgungsrücklage durch das »Gesetz über Versorgungsrücklagen im Freistaat Sachsen« eingerichtet worden.[1] Da die angesparten Mittel aber bei weitem nicht die erforderlichen Aufwendungen abdecken, hat der Freistaat – wie die anderen Bundesländer auch – als zusätzliches Vorsorgeinstrument den »Generationenfonds« errichtet. Hierzu wurde mit dem »Generationenfonds-Errichtungsgesetz« eine rechtsfähige Anstalt des öffentlichen Rechts eingerichtet. Mit dem Haushaltsbegleitgesetz 2009/2010 wurde der sächsische Generationenfonds dabei auf alle Landesbeamte ausgeweitet. Die Kosten aller aktiven Beamten werden – in Anlehnung an die Praxis bei Angestellten, bei denen auch Arbeitgeberanteile an die Rentenversicherung überwiesen werden – perioden- und verursachungsgerecht in tatsächlichen Ausgaben im Aufgabenbereich und Jahr der Entstehung dargestellt und abfinanziert.

Die mittelfristige Finanzplanung der Staatsregierung liest sich denn auch wie ein Musterbuch in Sachen Generationengerechtigkeit.[2] »Um dem Gedanken einer Politik der nachhaltigen Verschuldungsbegrenzung gerecht zu werden, dürfen Belastungen nicht weiter auf kommende Generationen verschoben werden. Es ist daher in der Finanzplanung vorgesehen, ab 2009 durch die Erweiterung des Finanzierungsfonds auf die Einstellungsjahrgänge vor 1997, für die entstehenden weiteren Pensionsansprüche aller Beamten eine kapitalgedeckte Vorsorge zu treffen. Damit werden durch den Freistaat Sachsen die ab 2009 hinzukommenden Pensionsanwartschaften aller Beamten zeitgleich abfinanziert. Die weitere Erhöhung der impliziten Verschuldung aus Pensionslasten wird damit beendet.

Hierfür sind jährliche Gesamtzuführungen von 450,9 Millionen Euro (Soll 2009) bis 504,5 Millionen Euro (2013) geplant. Mit diesem wesentlichen Beitrag zur Generationengerechtigkeit wird der Verschiebung zusätzlicher Versorgungslasten auf zukünftige Haushaltsjahre wirkungsvoll vorgebeugt. Zusammen mit der Beendigung der Nettoneuverschuldung und dem erklärten Ziel, eines auch bei rückläufiger Bevölkerung konstanten Pro-Kopf-Schuldenstandes wird somit ein wesentlicher Beitrag zur weiteren Konsolidierung des Haushaltes und einer nachhaltigen Finanzpolitik geleistet, die sich ihrer Verantwortung für künftige Generationen bewusst ist.«

Was so musterhaft daherkommt, erhält deshalb auch – anders etwa als in Rheinland-Pfalz – Lob vom landeseigenen Rechnungshof: »Der SRH begrüßt ausdrücklich das Vorhaben, ein Verschuldungsverbot und den Generationenfonds in der Verfassung des Freistaates Sachsen zu verankern.«[3] Insbesondere mahnt der SRH an, über entsprechende gesetzliche Regelungen eine zweckwidrige Verwendung der Mittel des Generationenfonds und der Versorgungsrücklagen auszuschließen. Etwa – wie in Niedersachsen – zur Haushaltskonsolidierung.

Der Redlichkeit halber sei hier auch darauf hingewiesen, wie grundverschieden die Ausgangssituation in Sachsen im Gegensatz zu der in den westdeutschen Flächenstaaten war. 1995, wenige Jahre nach der Wiedervereinigung, so geht aus einer parlamentarischen Anfrage der »Linken« im sächsischen Landtag hervor, gab es in Sachsen nicht mehr als 23 beamtete Pensionäre. Im Jahr 2000 waren es immerhin schon 610, im Jahr 2005 dann 1963, 2009 3544 bei insgesamt rund 30 000 Beamten im Land.[4] Angesichts dieser Zahlen kann man sich leicht vorstellen, dass eine generationengerechte Rücklage für die Beamtenversorgung in einem »jungen« Bundesland wie Sachsen sehr viel leichter zu stemmen ist, als es dies in den gewachsenen, »alten« »Beamten«-Staaten in Westdeutschland ist. Es zeigt sich aber im Hinblick auf die Geschichte der bundesdeutschen Sozialsysteme auch: Wenn man rechtzeitig einen Kapitalstock aufgebaut hätte, könnte man den schlimmsten Härten in der Zukunft entgehen. Oder anders: Hätte Konrad Adenauer 1957 für die Beamtenversorgung eine Rücklage gebildet, die bis zum heutigen Tag bedient worden wäre, stünden wir heute nicht vor so großen Problemen.

Die Schuldenbremse

Staaten können pleitegehen, und das schneller, als man denkt. Wer hätte bis vor kurzem daran gedacht, dass die Vereinigten Staaten von Amerika innerhalb weniger Monate zahlungsunfähig sein könnten? Und dass ein Land wie Amerika mit der größten Volkswirtschaft der Welt auf einmal seine Arbeiter, Angestellten und vor allem auch seine Beamten nicht mehr bezahlen kann. Von einzelnen amerikanischen Bundesstaaten wie Florida und Illinois wissen wir, dass sie – besonders im Sommer – bereits öffentliche Schulen, Kindergärten und Museen schließen, weil der Staat die Gehälter der dort Beschäftigten nicht mehr bezahlen kann. Einige amerikanische Kleinstädte haben ihren örtlichen Sheriff entlassen und die Anzahl der lokalen Feuerwehrleute reduziert, um dadurch Geld zu sparen. Aber dass ganz Amerika kurz vor der Staatspleite steht, wissen wir erst seit der großen Haushaltskrise des Jahres 2011, die ihren vorläufigen Höhepunkt mit dem größten Konkurs einer amerikanischen Kommune, des Verwaltungsbezirks Jefferson County in Alabama im Herbst 2011, fand.

4,1 Milliarden Dollar Schulden schob der nur von 660 000 Einwohnern bewohnte Bezirk vor sich her. Mit 52 Millionen Dollar an Bürgschaften ist auch die Bayerische Landesbank an dem Konkurs involviert. Insgesamt droht den Vereinigten Staaten eine Schuldenlawine, die weitaus größere Verwüstungen anrichten könnte als die Euro-Krise. Die USA haben mittlerweile so viele Schulden angehäuft wie seit dem Zweiten Weltkrieg nicht mehr: Mit 15 Billionen Dollar sind sie höher verschuldet als die jährliche Wirtschaftsleistung Amerikas (etwas über 14 Billionen). (Zum Vergleich: Die Verschuldung der EU beläuft sich derzeit noch auf 85 Prozent der Wirtschaftsleistung.) Rechnet man für die USA – generationengerecht – die künftigen Versorgungsansprüche von Bundesbeamten und Streitkräften hinzu, dann ist die Verschuldung noch einmal um unvorstellbare sechs Billionen Dollar größer. Die Finanzmärkte werden auch ein Land wie Amerika nicht aus seiner Verantwortung entlassen. Ist dies ein Menetekel für die gesamte westliche Welt? Auch für Deutschland? Sicherlich.

Denn auch bei uns wird die Diskussion um das richtige Sparen und vor allem, wo gespart werden soll, weiter an Fahrt gewinnen. Nichts wächst so schnell wie der Schuldenberg, den Bund, Länder und Gemeinden vor sich her tragen. Und mit ihm die Zinsen, die Monat für Monat und Jahr für Jahr allein dafür gezahlt werden müssen, um ihn auf der bestehenden Höhe zu belassen, nicht etwa, um ihn abzutragen. Von einem Abtragen der Altschulden kann ohnehin in den meisten Fällen, besonders bei den Bundesländern, aber auch beim Bund, keine Rede sein. Oberstes Ziel muss es deshalb sein, die Aufnahme von neuen Schulden zu verhindern, das heißt, ausgeglichene Haushalte zu erreichen.

Doch das ist einfacher gesagt, als getan. Die Haushalte von Bund und Ländern sind chronisch defizitär. Alleine von 1991 bis 2005 konnten der Bund in sieben Fällen und die Länder in 68 Fällen die Kreditobergrenzen nicht einhalten. Dass die Verschuldung zur Abwehr einer Störung des gesamtwirtschaftlichen Gleichgewichts diente, wurde dabei in den seltensten Fällen belegt.[1] Seit 2001 konnte nur ein einziges Mal ein Überschuss erzielt werden: 2007 schlossen die Länder mit einem Plus von 7,6 Milliarden Euro ab. Der Bund hat stets Defizite in zweistelliger Milliardenhöhe verursacht. Sie gingen zwar durch den Aufschwung in den Jahren 2007 und 2008 zurück, nahmen aber anschließend im Zuge der durch die Finanzmarktkrise ausgelösten wirtschaftlichen Rezession wieder deutlich zu. 2010 war ein Rekorddefizit von 44,3 Milliarden Euro zu verbuchen.

Die Schulden von Bund und Ländern insgesamt haben rasant zugenommen.[2] 2001 waren sie zusammen noch mit gut 1,1 Billionen Euro am Kreditmarkt verschuldet, von denen 756 Milliarden Euro – etwas mehr als zwei Drittel – auf den Bund entfielen. Bis Ende 2010 stieg der Schuldenstand aber schon auf 1,865 Billionen Euro. 2012 liegt das Minus bereits bei 2072 Milliarden Euro. 1335 Euro pro Sekunde beträgt das durchschnittliche Schuldenuhrtempo, hat der »Bund der Steuerzahler« für dieses Jahr errechnet.

Die Aufteilung auf Bund und Länder blieb dabei weitgehend gleich: Die Länder trugen knapp ein Drittel zur Gesamtverschuldung bei. Im Jahr 2010 erfolgte dann ein weiterer steiler Anstieg der Schulden von insgesamt mehr als 300 Milliarden Euro. 236 Milliarden Euro entfielen dabei auf den Bund, doch auch die Länder trugen mit 71,5 Milliarden Euro erheblich zum Wachstum des Schuldenbergs bei. Bund, Länder und Gemeinden kommen so nach Berechnungen des Statistischen Bundesamtes auf Schulden in Höhe von insgesamt mehr als zwei Billionen Euro, wenn Kern- und Extrahaushalte aller Gebietskörperschaften berücksichtigt werden.

Schulden und Schuldzinsen gehören eindeutig zu den Vergangenheitslasten. Genauso wie die Versorgungsaufwendungen des Staates. Dass und wie sie steigen, haben wir in den vorhergehenden Kapiteln gesehen. Doch die eigentliche Brisanz, besonders für viele Länderhaushalte, liegt in der Gleichzeitigkeit zwischen dem Anstieg der Schulden und dem Versuch, durch die im Jahr 2009 eingeführte Schuldenbremse den Schuldenstand von Bund und Ländern vor allem durch Einsparungen zurückzuführen – ein heroischer und historischer Gesetzgebungsakt der Großen Koalition, der vielleicht auch nur von einer Großen Koalition beschlossen werden konnte. Die Entwicklung, mit der wir es zu tun haben, besteht also aus drei Komponenten, die in Zukunft unsere Haushalte belasten wird. Dies sind

· die Bedienung der Altschulden,
· der gleichzeitige rasante Anstieg der Versorgungsleistungen des Staates,
· und die Verringerung der Schulden im Zuge der Schuldenbremse.

Wenden wir uns für einen Augenblick der Frage zu, was die Schuldenbremse ist und wie sie wirkt. So einfach einen großen Schlussstrich unter das Schuldenmachen zu ziehen, geht nicht. Schon gar nicht in einem föderalen Staat wie Deutschland. Nach Artikel 109 Absatz 1 des Grundgesetzes sind nämlich der Bund und die Länder bei der Gestaltung ihrer Haushalte selbstständig und voneinander unabhängig.[3] Deswegen haben weder der Bund noch ein anderes Bundesland das Recht, sich in die Haushaltspolitik eines Bundeslandes einzumischen. Gleichzeitig müssen beide staatlichen Ebenen aber nach Artikel 109 Absatz 2 des Grundgesetzes gemeinsam die Verpflichtungen aus dem Europäischen Stabilitäts- und Wachstumspakt erfüllen. Vor allem müssen sie nach einem dort ebenfalls festgelegten Verteilungsschlüssel auch gemeinsam die Sanktionen tragen, die von der EU bei einer Verletzung des Stabilitäts- und Wachstumspaktes verhängt werden können. Dadurch sind Bund und Länder einerseits völlig autonom bei der Aufstellung ihrer Haushalte, müssen andererseits aber gemeinsam die Folgen tragen, wenn eine Gebietskörperschaft eine unsolide Haushaltspolitik betreibt.

Am 29. Mai 2009 beschloss der Bundestag die sogenannte Schuldenbremse. Am 12. Juni 2009 stimmte auch der Bundesrat der neuen Regelung zu, wobei bezeichnenderweise die Länder Berlin, Mecklenburg-Vorpommern und Schleswig-Holstein der Änderung des Grundgesetzes – besonders des neu gefassten Artikels 109 GG – nicht zustimmten. Die neue Schuldenbremse begrenzt die höchstzulässige Kreditaufnahme des Bundes und der Länder. Artikel 109 besagt, dass Einnahmen und Ausgaben grundsätzlich in Zukunft ohne Kredite auszugleichen sind. Gemäß Artikel 115 des Grundgesetzes bedeutet dies für den Bund, dass seine Kreditaufnahme 0,35 Prozent des Bruttoinlandsprodukts (BIP) nicht überschreiten darf.[4]

Die Bundesländer dürfen ebenfalls schon bald keine neuen Kredite mehr aufnehmen. Im neu gefassten Artikel 143d Absatz 1 des Grundgesetzes heißt es hierzu: »Die Länder dürfen im Zeitraum vom 1. Januar 2011 bis zum 31. Dezember 2019 nach Maßgabe der geltenden landesrechtlichen Regelungen von den Vorgaben des Artikels 109 Absatz 3 abweichen. Die Haushalte der Länder sind so aufzustellen, dass im Haushaltsjahr 2020 die Vorgabe aus Artikel 109 Absatz 3 Satz 5 erfüllt wird.«

Was heute – vor dem Hintergrund der europäischen Staatsschuldenkrise – als Modell für das vereinte EU-Europa gelten soll, war und ist unter Juristen und vor allem unter Staatsrechtlern im föderalen Deutschland hoch umstritten. Die Vertreter der Länder hielten die Übertragung neuer Schuldenregeln auf die Länder per Grundgesetzänderung für »verfassungspolitisch nicht hinnehmbar«, weil dies auf die »budgetrechtliche Entmachtung« der Landtage hinauslaufe.[5] Der ehemalige Bundesverfassungsrichter Hans Joachim Jentsch führte dazu aus: »Der Bund hat keine Regelungsbefugnis, eine konkrete Verschuldungsgrenze einzuführen. Im Grundgesetz heißt es: ›Bund und Länder sind in ihrer Haushaltswirtschaft selbstständig und voneinander unabhängig.‹ Das kann nicht verändert werden, weil es Ausdruck des Bundesstaatsprinzips ist (...). Zwar kann der Gesetzgeber eingreifen und Grundsätze aufstellen. Und die Länder sind nicht ganz frei; sie haben Verhaltenspflichten. Die kann der Bund auch einfordern, wenn sich ein Land nicht bundestreu verhält. Der Bund darf aber keine ›Nulllinien‹ für alle Länder vorgeben – auch nicht mit Zustimmung der Länder.« Der Sachverständige der Landtage in der Föderalismuskommission, der Staatsrechtler Hanspeter Schneider, sah sogar die in Art. 79 Abs. 3 GG garantierte Eigenstaatlichkeit der Länder durch die Schuldenbremse bedroht.[6] Da die Haushaltsautonomie, und zwar sowohl in verfahrensrechtlicher, formeller als auch in inhaltlicher, materieller Hinsicht, ein Kernbestandteil der Eigenstaatlichkeit sei, dürfe der Bund hier nicht in die Verschuldungsbefugnis (Kreditautonomie) der Länder eingreifen.

Demgegenüber argumentierte die Bundesregierung in der Föderalismuskommission mit der »Haushaltsgrundsätzekompetenz« des Bundes. Den Ländern blieben haushaltspolitische Kompetenzen. Nicht der Bund beschränke die Haushaltsautonomie der Länder, »sondern die Verfassung des Gesamtstaates (trifft) eine Aussage über den Umfang der Haushaltsautonomie. Dies bedeutet in der Konsequenz, dass Einschränkungen möglich sind; sie werden ja praktiziert. Die Frage lautet dann, wieweit die Haushaltsautonomie eingeschränkt werden kann. Dass sie eingeschränkt werden kann, steht völlig außer Frage«.[7] In einer gemeinsamen Stellungnahme der Bundesministerien der Finanzen, des Innern und der Justiz vom 11. Februar 2009 heißt es dazu: Die vorgesehene Änderung des Art. 109 GG lasse »den Kerngehalt der Haushaltsautonomie unberührt«.

Der Sachverständige und Staatsrechtler Ulrich Häde sah ebenfalls keine verfassungsrechtlichen Bedenken bei der Übertragung der Schuldenbremse auf die Länder. Wenn der Bund den Ländern den weitgehenden Verzicht auf die Nettokreditaufnahme auferlegt, sei dies zwar eine erhebliche Einschränkung der durch Art. 109 Abs. 1 GG garantierten Haushaltsautonomie der Länder. Zwei Gründe sprächen aber aus seiner Sicht dafür, dass dies zulässig sei: Erstens schütze die sogenannte Ewigkeitsgarantie des Art. 79 Abs. 3 GG zwar die Staatlichkeit der Länder, nicht aber alle derzeit von Art. 109 GG im Bereich der Haushalte eröffneten Entscheidungsmöglichkeiten. Die Nettokreditaufnahme sei ein wichtiger Aspekt, gehöre aber nicht zum Kernbereich der Staatlichkeit der Länder. Zweitens werde mit der vorgesehenen Änderung eine gemeinschaftsrechtliche Verpflichtung erfüllt. Aus dem Grundsatz der Gemeinschaftstreue in Art. 10 EG-Vertrag lasse sich die Forderung ableiten, dass es innerstaatlich nicht unzulässig sein darf, wenn europarechtliche Vorgaben pflichtgemäß umgesetzt werden.[8]

Doch das ist eigentlich nur ein Randaspekt. Das Grundgesetz gibt dem Bund Zeit bis zum Jahr 2016. Bei den Ländern ist man großzügiger. Dort muss die Haushaltskonsolidierung bis zum Jahr 2020 konkrete Gestalt annehmen. Ab dann erlaubt die Schuldenbremse nur Spielräume für neue Schulden, wenn damit konjunkturell bedingte Defizite ausgeglichen werden

sollen. So soll eine kontinuierliche Absenkung der Schulden-
standsquote als Beitrag zu mehr Generationengerechtigkeit geleistet werden.

Formal stehen Bund und Länder vor den gleichen Herausforderungen, wenn sie ihre strukturellen Defizite bis 2020 in
gleichmäßigen Schritten abbauen wollen. Sie müssen in der
Lage sein – bezogen auf das Referenzjahr 2010 –, ihre Haushalte jährlich um zehn Prozent zu reduzieren. Stark verschuldete Länder mit hohen Defiziten müssen dabei bereits heute
signifikante Konsolidierungsmaßnahmen umsetzen. Bindende
Vorschriften dafür fehlen aber bis jetzt. Die gibt es nur für die
Länder Berlin, Bremen, Saarland, Sachsen-Anhalt und Schleswig-Holstein. Die Länder erhalten vom Bund Konsolidierungshilfen von insgesamt 800 Millionen Euro jährlich, damit
sie bis zum Jahr 2020 das Ziel eines ausgeglichenen Haushalts
erfüllen können. Sie stehen dabei – ähnlich wie Griechenland
unter der Kontrolle von EU und IWF – unter Aufsicht des neu
gegründeten Stabilitätsrats.

Die Mehrzahl der Bundesländer unternimmt bisher allerdings keine oder nur sehr wenige Schritte, um die Vorgaben der
Schuldenbremse etwa in die Landesverfassung oder in die
Landeshaushaltsordnungen aufzunehmen. Sechs Bundesländer (Berlin, Brandenburg, Saarland, Mecklenburg-Vorpommern, Hamburg und Bremen) lassen keine Absicht erkennen,
die Schuldenbremse überhaupt zu implementieren bzw. gehen
wie Berlin davon aus, dass dies bis 2020 nicht notwendig sein
wird. Schleswig-Holstein hat zwar die Schuldenbremse in die
Landesverfassung übernommen, doch wie ernst es der Kieler
Politik mit dem Sparen ist, werden wir noch sehen. In Niedersachsen, Nordrhein-Westfalen und Hessen haben die Landesregierungen mitgeteilt, dass sie eine der Schuldenbremse ana-
loge Regelung in die Landesverfassungen aufnehmen wollen.
In NRW war diese Verfassungsänderung in der Vergangenheit
bereits einmal – im März 2010 – an der fehlenden Zustimmung
von SPD und Grünen gescheitert. In Hessen wurde im März
2011 eine Aufnahme der Schuldenbremse in die Verfassung des

Landes durch eine Volksabstimmung beschlossen. In anderen Bundesländern (Bayern, Baden-Württemberg, Sachsen und Thüringen) haben bereits vor der Föderalismusreform II neue Kreditbegrenzungen auf der Ebene einer Änderung der Landeshaushaltsordnung stattgefunden.

Doch auch bei der Schuldenbremse gilt: keine Regel ohne Ausnahme. Und hier gibt es eine Ausnahme, die die Fantasie der Politiker offensichtlich besonders dazu anregt, sich Tricks auszudenken. Das Verbot, neue Kredite aufzunehmen, bezieht sich nämlich ausdrücklich nur auf das strukturelle Defizit, also auf das Defizit in einer konjunkturellen Normalsituation. In Phasen des Abschwungs oder gar in einer Rezession dürfen weiterhin neue Kredite aufgenommen werden. Sie müssen dann aber im Aufschwung wieder zurückgeführt werden. (Ähnliche Regeln gelten etwa für Ausnahmesituationen wie Naturkatastrophen oder außergewöhnliche Notsituationen, die die Aufnahme von Krediten notwendig machen. In solchen Fällen muss in Zukunft ein konkreter Tilgungsplan aufgestellt werden, der die Rückkehr zum zulässigen strukturellen Defizit darlegt.) Doch was genau sind strukturelle Schulden und was konjunkturelle? Wo sich noch nicht einmal die Wissenschaft im konkreten Einzelfall darüber einig ist, entscheidet im Zweifel – die Politik.

Es bleibt also abzuwarten, wie stark die Schuldenbremse tatsächlich wirken wird. Denn man ahnt es schon: Auch hier haben etliche Haushaltspolitiker und Finanzminister in den Ländern – trotz deklaratorisch geäußerter bester Absichten – vorgebeugt. Schleswig-Holstein und das Saarland haben rechtzeitig rund 500 Millionen Euro bzw. 264 Millionen Euro ihres Defizits des Jahres 2010, des Referenzjahrs für die neue Schuldenbremse, aus dem Handlungsbedarf zur Umsetzung der neuen Vorschriften herausgerechnet, um den anstehenden Konsolidierungsbedarf auf diese Art künstlich kleiner zu halten.[9]

Die Länder haben zwar – im Vergleich zum Bund – eine längere Übergangsfrist bis zur vollen Geltung der Schuldenbremse. Aber sie verfügen auch über weniger Stellschrauben als der

Bund. Denn während der Bund einen Teil des Konsolidie-
rungsbedarfs durch Einnahmeverbesserungen erreichen will,
stehen den Ländern diese Möglichkeiten nicht zur Verfügung,
da sie zum Beispiel wenig Einfluss auf die aufkommensstarken
Steuerarten wie die Einkommenssteuer nehmen können. Und
auch bei der Ausgabenseite sind die Länder – wie wir bereits
gesehen haben – einerseits durch langfristig gebundene Ausgaben (etwa die Personal- und Versorgungskosten) und andererseits durch Bundesgesetze erheblich eingeschränkt. Außerdem: Am Ende wird der Großteil möglicher Mehr- oder Min-
dereinnahmen ohnehin per Länderfinanzausgleich umverteilt.

Die Bundesländer stoßen deshalb bei der Umsetzbarkeit der
Schuldenbremse auf ganz spezifische Hürden. Ihnen bleibt
nur der Weg über Ausgabenkürzungen. Kritiker der Schuldenbremse sprechen deshalb in diesem Zusammenhang auch von
einer »asymmetrischen Wirkung« der Schuldenbremse.[10] Sie
ziele auf Ausgabenkürzungen statt auf Einnahmeerhöhun-
gen.[11] Kürzen können die Länder aber nur in den Bereichen, in
denen sie selbstständig handeln können. Nach den Investitionen sind dies, wie wir gesehen haben, vorrangig die Personalausgaben, zum Beispiel durch Stellenstreichungen, Beset-
zungssperren und Senkung der Einstiegsgehälter.

Wie also wird sich die Schuldenbremse künftig konkret auf
einen Landeshaushalt auswirken? Dazu gibt es für das Land
Hessen ein äußerst interessantes Gutachten.[12] Es ist lohnend,
sich ein wenig mit den dort getroffenen Erkenntnissen zu befassen. Das Gutachten beginnt mit der Feststellung, dass es,
obwohl die meisten Bundesländer im Bundesrat für die Einführung der Schuldenbremse gestimmt haben und sie sich daher eigentlich intensiv mit den Konsequenzen hätten beschäftigen sollen, bisher nur wenige konkrete öffentliche Aussagen
darüber gibt, wie die Länder den Übergangszeitraum finanzpolitisch gestalten wollen und auf welche Maßnahmen sich die
Bürger einzustellen haben. Für Hessen, dessen Regierung sich
sehr intensiv für eine verfassungsmäßige Schuldenbremse ausgesprochen hat, haben die Gutachter ermittelt, um wie viel

Prozent die bereinigten nominalen Ausgaben des Landes pro Jahr im Durchschnitt wachsen dürften, damit im Jahr 2020 das strukturelle Defizit gleich null ist. Wenn dieses Ziel erreicht werden soll, dann dürften die Ausgaben von 2011 bis 2020 nur noch um etwa 1,7 Prozentpunkte nominal pro Jahr wachsen. »Offensichtlich«, so die Quintessenz der Untersuchung, »müsste die Finanzpolitik auf einen im historischen Vergleich sehr niedrigen Ausgabenpfad einschwenken.«

Von 1990 bis 2008 lag die durchschnittliche Wachstumsrate der bereinigten Ausgaben – bei allerdings erheblichen Schwankungen der Einzelwerte – bei 2,8 Prozent. »Schon das«, monieren die Gutachter, »war kein Ausdruck einer besonders expansiven Ausgabenpolitik.« Werden die Jahre des sogenannten Einheitsbooms ausgeklammert und der Anstieg der bereinigten Ausgaben im Zeitraum 1993 bis 2008 zugrunde gelegt, dann ergebe sich sogar nur ein Jahresdurchschnittswert von 2,4 Prozent. Berücksichtige man zusätzlich noch die steigenden Zinslasten aufgrund der von 2010 bis 2020 aufgenommenen Kredite, so dürfte die Wachstumsrate der nicht für zusätzliche Zinszahlungen aufzuwendenden Ausgaben nur bei nominal etwa 1,3 Prozent liegen.

Das würde, so schreiben die Autoren, real sowie in Relation zum Bruttoinlandsprodukt eine deutliche Schrumpfung des Staatssektors bedeuten. Die Politik der Entstaatlichung würde fortgesetzt und die Möglichkeiten für zentrale Zukunftsinvestitionen würden erheblich vermindert.[13] Wenn man ferner berücksichtige, dass im Anpassungszeitraum bis 2020 der Bund und alle anderen Länder ebenfalls auf eine sehr restriktive Finanzpolitik einschwenken werden, so dürfte die Wirtschaftsentwicklung in Hessen ebenso wie im gesamten Bundesgebiet erheblich beeinträchtigt werden. Dies wiederum werde die Einnahmenentwicklung deutlich verschlechtern und damit die notwendige Konsolidierungsleistung noch erheblich vergrößern.

Welche Auswirkungen eine derart abgesenkte Wachstumsrate der Ausgaben hat, erläutern die Autoren in ihrem Gutach-

ten. Die Ausgaben des Landes Hessen wären so im Jahr 2008
um bis zu 1,7 Milliarden Euro geringer ausgefallen. Was das bedeutet, wird deutlich, wenn man sich das Volumen des hessischen Haushalts bzw. von ausgewählten Haushaltsposten vor
Augen führt: Die Ausgaben beliefen sich im Jahr 2008 auf rund
21 Milliarden Euro, die im Landeshaushalt ausgewiesenen In-
vestitionsausgaben auf rund 1,8 Milliarden Euro und die Personalausgaben auf 7,2 Milliarden Euro. Das heißt: Hätten sich
die Minderausgaben komplett bei den Investitionen niederge-
schlagen, dann hätte das Land so gut wie gar keine Investitionen mehr getätigt. Wenn nicht bei den Investitionen, sondern
beim Personal gekürzt worden wäre, dann wäre der Personaletat des Landes um 24 Prozent bzw. 17 Prozent kleiner gewesen und im entsprechenden Umfang wäre der Beschäftigungs-
stand im Landesdienst kleiner ausgefallen. Mit allen daraus
ableitbaren Auswirkungen auf die Dienstleistungen für die
Menschen im Land.

Alle Landespolitiker beteuern, wie wichtig eine Rückführung der Schulden und eine nachhaltige Finanzpolitik sind.
»Die SPD tritt für eine nachhaltige Finanzpolitik ein, die künftigen Generationen keine stetig steigenden Zinszahlungen hinterlassen will. Deshalb bekennen wir uns ausdrücklich zur Begrenzung und Rückführung der staatlichen Neuverschuldung
und zu der im Grundgesetz verankerten Schuldenbremse.« So
lautet eine Passage aus dem neuen SPD-Fortschrittsprogramm
vom 11. Januar 2011.[14] Doch die Wirklichkeit sieht leider anders aus: Nordrhein-Westfalen hat heute Gesamtschulden von
mehr als 130 Milliarden Euro. 1995 waren es noch 66 Milliarden Euro. Das ist eine Verdoppelung in den letzten 15 Jahren
und zeigt, dass niemand – keine Partei, keine Regierung – die
Neuverschuldung in den Griff bekommt, wenn man nicht sofort damit anfängt. Bis zum Jahr 2014 muss NRW allein zwanzig Milliarden Euro für Schuldzinsen ausgeben. Eine Konsolidierung über Wachstum erscheint schier unmöglich. Zwischen
Rhein und Ruhr gibt es schon lange nur noch ein geringes
Wirtschaftswachstum. Und aufgrund der Schuldenbremse ste-

hen dem Land nun noch weitere drastische Sparmaßnahmen bevor.[15]

Noch weitaus dramatischer stellt sich die Lage für das Land Schleswig-Holstein dar:[16] Dort werden die von der Landesregierung im Sommer 2008 beschlossenen drastischen Sparmaßnahmen im Personalbereich, die bis 2020 Kürzungen im Personalbestand von fast acht Prozent bedeuten, lediglich einen kleinen Teil der notwendigen Einsparungen ausmachen. Bei schlechter wirtschaftlicher Entwicklung ist im Extremfall die finanzpolitische Handlungsfähigkeit der Landesregierung in den nächsten zehn Jahren komplett infrage gestellt.[17] Auch in Niedersachsen wird es schwierig werden, die Ziele der Schuldenbremse einzuhalten. Das Land hat bereits vor der Krise erhebliche Sparanstrengungen unternommen, die sich auch im Rückgang der Nettoneuverschuldung zeigen. Deshalb ist der Spielraum für weitere Ausgabenrückführungen zunehmend begrenzt. So ist beim Personal bereits durch den Abbau von mehr als 6700 Stellen erheblich gespart worden, ebenso in anderen Bereichen. Es dürfte dem Land daher schwerfallen, weitere Einsparungen ohne erheblichen Qualitätsverlust für seine Bürger vorzunehmen.

Berlin steht ebenfalls in den kommenden Jahren finanziell mächtig unter Druck, nicht nur, weil ein Schuldenberg von 66 Milliarden Euro fast 2,5 Milliarden Euro an jährlichen Zinszahlungen bedeutet – das sind elf Prozent des Etats von Finanzsenator Ulrich Nußbaum. Die Hauptstadt wird weiterhin im Zeichen einer rigiden Sparpolitik stehen müssen, selbst wenn die Steuereinnahmen durch die unerwartet positive Wirtschaftsentwicklung zuletzt stärker gewachsen sind als geplant. Ein Gutachten von 2010 des früheren rheinland-pfälzischen Finanzministers Ingolf Deubel belegt den Handlungsbedarf für Berlin.[18] 2,7 Milliarden Euro müsse die Stadt in den nächsten zehn Jahren an Konsolidierungsleistung erbringen. Das gilt selbst dann, wenn die Steuereinnahmen einigermaßen zuverlässig zwischen zwei und drei Prozent pro Jahr steigen. Auf mehr als eine Milliarde Euro datiert der Wirtschaftsprofes-

sor und frühere SPD-Politiker unabhängig von allen konjunkturellen Einbrüchen das strukturelle Defizit Berlins. Zudem
müssten 1,7 Milliarden Euro kompensiert werden, die durch
den schrittweisen Verlust des Solidarpaktes Ost bis 2020 weg-
fallen.

Bis zum Jahr 2013, so hat Klemens Himpele für alle Bundesländer in Deutschland errechnet, werden zehn Länder nicht in
der Lage sein, die notwendigen Einsparungen durch weitere
Ausgabenkürzungen bei Investitionen und Personalausgaben
für aktiv Beschäftigte vorzunehmen. Selbst die beiden Bundesländer Bayern und NRW, deren Vertreter in der Föderalismuskommission zu den vehementesten Befürwortern einer möglichst restriktiven Schuldenbremse gehörten, seien, so Himpele, weit davon entfernt, ihre Defizite in dem durch die Schuldenbremse erforderlichen Tempo abzubauen.

Die meisten Politiker in den Ländern sind sich der Brisanz
der Situation durchaus bewusst. Auch darüber, dass es ein ein-
faches »Weiter so« nicht mehr geben kann. Das musste nicht
zuletzt die neue saarländische Ministerpräsidentin Annegret
Kramp-Karrenbauer (CDU) im Sommer 2011 erfahren. Die
Nachfolgerin des langjährigen Ministerpräsidenten Peter Müller sorgte für große Irritationen, als sie als erste Ministerpräsidentin in Deutschland öffentlich die Schuldenbremse in Zweifel zog. In einem Interview machte sie die Einhaltung der
Schuldenbremse von einer vernünftigen Wirtschaftsentwicklung abhängig. »Wenn diese Voraussetzung aber wegen der Folgen der Staatsschuldenkrise und der notwendigen Rettungs-
maßnahmen nicht mehr gegeben ist, dann haben wir eine veränderte Geschäftsgrundlage«, sagte sie der Zeitung ›Die
Welt‹[19] – und das zu einem Zeitpunkt, als Bundeskanzlerin Angela Merkel und Bundesfinanzminister Wolfgang Schäuble in
Europa die deutsche Schuldenbremse als »Exportschlager«
und »Erfolgsmodell« anpriesen.

Ihr Parteifreund, der Unions-Fraktionschef im Bundestag
Michael Meister, reagierte empört. Es sei »europapolitisch
kontraproduktiv«, dass eine Unions-Politikerin bereit sei, die

Schuldenbremse aufzugeben, kritisierte er. Schließlich fordere Deutschland von anderen Euroländern eine an der Schuldenbremse orientierte Stabilitätspolitik. Der scheidende schleswig-holsteinische Ministerpräsident Peter Harry Carstensen (CDU) verurteilte ebenfalls den Vorstoß Kramp-Karrenbauers. Die Schuldenbremse infrage zu stellen, sei zum jetzigen Zeitpunkt absurd, sagte er und warf seiner Kollegin indirekt vor, die Zusammenhänge nicht zu erkennen. »Die Probleme Griechenlands sind gerade durch unbegrenztes Schuldenmachen entstanden. Es macht keinen Sinn, in einer Zeit, in der wir Wachstum von mehreren Prozent haben, über neue Schulden nachzudenken.«

Das Wort des schleswig-holsteinischen Ministerpräsidenten hat dabei besonderes Gewicht, denn ebenso wie das verschuldete Saarland und Bremen muss auch das nördlichste Bundesland erheblich damit kämpfen, die Schuldenbremse einhalten zu können.

Nur Sachsen wiederum steht im Vergleich der 16 Bundesländer gut da. Der Freistaat hat seinen Haushalt konsolidiert, belegt bei Schuldenstand, Haushaltsdefizit und Investitionsquote jeweils den besten Platz. Es könnte sogar noch besser aussehen: Über ein knappes Viertelprozent der Ausgaben für Verwaltung, Zuschüsse sowie Subventionen außerhalb der eigenen Verwaltung kann Sachsen heute selbst bestimmen – und dort Einsparungen relativ problemlos realisieren.

Schon bald werden also der Bund und nahezu alle Bundesländer nicht mehr wissen, wie und wo sie in den kommenden Jahren in ihren Haushalten sparen können, ohne dass es für die Bürger – die schließlich auch Wähler sind – zu sehr großen und sehr spürbaren Belastungen kommt. Es bleibt die stillschweigende Hoffnung auf ein stetiges Wirtschaftswachstum und ein immer weiter ansteigendes Steueraufkommen. Die kann sich vor dem Hintergrund der globalen Wirtschaftsentwicklung und einer alternden Gesellschaft schnell als trügerisch erweisen. Wenn aber die Verteilungsspielräume künftig immer enger werden, wird die Politik bald mit dem Rücken an der Wand stehen. Treueversprechen gegenüber Staatsdienern zählen da im Zweifelsfall sehr wenig.

In Ansätzen kann man dies bereits heute beobachten. Beispielsweise beim Weihnachtsgeld für Beamte. Bund und Länder gehen hier deutlich unterschiedliche Wege. Während sich Soldaten, Beamte und Richter des Bundes ab dem Jahr 2012 über ein nahezu verdoppeltes Weihnachtsgeld freuen können, gehen die Staatsdiener in vielen Ländern leer aus. Ursprünglich sollte die Erhöhung erst im Jahr 2015 kommen. Die jährliche Sonderzahlung war 2006 von sechzig auf dreißig Prozent halbiert worden. Der Steuerzahler wurde dadurch um rund drei Milliarden Euro entlastet.

Die Bundesregierung zog die Anhebung, begründet durch die gute wirtschaftliche Entwicklung, jedoch im Spätsommer letzten Jahres vor. Da mögen noch ganz andere politische Gründe für die arg gebeutelte christlich-liberale Koalition ausschlaggebend gewesen sein. Der Chef des Beamtenbundes, Peter Heesen, sprach jedenfalls von einem überfälligen Schritt und hofft augenscheinlich auf eine Vorbildfunktion des Bundes, an dem sich früher oder später auch die Länder und Kommunen orientieren würden.

Danach sieht es nicht aus. Beamte in Nordrhein-Westfalen können auch weiterhin nicht auf eine Erhöhung ihres Weihnachtsgeldes hoffen. Das sei nicht zu finanzieren, heißt es im NRW-Finanzministerium. Auch im klammen Berlin gibt es keine Anhebung der Sonderzahlung. In der Hauptstadt war das Weihnachtsgeld 2003 im Rahmen der Vereinbarung eines sogenannten Solidarpaktes zwischen dem Senat und den Gewerkschaften auf pauschal 640 Euro gekürzt worden – eine Reduzierung um durchschnittlich zwei Drittel. Auch die Brandenburger Beamten schauen in die Röhre, ebenso die in Thüringen und in Mecklenburg-Vorpommern. Und selbst in Sachsen bleibt die Politik hart. Es werde endgültig bei der Streichung des Weihnachtsgeldes für Beamte bleiben. Daran werde sich auch nach der Ankündigung des Bundes nichts ändern, heißt es im dortigen Finanzministerium. Die Einsparungen von 23 Millionen Euro jährlich sollen in die Bildung investiert werden.

Aber all das wird nicht ausreichen. Noch mehr als der Bund werden die einzelnen Bundesländer deshalb nicht um tief greifendere Reformen herumkommen. Ab dem Jahr 2020, so hat Gisela Färber bereits im Jahr 2009 berechnet, wird die demografische Komponente der zunehmenden Zahl an Ruhestandsbeamten auch die Wachstumsspielräume der Wirtschaft besonders in den einzelnen Bundesländern einschränken.[20] Sie hat ein Szenario erstellt, demzufolge im Jahr 2050 knapp 18 Prozent der Steuereinnahmen der Länder nur für die Ruhestandsbeamten ausgegeben werden müssen. Hinzu kommen die Personalausgaben für die aktiv Beschäftigten sowie die Kreditzinsen für Altschulden aus der Vergangenheit. Spätestens dann wird sich der Blick vieler Politiker und Parlamentarier auch auf die Ruhestandsbeamten richten. Und in der Tat: Wie wir im nächsten Kapitel sehen werden, gibt es hier mehr als genug Konsolidierungsbedarf.

Gerechtigkeit im Alter

Über die Frage, wie die gesetzliche Rentenversicherung nachhaltig zukunftsfest gemacht werden kann, und über die »Rente mit 67« wird bis heute heftig gestritten. Über das zweite Standbein unseres Altersversorgungssystems, die Beamtenpensionen, erstaunlicherweise nicht. Doch auch wenn der Deutsche Beamtenbund diese Diskussion scheut wie der Teufel das Weihwasser und auch wenn die Politik ihr augenscheinlich, soweit sie es eben kann, ebenfalls aus dem Weg zu gehen versucht: Deutschland braucht eine offene und ehrliche Diskussion über seine Beamten. Vor allem über die Frage, wo sie in Zukunft eingesetzt werden sollen und wo nicht. Was sie uns in ihrer aktiven Zeit wert sein sollten und was nicht. Wie teuer uns Beamte im Ruhestand kommen.

De facto hat sich das Versorgungssystem für Beamte in den letzten Jahrzehnten in einem Maß von den übrigen Sozialsystemen abgekoppelt, dass Analogien kaum mehr herzustellen sind. Die Kluft wird immer größer. Es ist nicht übertrieben zu sagen, dass bei der Rentenversicherung und bei den Versorgungssystemen aus dem öffentlichen Sektor heute keine gleichgerichtete Entwicklung mehr stattfindet. Die Versorgungssysteme, die aus Steuermitteln und damit von der Allgemeinheit finanziert werden, stellen sich deutlich günstiger dar als das Rentenversicherungssystem, das für den Großteil der Bevölkerung gilt. Es fällt dabei schwer zu glauben, dass dies alles nur historisch gewachsene Zufälle sind.

Abgesehen von den immer wieder kurzzeitig aufkeimenden medialen Entrüstungswellen gibt es in Deutschland bis heute keine seriöse Debatte über einen Vergleich von Renten und Pensionen. Was spricht gegen einen solchen Vergleich? Dass der Beamtenbund ihn für ganz und gar falsch hält? Das mag eine Interessenvertretung so sehen, der Rest der Republik muss sich dem aber nicht anschließen. In beiden Fällen – Renten und Pensionen – geht es um finanzielle Anwartschaften für das Alter, die sich im Laufe von Erwerbsbiografien ergeben haben. Die Öffentlichkeit hat ein Recht auf einen solchen Vergleich und eine darauf basierende politische Diskussion. Der Deutsche Beamtenbund tut ihn mit dem Hinweis auf »Äpfel und Birnen« oder auch »Eier und Wassermelonen« ab. »Abenteuerlich« oder »schlichtweg Unfug«, nennt ihn Konrad Freiberg, der frühere Chef der Gewerkschaft der Polizei (GdP). Doch ein solcher Vergleich muss und darf in einem Land wie Deutschland erlaubt sein, das einen erheblichen Teil seiner politischen Stabilität in den letzten fünfzig Jahren dem Gefühl seiner Bürger verdankt, dass es in diesem Land sozial gerecht zugeht.

Vor allem, wenn wir mit Riesenschritten auf eine neue Altersarmut in den nächsten Jahrzehnten zusteuern. »Die meisten Frührentner leben an der Armutsgrenze«, titelte ›Welt-Online‹ im August 2011 und berief sich dabei auf einen Bericht des Sozialverbands Deutschland (SOvD). Wer wegen Krankheit oder Behinderung nicht mehr arbeiten kann, erhalte heute oft nur noch eine Minirente. Binnen zehn Jahren sei der durchschnittliche Zahlbetrag bei neu bewilligten Erwerbsminderungsrenten für Männer von 817 auf 672 Euro im Monat abgesackt. Das Schrumpfen der Zahlbeträge hat nach Darstellung des Verbands zwei Gründe: Zum einen führen Arbeitslosigkeit und niedrige Löhne dazu, dass Beitragszeiten fehlen oder weniger in die Rentenversicherung eingezahlt wird. Zum anderen gelten auch bei der Erwerbsminderungsrente – wie bei der normalen Altersrente – Abzüge von bis zu 10,8 Prozent, wenn man die Leistung vor dem 63. Lebensjahr in Anspruch nimmt.[1] Viele Wissenschaftler warnen deshalb auch in immer neuen Studien vor einer Armutswelle in den nächsten Jahrzehnten. Bereits heute machen sich die Menschen in Deutschland vermehrt Sorgen um ihre Altersversorgung. Zu diesem Ergebnis kommt zum Beispiel eine jährliche Studie des Allensbacher Instituts für Demoskopie im Auftrag der Postbank.[2] Demnach befürchtet mittlerweile mehr als jeder dritte Berufstätige (37 Prozent), dass ihm der Staat die gesetzliche Rente im Alter kürzen wird, weil er wegen der Schuldenlast und der Staatsschuldenkrise in Europa kaum Geld hat. Außerdem erwarten 28 Prozent der Berufstätigen, dass ihre Ersparnisse durch steigende Preise entwertet werden.

Nur durch einen Gleichklang der öffentlichen Versorgungssysteme mit der gesetzlichen Rentenversicherung lässt sich Gerechtigkeit im Alter herstellen. Und die wird wichtiger denn je, wenn immer mehr Menschen den Eindruck haben, dass es im Hinblick auf ihre eigene persönliche Zukunft stetig bergab gehe. Deshalb ist es eigentlich erstaunlich, wie wenig Aufsehen, ganz zu schweigen von politischen Debatten oder gar Konsequenzen eine Studie gefunden hat, die zwei Forscher des Deutschen Instituts für Wirtschaftsforschung (DIW) in Berlin ausgerechnet im Auftrag der gewerkschaftsnahen Hans-Böckler-Stiftung zu Beginn des Jahres 2010 vorgestellt haben. Sie zeigt: Spätestens an der Pensionsgrenze öffnet sich die Einkommensschere zwischen Ruhestandsbeamten und Beitragszahlern der gesetzlichen Rentenversicherung.

Die beiden Forscher – Joachim R. Frick und Markus M. Grabka – haben die Vermögensaufteilung in Deutschland untersucht und dabei zum ersten Mal die unterschiedlichen Anwartschaften an die Alterssicherungssysteme mit in eine solche Rechnung einbezogen.[3] Für ihre Berechnungen kombinierten Frick und Grabka die aktuellsten verfügbaren Befunde aus dem »Sozio-ökonomischen Panel« (SOEP) mit anonymisierten Daten der Rentenversicherung. Das SOEP ist eine am DIW Berlin angesiedelte Einrichtung, die Wiederholungsbefragungen von mehr als 12 000 Haushalten zu sozialen und wirtschaftlichen Lebensverhältnissen durchführt. Da Jahr für Jahr die gleichen Menschen befragt werden, eignen sich die Daten sehr gut, um gesellschaftliche Trends und Entwicklungen zu verfolgen.

Danach haben die beiden Wissenschaftler auf der Basis von Erwerbsbiografien, Alter und Daten zur Lebenserwartung für verschiedene Bevölkerungsgruppen den »Gegenwartswert«

ihrer Alterssicherungsansprüche zum Zeitpunkt der Erhebung abgeschätzt. Konkret handelt es sich dabei um Anwartschaften an die gesetzliche Rentenversicherung und an die Beamtenversorgung. Ansprüche an berufsständische Versorgungssysteme, an die Alterssicherungskassen der Landwirte und an Betriebsrenten konnten nur zum Teil erfasst werden. Es ist ein kompliziertes Verfahren, dessen Methodik Frick und Grabka aber sauber und transparent aufgeführt haben. Ansprüche auf Renten und Pensionen nehmen für viele Menschen, schreiben sie zu Recht, einen hohen Anteil in ihrem Gesamtvermögen ein. Schließlich sind die meisten Erwerbstätigen in eines der Alterssicherungssysteme einbezogen.

Die Deutschen hatten im Jahr 2007 Anwartschaften auf mehr als 4,6 Billionen Euro an die verschiedenen Alterssicherungssysteme. Eine unvorstellbar große Summe. Insgesamt beziffern die beiden Forscher das Vermögen der Deutschen im Jahr 2007 auf 10,6 Billionen Euro. Was das bedeutet, wird deutlich, wenn man das Alterssicherungsvermögen rechnerisch neben das private Geld- und Sachvermögen stellt und addiert. Nach dieser Berechnungsbasis lag der Durchschnittswert des individuellen Vermögens von allen Erwachsenen über 17 Jahre im Jahr 2007 bei mehr als 150 000 Euro, netto, nach Abzug aller Schulden. Davon waren gut 88 000 Euro Geld- und Sachvermögen und rund 67 000 Euro entfielen auf Renten- oder Pensionsanwartschaften. Das klingt nach viel Geld, aber es ist ein Durchschnittswert, der sich zum Beispiel bei Brüchen in der Erwerbsbiografie sehr schnell relativiert.

Die Gesamtschau der Vermögenssituation erlaubte den beiden Wissenschaftlern auch einen Vergleich nach beruflicher bzw. sozialer Stellung: Un- und angelernte Arbeiter sowie Angestellte ohne Ausbildungsabschluss hatten nach der DIW-Untersuchung Rentenanwartschaften von durchschnittlich 40 000 Euro. Facharbeiter und Angestellte mit einfachen Tätigkeiten lagen lediglich rund 500 Euro höher. Vorarbeiter, Meister und Angestellte mit qualifizierter Tätigkeit besitzen im Schnitt Ansprüche an die Alterssicherungssysteme von gut

49 000 Euro. Das führt in diesen Gruppen zu einem durchschnittlichen erweiterten Nettovermögen (Geld- und Sachvermögen plus Anwartschaften an die Alterssicherung), das von rund 74 000 Euro bis gut 130 000 Euro reicht. Deutlich mehr haben Angestellte in hohen Führungspositionen zu erwarten: Ihr Alterssicherungsvermögen liegt bei durchschnittlich über 78 000 Euro. Hinzu kommen rund 308 000 Euro Geld- und Sachvermögen. Arbeitslose besitzen durchschnittlich rund 39 500 Euro Alterssicherungsvermögen und weniger als 17 000 Euro an Geld- und Sachwerten und sind trotz dieser auf den ersten Blick ganz erstaunlichen Summen »am ärmsten dran«.[4]

Eine Berufsgruppe, das haben die Wissenschaftler quasi en passant herausgefunden, erwies sich bei der Vermögensbildung als doppelt privilegiert: die Beamten. »Sowohl bei ihrem aktuellen Geldvermögen als auch bei ihren Pensionen verfügen sie über fast doppelt so viel Geld wie Angestellte mit vergleichbarer Qualifikation«, schreiben Frick und Grabka. Am deutlichsten wird der Unterschied beim Vergleich von Rentnern und Pensionären. Kommen Rentner mit ihren Anwartschaften im Schnitt auf 125 000 Euro, haben Beamte im Ruhestand im Schnitt einen Anspruch von mehr als 300 000 Euro. Alles in allem beträgt das Nettovermögen der Rentner damit 230 000 Euro und das der Pensionäre mehr als 500 000 Euro. Beamte im einfachen Dienst und mittleren Dienst verfügen über durchschnittliche Pensionsansprüche von gut 80 000 Euro, im gehobenen und höheren Dienst sind es gut 128 000 Euro. Hinzu kommen Netto-Geld- und Sachvermögen von durchschnittlich rund 63 000 bzw. rund 140 000 Euro. Das sind zusammengenommen Altersvermögen von gut 140 000 Euro bei Beamten des einfachen und mittleren Dienstes – beim einfachen Dienst also zum Beispiel eines Polizeiwachtmeisters, eines Gefreiten bei der Bundeswehr oder Bahnschaffners (alle Besoldungsgruppe A2) – bzw. 270 000 Euro beim mittleren Dienst, etwa eines Feuerwehr-Brandmeisters oder einer Krankenschwester, eines Kriminalmeisters oder Feldwebels (alle Besoldungsgruppe A7).

Demgegenüber stehen, so haben die Wissenschaftler errechnet, Altersvermögen bei Arbeitern und Angestellten mit einfachen Tätigkeiten in Höhe von 85 000 Euro bzw. bei qualifizierten Tätigkeiten in Höhe von 130 000 Euro.»Die bereits relativ günstige Position der Beamten beim Geld- und Sachvermögen verbessert sich also noch durch die Hinzurechnung der Renten- und Pensionsanwartschaften«, schlussfolgern die beiden Wissenschaftler.[5] Unter Berücksichtigung der Rentenanwartschaften relativiert sich sogar die dominierende Stellung der Selbstständigen in der Netto-Geld- und Sachvermögenshierarchie. So weisen Pensionäre im Durchschnitt ein erweitertes Nettovermögen inklusive Pensionsanwartschaften in Höhe von mehr als 500 000 Euro auf und damit mehr als Selbstständige mit einem mittelgroßen Betrieb. Bezieher einer Rente der gesetzlichen Rentenversicherung erreichen dagegen nicht einmal die Hälfte dieses Wertes. Zudem sanken in den letzten Jahren die Löhne für viele Menschen real und die Lohnquote verringerte sich. Gleichzeitig wurde der Niedriglohnsektor immer weiter ausgeweitet.

Zu einem in der Tendenz ähnlichen Ergebnis kam übrigens wenige Jahre zuvor Margot Münnich in einer Studie für das Statistische Bundesamt. Sie verglich für das Stichjahr 2003 die Einnahmen und Ausgaben von Rentner- und Pensionärshaushalten. Die Ergebnisse hätten schon damals für öffentliches Aufsehen sorgen müssen. Taten sie aber nicht, obwohl sie an Deutlichkeit nichts zu wünschen übrig ließen. Demnach betrug das Haushaltsnettoeinkommen der damals mehr als 5,8 Millionen Einpersonenrentnerhaushalte in Deutschland durchschnittlich 1476 Euro monatlich. Allein lebende Pensionsempfänger hatten im selben Jahr ein durchschnittliches Haushaltsnettoeinkommen von monatlich 3125 Euro.»Das durchschnittliche Haushaltsnettoeinkommen allein lebender Pensionäre war 2003 im Schnitt gut doppelt so hoch wie das der Einpersonenrentnerhaushalte«, bilanziert Margot Münnich.[6] Und sie geht sogar noch einen Schritt weiter, wenn sie schreibt:»Während Einpersonenrentnerhaushalte – wie schon bei vorangegangenen Erhebungen – bei weitem nicht das Einkommensniveau der Haushalte von allein lebenden Erwerbstätigen erreichten, hatten Einpersonenpensionärshaushalte im Jahr 2003 ein höheres Nettoeinkommen als Einpersonenbeamtenhaushalte. Im Schnitt kamen Erstere auf 3125 Euro, Letztere auf 2739 Euro.«[7] Im Klartext: Ruhestandsbeamte verfügen monatlich über mehr Geld als aktiv im Dienst befindliche Beamte. Eigentlich hätte angesichts solcher Zahlen ein großer Aufschrei mindestens in den Reihen der jungen Beamten stattfinden müssen – von anderen DGB-Gewerkschaften ganz zu schweigen.

Der Deutsche Beamtenbund bestreitet solche Zahlen rundweg. Dazu später mehr. Wirklich verwunderlich sind sie nicht. Wer außer Beamten kann heute noch eine weitgehend ungebrochene Erwerbsbiografie vorweisen? Ohne Kurzarbeit, ohne Phasen von Arbeitslosigkeit? Ohne einen beruflichen Neuanfang etwa mit niedrigerem Gehalt? Daher kommen Ruhestandsbeamte auch auf das höchste Alterssicherungsvermögen aller Berufsgruppen und hängen dabei beispielsweise auch die gut situierten Selbstständigen ab, die privat fürs Alter vorsorgen müssen. Anwärter einer gesetzlichen Rente erreichen nicht einmal die Hälfte dieses Wertes. »Angesichts der aktuellen Entwicklungen in der gesetzlichen Rentenversicherung erscheinen die Beitragsfreiheit zur Alterssicherung von Beamten während der Erwerbszeit und das überdurchschnittliche Versorgungsniveau im Pensionsalter zumindest diskussionsbedürftig«, schreiben Grabka und Frick noch eher vorsichtig und zurückhaltend. Die Boulevardzeitungen waren da schon deutlicher: »Beamte sind die heimlichen Reichen«, lautete eine Schlagzeile.

Solche Vergleiche dürfe man nicht anstellen, meint DBB-Chef Peter Heesen. Denn: »Was hier gemacht wird, ist kein Vergleich mit Äpfeln und Birnen mehr, sondern eher Eier mit Wassermelonen.« Die Durchschnittsrente und die Mindestversorgung ins Verhältnis zu setzen und dabei alle Unterschiede in Berechnung und Begründung außer Acht zu lassen, sei

»wirklich abenteuerlich«.[8] Unterschiedliches Bildungsniveau, Steuerzahlungen und Krankenversicherungskosten im Alter müssten genauso in jede Vergleichsrechnung einbezogen werden wie die großen Unterschiede in den Erwerbsbiografien der »durchschnittlichen« Pensionäre und Rentenempfänger.[9] Bei einem Beamten steigere zudem jeder Euro, den er mehr verdient, die Pension, während bei der Rente ab einem Verdienst von 5500 Euro (West) nichts mehr angerechnet werde. »Natürlich ist der durchschnittliche Pensionssatz dann höher«, zitiert die ›Welt am Sonntag‹ Peter Heesen.[10] Außerdem ginge in die Rechnung nicht ein, darauf verweisen Beamtenfunktionäre immer wieder, dass Arbeitnehmer auch Alterseinkünfte aus betrieblicher Altersvorsorge erzielten. Nur mit ihnen – Rente plus betrieblicher Altersvorsorge – seien deshalb auch Beamtenpensionen – wenn überhaupt – zu vergleichen, da die Pension eine sogenannte »Vollversorgung« sei.

Dass längst nicht alle Arbeitnehmer – nämlich in Westdeutschland nur rund zwanzig Prozent, nach Angaben der Deutschen Rentenversicherung in Höhe von 403 Euro, und nur einer von hundert in Ostdeutschland, in Höhe von 199 Euro – eine derartige Zusatzversorgung bekommen, stört beispielsweise Dieter Berberich, den Vorsitzenden des »Bundes der Ruhestandsbeamten, Rentner und Hinterbliebenen« (BRH) nicht im Geringsten. »Die betriebliche Altersversorgung ist jedenfalls in großen Unternehmen üblich und nur sie können mit dem größten deutschen Betrieb, nämlich dem öffentlichen Dienst, verglichen werden«, meint er kurzerhand.[11] Berberich will sogar Arbeitslose mit ihren Rentenanwartschaften aus einem Vergleich zwischen Pensionen und Renten explizit herausrechnen. Sie verzerrten seiner Ansicht nach das Bild zu sehr. Als Beamtenfunktionär kann man sich von der Wirklichkeit in Deutschland sehr weit entfernen. Zudem seien Beamte im Durchschnitt besser qualifiziert als gesetzlich Versicherte und hätten alleine schon deshalb ein Anrecht auf mehr als 2000 Euro monatlicher Pension. Außerdem würden die Pensionen voll besteuert. Das stimmt zwar, aber auch Renten werden seit dem Jahr 2005 schrittweise besteuert. Aktuell beträgt der steuerpflichtige Anteil der gesetzlichen Rente maximal 62 Prozent, bis 2040 steigt er jährlich um zwei Prozent an. Dieser angebliche Vorteil der Rentner wird somit laufend kleiner. Nicht zu vergessen, dass Angestellte und Arbeiter für ihre Zusatzversorgung oftmals mitzahlen müssen. Doch selbst wenn ein Beamter und ein Angestellter im Arbeitsleben gleich viel verdienen, gibt es laut Bund der Steuerzahler deutliche Unterschiede bei den Altersbezügen. Der BdSt hat im Jahr 2007 die Alterseinkünfte eines Pensionärs und eines Rentner verglichen, die beide ein Monatsgehalt von 2500 Euro hatten. Das Ergebnis: Der Pensionär bekam am Ende im Ruhestand netto 27 Prozent mehr. Und es handelt sich hier nicht um den einfachen Amtmann. Ein Oberstudienrat bekommt knapp 3400 Euro Pension, der höchstbezahlte Beamte, ein Staatssekretär, bekommt eine Pension von 7900 Euro. Für eine vergleichbare Rente müsste ein Durchschnittsverdiener rund 300 Jahre arbeiten.

Was so ein durchschnittlicher Pensionsanspruch am Ende in Euro und Cent wert ist, lässt sich sehr schön an einem Beispiel anschaulich machen, das in einem Bericht im ›Stern‹ aufgeführt wurde.[12] Da wurde das Altersruhegehalt einer Kriminalkommissarin nach vierzig Dienstjahren für einen Vergleich zugrunde gelegt. Geht sie in Pension, erhält sie 1965 Euro Ruhegehalt; abzüglich 200 Euro Steuern verbleiben ihr Monat für Monat 1765 Euro. Ein Modellrentner mit gleichem Bruttoverdienst dagegen, der vierzig Berufsjahre lang Rentenversicherungsbeiträge gezahlt hat, kommt auf nur etwa 1080 Euro Rente. Die Differenz beträgt 685 Euro. Monat für Monat. Nach zwanzig Jahren Ruhestand mache dies bereits über 164 000 Euro. Rechne man den Netto-Vorsprung von knapp 106 000 Euro aus der aktiven Zeit hinzu, habe die Beamtin mit 85 Jahren netto 270 000 Euro mehr auf der hohen Kante als der Angestellte. Die Quintessenz im ›Stern‹ lautet: »Es geht hier nicht um Kleinigkeiten, es geht um ein Häuschen. Keine Villa, aber ein Haus. Nicht eins am Ufer des Starnberger Sees, aber vielleicht eins am Rande einer Stadt.« Dürfen dies dem Staat und uns Steuerzahlern unsere Beamten wert sein?

Natürlich kann der Angestellte versuchen, so geht die Rechnung weiter, die eigene Rente um 885 Euro aufzubessern, um so die Versorgungslücke im Vergleich zur Beamtenpension selbst zu schließen. Bei einer klassischen privaten Rentenversicherung müsste er dafür vierzig Jahre lang monatlich knapp 380 Euro einzahlen. Um aber weiterhin ein frei verfügbares Gehalt von 1900 Euro im Monat zu haben wie die Kriminalkommissarin, bräuchte er dazu ein monatliches Netto von 2280 Euro, was er aber als kinderloser, lediger Angestellter in der Steuerklasse I nur dann herausbekäme, wenn sein Bruttolohn 3800 Euro betrüge. Sein Chef müsste ihm also eine Gehaltserhöhung von fast 1200 Euro gönnen. So gesehen sind die 2610 Euro der Kommissarin nicht gerade wenig. Brutto ist eben nicht gleich Brutto, rechnen die Autoren des ›Stern‹-Artikels vor.

Die Unterschiede beim Alterssicherungsvermögen werden durch die Rentenreformen und veränderte Erwerbsverläufe in Zukunft wahrscheinlich eher größer als kleiner werden. Langzeitarbeitslose bauen zum Beispiel mit einem Rentenanspruch von 2,19 Euro pro Jahr inzwischen so gut wie gar kein Alterssicherungsvermögen mehr auf. Folglich ist damit zu rechnen, meinen die Forscher vom DIW, »dass die Vermögensungleichheit auch bei der Alterssicherung zunimmt und wir auf mehr Altersarmut zusteuern«.

Das hat ein Beamter nicht zu fürchten. Beamtenpensionen bemessen sich nach den Bezügen der letzten Dienstjahre, in dem Beamte naturgemäß ihre höchste Laufbahn- und Besoldungsstufe erklommen haben. Der aktuelle Höchstpensionssatz nach vierzig Dienstjahren beträgt 71,75 Prozent. Rentner dagegen sammeln ihre Versorgungsansprüche mühsam während des gesamten Berufslebens an. Niedrige Gehälter zu Beginn der Karriere hängen ihnen daher im Alter nach. Das durchschnittliche Rentenniveau liegt derzeit bei knapp 48 Prozent. Kein Wunder also, dass das Nettoeinkommen von Pensionären heute um fast ein Drittel höher liegt als das der Haushalte mit Einkünften aus der gesetzlichen Rente. Das Rentenniveau sinkt demnächst voraussichtlich sogar noch weiter – auf bis zu 43 Prozent, denn der sogenannte Nachhaltigkeitsfaktor, im Jahr 2004 in der gesetzlichen Rente eingeführt, erlaubt es, die Rente von Jahr zu Jahr in Abhängigkeit vom Verhältnis der Rentner zu den Beitragszahlern weiter zu kürzen. Er stellt so etwas wie den demografischen Faktor dar und ist – je ungünstiger die Entwicklung verläuft – vielleicht sogar von noch einschneidenderer Bedeutung und ein weitaus größerer Eingriff als die »Rente mit 67«, um die so erbittert gestritten wird. Darunter werden vor allem die heute Dreißig- bis Fünfzigjährigen besonders zu leiden haben, denn das Rentenniveau wird so bis 2030 noch einmal erheblich gesenkt.

Die jetzige Bundesregierung geht davon aus, dass die Renten für die derzeit 20,4 Millionen Rentner in Deutschland in den nächsten 15 Jahren um knapp dreißig Prozent, nämlich um 1,9 Prozent pro Jahr, steigen werden.[13] Auch da dürfte Skepsis angebracht sein. Denn nur ein kleiner Teil der Arbeitnehmer hat so lange gearbeitet wie der berühmte »Eckrentner«, der überall als Berechnungsgrundlage gilt. Er hat 45 Jahre lang Beiträge bezahlt und dabei immer durchschnittlich verdient. Nach den Modellrechnungen des Arbeitsministeriums würden sich dabei die Bezüge für den sogenannten Eckrentner von derzeit 1224 auf 1584 Euro monatlich erhöhen. Nach Angaben des Sozialverbands VdK können in Westdeutschland jedoch nur 4,6 Prozent der Frauen und 42 Prozent der Männer 45 und mehr Versicherungsjahre vorweisen.

Tatsächlich sind die ausgezahlten Renten deutlich niedriger: Dem Bericht zufolge lag bei Männern, die wegen ihres Alters oder verminderter Erwerbsfähigkeit in den Ruhestand gehen, zum 1. Juni 2009 der durchschnittliche Zahlbetrag bei 982 Euro. Dieser Wert war in den neuen Ländern mit 1020 Euro etwas höher als in den alten Ländern (973 Euro). Bei Frauen betrug die durchschnittliche Versichertenrente 542 Euro. Jeder fünfte Ruheständler bekommt mehrere Renten. Wer dazu gehört, erhält im Schnitt 1110 Euro.[14] Selbst dann ist immer noch ein erheblicher Unterschied zwischen den Pensionsleistungen und den Zahlungen, die ein Rentner selbst bei gleicher beruflicher Qualifikation erhält.[15]

Das Mantra des DBB, alle Kürzungen in der gesetzlichen Rentenversicherung würden auch »1:1« in der Beamtenversorgung übernommen werden, das auch immer fleißig von der Politik wiederholt wird, hat mit der Wirklichkeit nicht viel zu tun. Eigentlich weiß die Politik nur zu genau, dass genau dies nicht stimmt.[16] Dennoch gibt es beim zweiten Alterssicherungssystem, den Beamtenpensionen, bis heute keine vergleichbare Regelung wie den Nachhaltigkeitsfaktor. Es ist schleierhaft, wie der Deutsche Beamtenbund den übrigen befreundeten Gewerkschaften im DGB diesen gar nicht so kleinen und feinen Unterschied für Beamte erklären will. Die rot-grüne Bundesregierung hatte mit Bundesinnenminister Otto Schily im Jahr 2005 mit einer entsprechenden Gesetzesinitiative das Thema in Angriff nehmen wollen. Die von Bundeskanzler Gerhard Schröder initiierten vorgezogenen Neuwahlen vereitelten das Vorhaben. Seither schlummert das Gesetz in den Schubladen, und es findet sich niemand in der christlich-liberalen Koalition unter Angela Merkel, der es dort freiwillig wieder herausholen will. Selbst in der aktuellen Staatsschuldenkrise wagt sich keiner daran – kein Bundesfinanzminister und auch kein Bundesinnenminister.

Die Einführung des Nachhaltigkeitsfaktors in der Beamtenversorgung wäre eine Maßnahme, die insbesondere die Länderetats am schnellsten entlasten würde, allerdings auch die Beamten am stärksten treffen würde: Von einer Pensionshöhe von derzeit fast 72 Prozent der letzten Bezüge würden die Ruhestandsgehälter in einem solchen Fall auf rund 66 Prozent sinken. Eine spürbare Einbuße, die allerdings alle übrigen Rentner heute bereits hinnehmen müssen. Experten fordern deshalb dringend, den Nachhaltigkeitsfaktor analog den Regelungen in der gesetzlichen Rentenversicherung bei den Beamtenpensionen einzuführen und dabei das Verhältnis von Leistungsempfängern zu Steuerzahlern zum Maßstab zu machen. Solange Pensionen mehrheitlich aus dem laufenden, steuerfinanzierten Haushalt finanziert werden, ist das in einer alternden Gesellschaft der einzige Parameter.

Auch die Tatsache, dass Studienzeiten für Beamte bei der Altersversorgung mitgezählt werden, aber in der gesetzlichen Rentenversicherung für alle sonstigen Beschäftigten schon lange nicht mehr gelten, wird ver.di keinem gewerkschaftlich organisierten Angestellten glaubhaft erklären können, falls der mal nachfragen sollte, was denn der Beamtenbund alles sonst noch für Sondervereinbarungen mit sich herumschleppt.

Im politisch gesehen anderen »Lager«, beim arbeitgebernahen Institut der deutschen Wirtschaft (IW) in Köln, ist man übrigens nicht weit entfernt von den Erkenntnissen der Hans-Böckler-Stiftung über das Auseinanderdriften der Alterssicherungssysteme. Wir brauchen dringend eine Reform der Ruhestandsbezüge, sonst laufen unsere staatlichen Haushalte aus dem Ruder, heißt es dort. Die Versorgungsempfänger im Öffentlichen Dienst seien gegenüber Rentnern in einem »grob ungerechten Ausmaß« deutlich bevorteilt, meint der IW-Wissenschaftler und Finanz- und Steuerexperte Winfried Fuest. Er hat in Sachen Beamtenpensionen und Ruhestandsgelder eigene Berechnungen aufgestellt. Sein Fazit: Wer 45 Jahre durchschnittlich verdient und auf Basis dieses Einkommens in die gesetzliche Rentenkasse eingezahlt hat, hat nicht viel mehr als die Hälfte dessen an Geld zu erwarten, was ein Pensionär bekommt. Seit Mitte der 1990er Jahre, so Fuests weitergehende Erkenntnisse, sei die Standard- oder Eckrente um 11,15 Prozent gestiegen, die durchschnittlichen Versorgungsbezüge pensionierter Beamter hätten dagegen um fast ein Drittel zugelegt. Am höchsten sei der Zuwachs bei ehemaligen Gemeindebeamten gewesen, deren Durchschnitts-Pension im vergangenen Jahrzehnt um 34,57 Prozent zulegte. Beamte erhalten etwa siebzig Prozent ihres aktiven Verdienstes im Alter, Angestellte und Arbeiter per Gesetz immer unter fünfzig Prozent. »Wenn die Altersversorgung der Beamten nicht einschneidend reformiert wird, wird diese Kluft beim Alterseinkommen bis 2018 auf 124,9 Prozent einer Standardrente anwachsen«, erklärte Fuest in der ›FAZ‹.[17] Künftige Altersarmut mag stattfinden, wo sie will, aber nicht bei den Beamten, die trotz des Lebenszeitprivilegs so überdurchschnittlich gut versorgt sind, dass man die Gerechtigkeitsfrage stellen muss. »Im Grunde ist das eine Zumutung für den Steuerzahler«, resümiert Fuest klipp und klar.[18] Schon bald werde diese Entwicklung »zu massiven gesellschaftspolitischen Akzeptanzproblemen führen«.

Sein Kollege Dietmar Bräunig, Professor an der Universität Gießen, geht noch einen Schritt weiter. Die bereits heute bestehende Einkommenskluft zwischen Rentnern und Pensionären werde ohne durchgreifende Reformen in der Zukunft noch weiter zunehmen. Er glaubt deshalb nur mehr an eine einfachere, wenn auch heute noch unvorstellbar klingende Lösung: Die Beamtenpensionen müssten der demografischen Realität angepasst werden, sagt er. Auf Deutsch: Sie müssten gekürzt werden. Für etwas anderes sei es längst zu spät.[19]

Es lebe der kleine Unterschied

Spätestens jetzt müssen auch die Einsparungen zur Sprache kommen, die Beamte und Pensionäre in den letzten Jahren hinnehmen mussten, damit die Kürzungen in der gesetzlichen Rentenversicherung sich auch in der Beamtenversorgung widerspiegeln. Denn natürlich haben auch Beamte in den zurückliegenden Jahren Einbußen bei ihrer Alterssicherung erlitten.

Generell gilt: Der Versorgungsanspruch von Beamten ergibt sich durch die Berufung in ein lebenslanges, nicht kündbares Dienst- und Treueverhältnis zum Staat. Deshalb entrichten Beamte auch keine direkten eigenen Beiträge zur Altersvorsorge, die vielmehr einen öffentlich-rechtlichen Unterhaltsanspruch gegen den Dienstherren darstellt, der nur durch Gesetz geregelt werden kann. Durch das Alimentationsprinzip stehen Beamtenbesoldung und -versorgung in einem engen Zusammenhang. Sie basieren dennoch auf unterschiedlichen gesetzlichen Grundlagen. Während die Beamtenbesoldung maßgeblich von den Vorschriften des Bundesbesoldungsgesetzes (BBesG) bestimmt wird, wird die Beamtenversorgung durch das Beamtenversorgungsgesetz (BeamtVG) geregelt. Dies gilt sowohl für Beamte des Bundes, der Länder und Gemeinden als auch für die privatisierten ehemaligen Bereiche der Post, Telekom und Bahn.

- Seit den 1990er Jahren wird an der Alterssicherung für Staatsdiener herumgedoktert. Eine kleine Auflistung zeigt, was in den letzten Jahren alles passiert ist. Die wichtigsten Reformen waren dabei:[1]
- Das Dienstrechtsreformgesetz von 1997: Dabei wurde das allgemeine Antragsalter von 62 auf 63 Jahre angehoben und der verfrühte Ruhestand wegen Dienstunfähigkeit erschwert. Nach dem Grundsatz »Rehabilitation vor Versor-

gung« müssen sich dienstunfähig gewordene Beamte für andere Verwendungen umschulen lassen.

· Im folgenden Jahr, 1998, wurde die Versorgungsrücklage gebildet. Um die zu erwartenden Spitzen bei der Zahlung von Pensionsleistungen abzufedern, haben Bund und Länder ein zeitlich begrenztes Sondervermögen angelegt. Finanziert wurde die Rücklage zwischen 1999 und 2002 über einen Abzug von 0,2 Prozent bei den jeweils anstehenden Tariferhöhungen im Öffentlichen Dienst.

· Das Versorgungsänderungsgesetz von 2001 konkretisierte die Finanzierung der 1998 eingeführten Versorgungsrücklage. Sie wurde – allerdings nur vorübergehend – geändert. In insgesamt acht Schritten ab 2003 wurde die Höhe der Pensionen abgesenkt. Der Höchstruhegehaltssatz sankt von 75 auf 71,75 Prozent. Die Hälfte der so erzielten Einsparungen wurde für die Versorgungsrücklage genutzt. Ab 2011 ist wieder die alte Rücklagen-Regelung geltend. Dabei hat das Bundesverfassungsgericht ausdrücklich in einem Urteil darauf hingewiesen, dass der Staat die Höhe der Beamtenpensionen beschneiden darf, um das Versorgungssystem insgesamt sicherer und dauerhafter zu machen. Damit wurde die Klage dreier Pensionäre gegen das Versorgungsänderungsgesetz von 2001 zurückgewiesen. Laut Gericht müssen Beamte dies hinnehmen. Das Ziel des Gesetzgebers, die Kürzungen in der Rentenreform 2001 auf die Pensionen zu übertragen, sei »sachlich gerechtfertigt«. Ja, die Richter gingen in ihrer Begründung noch weiter. Denn dem Urteil zufolge greift die Regelung nicht in den Kernbestand des Alimentationsprinzips ein, das Beamten einen angemessenen Lebensunterhalt garantiert. Zwar sei im Beamtenrecht das Ziel, Ausgaben zu sparen, in aller Regel »keine ausreichende Legitimation für eine Kürzung der Altersversorgung«. Die Verringerung des Versorgungsniveaus müsse von den Klägern aber hingenommen werden, weil es in der gesetzlichen Rentenversicherung zu ähnlichen Kürzungen gekommen sei. Zudem gebe es im Beamtenrecht keinen Grundsatz, wonach die Höchstversorgung mindestens 75 Prozent der Dienstbezüge betragen müsse.

- Seit dem Jahr 2004 müssen pensionierte Beamte genauso wie gesetzlich versicherte Rentner in die Pflegeversicherung einzahlen. Die Versorgungsbezüge werden um den halben Beitragssatz der sozialen Pflegeversicherung gemindert.

- Das Alterseinkünftegesetz aus dem Jahr 2005 sieht vor, dass nunmehr auch für Beamtenpensionen der schrittweise Übergang zur nachgelagerten Besteuerung gilt, mit der die Bundesregierung auch Altersbezüge der gesetzlichen Rentenversicherung in Zukunft besteuert. Bis 2040 gilt eine Übergangsregelung, danach werden Beamtenpensionen und Renten steuerrechtlich gleich behandelt.

- Mit dem Versorgungsfonds aus dem Jahr 2007 wird die Finanzierung der Pensionen sukzessive um eine Kapitaldeckung ergänzt. Für Beamte des Bundes, die nach dem 1. Januar 2007 eingestellt werden, müssen Zahlungen an den Fonds abgeführt werden, um Rücklagen für die späteren Versorgungsleistungen zu bilden. Im gleichen Jahr beschloss die Bundesregierung die allgemeine Erhöhung des Renteneintrittsalters von 65 auf 67 Jahre.

Ab 2018 wird somit die Versorgungsrücklage die Mehrbelastungen infolge vieler Ruhestandseintritte abfedern. Das Bundesfinanzministerium geht nach heutigem Stand davon aus, dass die Rücklage etwa 15 Jahre reichen und dabei den Bundeshaushalt jährlich um rund 500 Millionen Euro entlasten wird. Ab 2020 greift dann auch der Versorgungsfonds. Langfristig sollen die Versorgungsleistungen des Bundes komplett aus dem Fonds beglichen werden. Außerdem, darauf verweist der DBB, hätten die Versorgungsempfänger des Bundes durch mehrere Nullrunden in den Jahren 2005 bis 2007, vergleichbar den Nullrunden in der gesetzlichen Rentenversicherung, einen deutlichen Beitrag zur Konsolidierung des Bundeshaushalts erbracht. Die Beamten haben also in den letzten Jahren durchaus ihren Beitrag zur Etatkonsolidierung geleistet.

Sie müssen mehr zu ihrer eigenen Altersvorsorge beitragen als früher. Doch von einer wirkungsgleichen Übertragung der Rentenkürzungen auf die Pensionen kann, sosehr der Beamtenbund und auch die Gewerkschaft ver.di dies immer wieder behaupten, auch heute noch immer keine Rede sein. Mit Gerechtigkeit hat das Verhältnis zwischen Renten und Pensionen immer noch nicht viel zu tun, meint Winfried Fuest: »Jemand, der heute verbeamtet und morgen in den Ruhestand versetzt wird, bekommt eine höhere Pension als ein durchschnittlicher Arbeitnehmer, der 45 Jahre gearbeitet hat.« Denn: Eine Pensionszahlung von rund 1300 Euro bekommt ein Beamter bereits nach fünf Jahren Staatsdienst.

Bei der »Pension mit 67«, die für den Bund und seine Bundesbeamten bereits beschlossene Sache ist, tun sich auf Länderseite ausgerechnet hoch verschuldete Länder wie Berlin, Bremen oder das Saarland schwer.[2] Während die »Rente mit 67« ab dem Jahr 2012 zum ersten Mal (bis zum Jahr 2029) greift, ist es für eine zeitgleiche Umsetzung der »Pension mit 67« in vielen Ländern bereits zu spät. Und der Wissenschaftliche Beirat der Bundesregierung diskutiert sogar noch über viel weiter gehende Pläne. Er denkt bereits über die »Rente mit 70« nach, während neun von 16 Bundesländern keinerlei oder nur wenige Anstalten machen, die Regelaltersgrenze für ihre Staatsdiener heraufzusetzen beziehungsweise aufwendige Dienstrechtsreformen planen, die die wirkungsgleiche Einführung der »Pension mit 67« erst einmal über Jahre hinaus ins Leere laufen lassen.

Brandenburg bleibt zurzeit noch bei einer Pensionsgrenze von 65 Jahren. Rot-Grün hat in Rheinland-Pfalz im neuen Koalitionsvertrag aus dem Jahr 2011 angekündigt, in Zukunft auch die Landesbeamten zwei Jahre länger arbeiten zu lassen. Passiert ist aber bis heute noch nicht viel. Sachsen-Anhalt hat mitgeteilt, dass es für seine Beamten die stufenweise Verlängerung der Lebensarbeitszeit erst ab dem Jahr 2015 einführen will. Dann trifft es die derzeitige Beamtengeneration nicht mehr so hart, wenn sie in den Ruhestand wechselt. NRW-Finanzminister Walter Borjans (SPD) hat sich bereits für die Beibehaltung der längeren Lebensarbeitszeit für Beamte ausgesprochen. Abzuwarten bleibt jedoch, ob die rot-grüne Regierung in Nordrhein-Westfalen unter der Führung von Ministerpräsidentin Hannelore Kraft (SPD) das Gesetz zur Einführung der »Pension mit 67« wieder zurücknimmt, das unter ihrem Vorgänger Jürgen Rüttgers (CDU) beschlossen wurde, denn die Minderheitsregierung bereitet eine große Dienstrechtsreform vor. Das lässt nichts Gutes ahnen: Anders als NRW-Finanzminister Borjans äußerte sich Anfang Januar 2012 NRW-Innenminister Ralf Jäger (SPD), die Regierung plane keine weiteren Kürzungen im Landesdienst und werde sich in wichtigen Fragen bald mit den Gewerkschaften einigen. Es sei derzeit noch offen, ob auch für beamtete Lehrer und Polizisten in Nordrhein-Westfalen die Altersgrenze auf 67 angehoben wird.

Dabei hatte man eigentlich in Nordrhein-Westfalen Großes vor: In Düsseldorf wollte man den bisher ambitioniertesten Vorstoß zur Umgestaltung des Öffentlichen Dienstes wagen. Kern der Reform sollte eine weitgehende Abschaffung des Berufsbeamtentums und die Einführung eines einheitlichen Status für alle Beschäftigten beim Land sein – Arbeiter und Angestellte eingeschlossen. Sogar das Streikrecht sollten die Staatsdiener erhalten. Und außerdem sollte ein Entgeltsystem eingeführt werden, das die tatsächlich erbrachte Arbeitsleistung stärker berücksichtigt. Manche Ideen der sogenannten »Bull-Kommission« (benannt nach dem Staats- und Verwaltungsrechtler und ersten deutschen Bundesbeauftragten für den Datenschutz, Hans-Peter Bull) wären erst nach einer Änderung des Grundgesetzes umsetzbar gewesen – und dafür hätte die rot-grüne Regierung unter Ministerpräsident Peer Steinbrück (SPD) auf Bundesebene natürlich keine Mehrheit gefunden. Nach der Wahlniederlage von Peer Steinbrück (SPD) vom Mai 2005 zeigte die schwarz-gelbe Regierung unter Jürgen Rüttgers (CDU) zunächst kein weiteres Interesse an einer Dienstrechtsreform, obwohl den Ländern seit der Föderalismusreform mittlerweile die Gesetzgebungskompetenz für das Laufbahn-, Besoldungs- und Versorgungsrecht für ihre Beamten zustand. In Bayern, Baden-Württemberg und in den norddeutschen Ländern nutzte man diese Chance für erste zaghafte Versuche einer Reform. Doch Ministerpräsident Jürgen Rüttgers (CDU) setzte andere Prioritäten. Erst im Jahr 2009 setzte er eine Expertenkommission unter Vorsitz des früheren Bundesinnenministers Rudolf Seiters (CDU) ein mit der Maßgabe, »die Wettbewerbsfähigkeit des Öffentlichen Dienstes zu stärken«. Eilig hatte es Rüttgers damit allerdings nicht. Und so geschah auch nichts – bis zur verlorenen Landtagswahl im Mai 2010 und dem Antritt der rot-grünen Minderheitsregierung unter Ministerpräsidentin Hannelore Kraft (SPD) im Juli 2010, die nun mit einer »Dienstrechtsreform« Ernst machen will.

»Wir werden die Dienstrechtsreform im Dialog mit den Personalräten und Gewerkschaften auf den Weg bringen. Für uns gilt der Grundsatz ›Kooperation statt Konfrontation‹«, betont Kraft immer wieder. Was dabei herauskommen wird, lässt sich bereits heute erahnen: eine Abschaffung der vier Laufbahngruppen des einfachen, mittleren, gehobenen und höheren Dienstes. Wie bei den Bundesbeamten und schon in vielen Ländern werden dabei im größten Bundesland mit rund 300 000 Landes- und Kommunalbeamten wahrscheinlich künftig die Dienstaltersstufen in der Besoldungstabelle entfallen und in mindestleistungsbezogene »Erfahrungsstufen« umgewandelt werden sowie eine leichtere Übernahme von Pensionsanwartschaften für alle diejenigen eingeführt werden, die aus dem Öffentlichen Dienst ausscheiden und zum Beispiel in die Privatwirtschaft wechseln wollen.

»Der Öffentliche Dienst muss attraktiver werden, wenn er unter den Bedingungen des demografischen Wandels leistungsfähig bleiben will. Dazu tragen bessere Aufstiegschancen und eine höhere Mobilität entscheidend bei«, erklärte die Ministerpräsidentin. Das ist sicherlich alles nicht unwichtig. Aber man ahnt es schon: Billiger wird es so nicht – im Gegenteil. Das »Dienstrechtsreformwunderland« Bayern macht vor, was nun auch in anderen Ländern zu erwarten ist. Das Erste, was im Vorfeld der Dienstrechtsreform geschaffen wurde, waren 18 000 Beförderungsstellen im Doppelhaushalt 2009/2010. Davon waren etwa die Hälfte sogenannte »funktionslose« Beförderungen, die unter anderem für Volksschul- und Realschullehrer vorgesehen waren, die andere Hälfte war für Mitarbeiter der allgemeinen Verwaltung. So wurden aus Gründen des Abstandsgebotes alle Schulleiter höher eingestuft, aber da, wo man eine Anhebung hätte erwarten können, bei der Eingangsbesoldung von Lehrern für Grund- und Hauptschulen etwa, blieb es bei der Eingangsbesoldung von A12, im Gegensatz zu Lehrern anderer Schularten, gelegentlich versehen mit einem »Z« wie Zusatzbesoldung. Rund die Hälfte der Stellenanhebungen wurden auf diese Weise bereits vollzogen, die andere Hälfte fiel der Sparrunde im bayerischen Doppelhaushalt 2011/2012 zum Opfer.[3]

Unnötig zu sagen, dass die Folge einer solchen Attraktivitätssteigerung mittels höherer Besoldung automatisch auch steigende Ausgaben für die Altersversorgung sein werden. Die Frage aber, wie bezahlbar ein Öffentlicher Dienst in den nächsten Jahren bei einer insgesamt schrumpfenden Bevölkerung werden wird, ist auch mit einem neuen Dienstrecht nicht beantwortet. Und von einer »wirkungsgleichen Umsetzung« der Rentenreformen auf die Beamtenpensionen kann immer noch nicht die Rede sein. Es lebe der – gar nicht so kleine – Unterschied!

Vom Nutzen des Schweigens

Seit 2004 der Nachhaltigkeitsfaktor in die gesetzliche Rente eingeführt wurde, berücksichtigt die Rentenformel das Verhältnis von Zahlern und Empfängern bei der Berechnung der Rentenhöhe. Nicht die um zwei Jahre verlängerte Arbeitszeit, die »Rente mit 67«, sondern diese Maßnahme stellt die eigentliche Rentenkürzung dar, die in einer alternden Gesellschaft in den nächsten Jahrzehnten absehbare schrittweise Reduzierung der gesetzlichen Rente. Und es war vielen Politikern auch sehr schnell klar, dass ein ähnlicher Schritt, nämlich die Einführung eines »Nachhaltigkeitsfaktors« im Sinne einer »wirkungsgleichen Übertragung« der Kürzungen in der gesetzlichen Rentenversicherung auf die Beamtenpensionen unausweichlich sein würde.

Deshalb hatte die rot-grüne Bundesregierung auch im Sommer 2005 den entsprechenden Vorstoß in Angriff genommen. Die beiden Fraktionen hatten sogar einen Entwurf eines »Versorgungsnachhaltigkeitsgesetzes« in den Bundestag eingebracht.[1] Dieser Gesetzentwurf sah eine 1:1-Übertragung des Nachhaltigkeitsfaktors aus der gesetzlichen Rentenversicherung auf die Beamtenversorgung vor. Nach der Bundestagswahl wurde das Gesetzgebungsverfahren nicht weiterverfolgt, obwohl der damalige Regierungssprecher Ulrich Wilhelm der neuen Regierung unter Bundeskanzlerin Angela Merkel (CDU) noch im November 2006 mitteilte, das Vorhaben würde nun angegangen. »Das wird so schnell wie möglich umgesetzt«, sagte er. Der damalige Sprecher des Bundesinnenministeriums, Stefan Kaller, versicherte ebenfalls, die Änderung würde technisch sauber auch für Beamte umgesetzt. Entsprechende Vorarbeiten gebe es bereits; die Umsetzung beginne, wenn das Gesetz da sei. Das alles werde kein Jahr dauern.

Geschehen ist bis heute nichts. Im Wahljahr 2005 hatte der Bundesrat den Gesetzesantrag kurzerhand abgeschmettert –

ebenso wie den Versuch, die Anrechnung von Studienzeiten analog zur Rentenversicherung zu streichen. Selbst in der durch Finanz-, Weltwirtschafts- und Staatsschuldenkrise herbeigeführten aktuellen Haushaltsnotlage wagt kein Politiker, auch für die Beamtenversorgung zu übernehmen, was längst für die gesetzliche Rentenversicherung gilt. Dabei hatte Bundesinnenminister Otto Schily (SPD) sogar zeitweilig die Absenkung der Maximalpensionen bis auf 66,78 Prozent erwogen – ein Höchstsatz, der aber immer noch weit über dem Satz der gesetzlichen Rente gelegen hätte.

Ein solcher Schritt hätte die dringend erforderliche Entlastung für die Länderhaushalte gebracht. Würde man bis zum Jahr 2020 rund zehn Prozent der Pensionsausgaben einsparen, dann würden den Ländern insgesamt rund 28 Milliarden Euro zum Schuldenabbau zur Verfügung stehen. Damit wäre ein Anfang gemacht. Und dabei geht es noch nicht einmal um eine grundlegende Beamtenrechtsreform oder um revolutionäre Veränderungen in der Alterssicherung, sondern nur um die Übernahme längst geltenden Rechts in der gesetzlichen Rentenversicherung für die Beamtenversorgung. Es wäre zweifellos ein schmerzhafter Einschnitt, eine spürbare Verschlechterung für die Beamten, wenn sie nicht mehr knapp 72 Prozent ihrer letzten Bezüge als Pension bekommen, sondern nur mehr rund 66 Prozent, aber erheblich gerechter als die jetzige Situation.

Warum passiert dies nicht? Ist die »unwiderstehliche« Einflussnahme der mächtigen Beamtenlobby der Grund? Wo derart Unerklärbares erklärt werden soll, sprießen sehr schnell Verschwörungstheorien, die bei Fragen der Altersversorgung unserer Staatsdiener zumeist bei dieser »Beamtenlobby« und ihrem angeblichen Einfluss auf alle sie betreffenden Beschlüsse der Politik landen. Doch gibt es »die Beamtenlobby« überhaupt? Und welchen Einfluss hat sie heute noch auf Entscheidungen unserer Politiker? Wer genauer hinsieht, erhält dabei ein eher diffuses Bild.

Eine solche »unwiderstehliche« Einflussnahme einer »Beamtenlobby« hätte sich ja auch bei den jüngsten Beschlüssen der Politik in Sachen Altersversorgung auswirken müssen. Das gilt sowohl für den Stopp der Zahlungen für Rücklagen in die jeweiligen Landes-Pensionsfonds als auch etwa für das Vorgehen der niedersächsischen Landesregierung, die den Pensionsfonds, der sich ja auch aus zurückgehaltenen Beiträgen von Beamten speiste, kurzerhand in den allgemeinen Haushalt zur Schuldentilgung übernommen hat. Bei beiden Entscheidungen, so darf man vermuten, spielten die aktuellen Haushaltssorgen für die Politik eine sehr viel größere Rolle als etwaige Proteste oder versuchte Einflussnahme der Beamtenvertreter. Gleiches gilt auch für die (Wieder-)Einführung der 42-Stunden-Woche in einigen Ländern, für Kürzungen von Weihnachts- und Urlaubsgeld, Sonderzahlungen und Leistungszulagen. Hier hat sich die Politik ebenfalls über allen Widerstand der Beamten hinweggesetzt. Die Hoffnungen des DBB, dass der Bund nach der Föderalismusreform zügig mit einer umfassenden Dienstrechtsreform für Bundesbeamte eine so überzeugende Vorlage liefern würde, dass sich die Länder freiwillig anschließen würden, haben sich auch nicht erfüllt. Ist der Deutsche Beamtenbund also zu einem zahnlosen Tiger mutiert?

Ganz im Gegenteil. Das Beispiel des Nachhaltigkeitsfaktors zeigt einmal mehr, dass die Schlachtfelder der Zukunft für den Beamtenbund in der öffentlichen Wahrnehmung nicht so sehr im gewerkschaftlichen Tarif-Klein-Klein von Einmalzahlungen und gelegentlichen Gehaltserhöhungen liegen. Wenn es um soziale Gerechtigkeit geht und darum, dass Beamte sich an ihr beteiligen müssen, schweigt der Beamtenbund beharrlich oder verfällt in typisch gewerkschaftliche Reflexe. Dazu gehören zum einen die strikte Ablehnung der »Rente mit 67« und damit natürlich auch der »Pension mit 67« und zum anderen die Ablehnung der staatlichen Schuldenbremse. Dass alle westlichen Industriestaaten mittlerweile ihre Alterssicherungssysteme aufgrund ähnlicher demografischer Entwicklungen genau in diese Richtung weiterentwickeln und die Staatsschuldenkrise in Europa die deutsche »Schuldenbremse« geradezu vorbildlich erscheinen lässt, ficht den Beamtenbund nicht an. »Die Schuldenbremse bremst keine Schulden, sondern die Zukunft«, meinte etwa der baden-württembergische DBB-Chef Nikolaus Landgraf auf einer DGB-Veranstaltung zum Thema »Quo vadis Beamte?« im März 2011. Die Bremse habe wenig mit Generationengerechtigkeit zu tun. Unsere Kinder und Enkel würden eine dramatisch verschlechterte Infrastruktur erben. Der Staat müsse sich vielmehr durch eine sozial gerechte Steuerpolitik auch die nötigen Einnahmen sichern. Mit der Schuldenbremse dagegen beschneide die Politik sich selbst die Spielräume für die nötigen Zukunftsinvestitionen.[2]

Das mag man so sehen, auch wenn uns die Finanzmarktkrise und die drohende Staatspleite Amerikas und verschiedener anderer Staaten in Europa im Sommer 2011 gerade erst vor Augen geführt haben, dass mit Einnahmenverbesserungen alleine auf Dauer die Sünden der Vergangenheit ganz und gar nicht zu beheben sind. Eine nachhaltige Finanzpolitik darf sich nicht um eine ehrliche Lösung der Staatsschuldenproblematik herumdrücken. Genau dort – in den Sünden der Vergangenheit, begangen durch die Politik – sieht der Beamtenbund vorrangig die Probleme von heute und morgen begründet und nicht so sehr in den sich veränderten Realitäten der Welt des 21. Jahrhunderts. »Auf den Staat kommen in der nächsten Zeit wachsende Pensionsausgaben zu. Das hat vor allem mit der Einstellung von Beamten in den siebziger Jahren, der Überalterung des Öffentlichen Dienstes und der mangelnden Vorsorge durch die Politiker zu tun. Über diese Themen müssen wir diskutieren, nicht über astronomische Zahlenkolonnen und falsche Behauptungen. Es ist höchste Zeit für Sachlichkeit«, sagt deshalb der DBB-Chef im Geleitwort zur eigens von der Beamtenvertretung in Auftrag gegebenen Studie mit dem Titel ›Die 7 Irrtümer zur Beamtenversorgung. Fakten statt Vorurteile‹. Mit dieser Studie versuchte der DBB im Jahr 2010 verschiedene Gutachten und Studien externer wissenschaftlicher Institute und die mediale Berichterstattung über sie zu konterkarieren.[3] Doch selbst dort, wo man dies nicht unbedingt vermuten würde, stoßen die Argumente des DBB mittlerweile auf tiefe Skepsis. Im März 2011 veröffentlichte die nicht gerade im Verdacht übergroßer Gewerkschaftsferne stehende Wochenzeitung ›Der Freitag‹ von Jakob Augstein ein Dossier über Beamte in Deutschland mit dem Titel »Teure Diener«. Die dazugehörige Karikatur trug die Unterzeile: »Mit den deutschen Beamten lässt sich kein Staat mehr machen.«[4]

Das ist überzogen und dem erhofften Sensationswert geschuldet. Aber die verschiedenen Autoren kommen zu Erkenntnissen, die man an anderer Stelle schon sehr viel früher lesen konnte. Vor allem attackierten sie das vom DBB sorgsam gepflegte Bild von der sozialen Lage der sogenannten »kleinen Beamten«, der immer dann zur Sprache kommt, wenn es gilt, Privilegien von Beamten in der Altersversorgung zu beschneiden. Ein »Wachtmeister«, der schon heute kaum mehr in der Lage sei, besonders in teuren Städten wie beispielsweise München eine Familie zu ernähren, könne nicht noch weitere Einkommenseinbußen, auch im Alter, hinnehmen. Das kann im Einzelfall sogar stimmen, obwohl Baden-Württemberg gerade erst in seiner Dienstrechtsreform die Eingangsbesoldung für junge Polizisten – A7 – nahezu vollständig gestrichen hat. Denn das Bild des »kleinen Beamten« entspricht schon seit langem nicht mehr der beruflichen Lebenswirklichkeit im heutigen Öffentlichen Dienst. Die sieht mittlerweile nämlich gänzlich anders aus. Der sogenannte »Stellenkegel« im Öffentlichen Dienst hat seinen klar erkennbaren Schwerpunkt in den oberen Personalsegmenten. Der einfache – und schlecht bezahlte – Dienst ist im Laufe der Jahre immer unbedeutender geworden. 1960 waren mehr als sieben Prozent der Beamten dort tätig. Heute sind es nach Angaben des DBB nur noch knapp drei Prozent. In Zahlen ausgedrückt sind dies nur mehr 46 930 Beamte, darunter gut 26 000 Bcamte der Gehaltsgruppe A4 und gut 3000 Beamte der Besoldungsgruppe A3. In der untersten Besoldungsgruppe A2 gibt es in Deutschland nicht mehr als 38 Planstellen (Bruttomonatsgehalt: 1688 bis 1924 Euro). Die Menschen, die sie innehaben, würden sich sicherlich freu-

en, wenn ihre Bezüge einmal stärker stiegen als die des gehobenen Dienstes. Jeder vierte Beamte gehört dem mittleren Dienst
(Besoldungsgruppen A5 bis A8) an. Das sind 464 000 Beschäftigte. Darunter fallen Abteilungspfleger, Hauptfeldwebel,
Krankenschwestern, Lokomotivführer und Postboten. Im oftmals zitierten Polizeidienst gibt es nur mehr knapp 8000 Planstellen bundesweit, die unter die unterste Besoldungsgruppe
A5 fallen (Bruttomonatsgehalt: 1808 bis 2363 Euro). Fast jeder
zweite Beamte ist im gehobenen Dienst tätig (862 000 Beamte,
Besoldungsgruppen A9 bis A12, Bruttomonatslohn 2232 bis
4007 Euro), darunter besonders viele Lehrer und Polizeibeamte. Jeder fünfte Beamte (393 800) gehört dem höheren Dienst
(Besoldungsgruppen A13 bis B11 und Richterbesoldung, Bruttomonatsgehalt: 3457 bis 11 484 Euro) an, darunter ebenfalls
besonders viele Lehrer an weiterführenden Schulen, Pfarrer,
Richter und Professoren. Die Welt des »einfachen Beamten« –
beispielsweise des »Justizwachtmeisters« – ist mehr oder weniger verschwunden, wenn man die nackten Zahlen betrachtet.
Es gibt sie nur noch als Titel einer Facebook-Seite der »Deutschen Justiz-Gewerkschaft im DBB«.

Auch die Tatsache, dass in der gesetzlichen Rentenversicherung ein wissenschaftliches Hochschulstudium mittlerweile
keinerlei Berücksichtigung mehr bei den Rentenanwartschaften spielt, in der Beamtenversorgung jedoch weiterhin mit 855
Tagen anerkannt wird, ist eines der vielen kleinen Geheimnis-
se. Begründet wird diese Ungleichbehandlung damit, dass
sonst die Pensionskürzungen zu hoch ausfielen. Während ein
Rentner höchstens rund 59 Euro Rente einbüße, könnte ein
Beamter bei vollem Verlust der drei Hochschuljahre bis zu 452
Euro verlieren. Diese Rechnung ist makaber und eine Ohrfeige
für alle zukünftigen Rentner, die studiert haben.

Wenn die offensichtliche Auseinanderentwicklung von Beamtenpensionen und Renten in die Debatte über die Sicherung unserer Altersversorgung miteinbezogen wird, wird dies
eine Gewerkschaft wie ver.di vor eine gewaltige Zerreißprobe
stellen. Doch es ist nur eine Frage der Zeit. Noch kann sich der

Beamtenbund neben den Deutschen Gewerkschaftsbund DGB stellen, die »Rente mit 67« in Bausch und Bogen verurteilen und für grundfalsch erklären. Aber es wird zunehmend schwieriger werden zu erklären, warum die einen um die Höhe ihrer künftigen Rente zittern müssen, während die anderen weiterhin zäh um ihre Besitzstände kämpfen. Mag die völlige Angleichung von Renten und Pensionen dabei am Ende auch an der verfassungsrechtlichen Besonderheit der Beamtenversorgung scheitern, so wird die Wahrung des vergleichsweise hohen Versorgungsniveaus für die derzeitigen Ruhestandsbeamten aber mit Sicherheit nicht durchzuhalten sein: Hartz IV für Rentner und Mindestpension für Beamte – eine Mindestrente gibt es bezeichnenderweise ja nicht – passen auf Dauer eben nicht zusammen. Die Rentendebatte werden deshalb auch die Beamten nicht ungeschoren überstehen.[5]

Diese Fakten treffen den Deutschen Beamtenbund an einer empfindlichen Stelle. Denn der DBB ist keine Mitgliederorganisation, sondern die Dachvereinigung von vierzig Fachgewerkschaften aus dem Öffentlichen Dienst und privatisierten Unternehmen, die zuvor in öffentlicher Hand waren. Die »Tarifunion« spielt im DBB eine Sonderrolle als Ableger des Beamtenbundes für Beschäftigte des Öffentlichen Dienstes ohne Beamtenstatus. Sie organisiert Angestellte und Arbeiter der staatlichen Verwaltungen oder auch privatisierter Bereiche und fasst damit die tariflichen Interessen von Mitgliedern der unterschiedlichsten, zum Teil recht kleinen und spezialisierten Berufsverbände zusammen. Darunter findet sich der »Bundesverband Bayerischer Hygieneinspektoren« (BBH) genauso wie »Die Kommunalgewerkschaft« (Komba), mit denen ver.di in der Vergangenheit auf betrieblicher und regionaler Ebene oft und heftig im Clinch lag. Die Erfahrung zahlreicher bei ver.di engagierter Betriebs- und Personalräte mit solchen konkurrierenden Organisationen sind häufig negativ: Zu große Nähe zu den Arbeitgebern ist noch der mildeste Vorwurf. Dem DBB und ver.di zur Seite stehen die GEW, die Gewerkschaft Erziehung und Wissenschaft und die Polizeigewerkschaft.

Jahrzehntelang gab es Konkurrenz, ja sogar erbitterte Feindschaft, aber heute bieten ver.di-Chef Frank Bsirske und DBB-Chef Peter Heesen nach außen gerne ein Bild der Harmonie. Das muss keineswegs von Dauer sein, denn es ist ein ungleiches Paar, das da seit einigen Jahren den Zusammenschluss übt. Hier der joviale DBB-Chef Peter Heesen, 1947 im mehrheitlich katholischen Krefeld geboren, mehrere Jahre lang Chef des eher konservativen Deutschen Philologenverbandes, der über Jahre hinweg bis zur Ernennung von Christian Wulff von der CDU in die Bundesversammlung für die Wahl des Bundespräsidenten nominiert wurde. Sein Beamtenbund ist nicht nur personell mit seinen zahlreichen Unterorganisationen und Fachverbänden mächtig, sondern auch finanziell äußerst potent. Wo andere Gewerkschaften eine Streikkasse für die Tarifauseinandersetzungen vorrätig halten müssen, leistet sich der DBB für seine Beamten, die nicht streiken dürfen, als Organisation eine mehr als repräsentative Vertretung in bester Berliner Lage und richtet seit fünfzig Jahren teure Tagungen aus – lange Zeit traditionell und vielleicht nicht ganz ohne Grund im beliebten Rentner- und Pensionärskurort Bad Kissingen. Seit einiger Zeit am Rhein – in Köln, unweit des Doms.

Auf der anderen Seite steht für ver.di der quirlige Frank Bsirske, 1952 in Helmstedt geboren, Mitglied bei den Grünen, Politikwissenschaftler und langjähriger ÖTV-Funktionär und Vorsitzender, der zum ersten Vorsitzenden von ver.di aufstieg. Der Grund für den Schulterschluss zwischen ver.di und DBB im Jahr 2007 ist wohl eine einfache Rechnung: ver.di organisiert eine Minderheit bei den Beamten und eine große Mehrheit bei den Angestellten und Arbeitern, der eher konservative DBB zusammen mit der »Tarifunion« schart umgekehrt eine Mehrheit der Beamten und eine Minderheit der Angestellten im Öffentlichen Dienst hinter sich. Gemeinsam sind sie stark. Doch diese Rechnung muss nicht immer und ewig gelten. Vor allem dann nicht, wenn allzu offensichtlich wird, dass sich die Interessen innerhalb des Arbeitnehmerlagers zu weit auseinanderentwickeln. Derzeit gilt, dass die Aktionen in den Städten, die Streiks in Betrieben, Kindergärten und in Krankenhäusern vom professionelleren ver.di-Apparat organisiert werden und der DBB sich zurückhält. Eine Entwicklung wie bei der vormals ebenfalls außerhalb des DGB arbeitenden Deutschen Angestellten Gewerkschaft DAG, also ein über Jahre vorbereitetes Hinführen auf den Zusammenschluss zur Vereinten Dienstleistungsgewerkschaft ver.di, ist eher unwahrscheinlich.[6]

Es gibt auch interne Probleme im Lager der Gewerkschaften. Nachdem sich im Jahr 2005 der »Marburger Bund« als Verband der angestellten und beamteten Ärzte nicht mehr von ver.di vertreten fühlte und sich abspaltete, vollzog die Eisenbahnergewerkschaft GDBA einen ähnlichen Schritt, als sie mit der DGB-Gewerkschaft Transnet zur »Eisenbahn- und Verkehrsgewerkschaft« (EVG) fusionierte und nun als schlagkräftige Spartengewerkschaft außerhalb des DBB operiert. Damit war im Jahr 2010 erstmals seit langem die Zahl der Mitglieder im Beamtenbund gesunken. Heute bringt es die Beamtenorganisation auf nur mehr 1,26 Millionen Mitglieder, das sind rund 200 000 weniger als noch im Jahr 2009. Im Angestelltenbereich sank die Mitgliederzahl um 1,7 Prozent auf 355 000 Mitglieder.

Und die nächste Spartengewerkschaft wirbt gerade unter Beamten verstärkt um Sympathien: Die DFEUG, die Gewerkschaft der Betriebsfeuerwehren von großen Chemieunternehmen und vor allem von Flughäfen. Wenn sie streiken, geht auf deutschen Flughäfen zum Beispiel nichts mehr, ähnlich wie bei den Lokomotivführern oder Piloten und (einstmals verbeamteten) Fluglotsen. Bisher ist die neu gegründete Feuerwehrgewerkschaft zwar noch meilenweit von der Schlagkraft einer Lokführer- oder Pilotengewerkschaft entfernt. Die DFEUG hat bisher nur knapp 800 Mitglieder, im Feuerwehr-Fachverband bei ver.di sind hingegen rund 7000 Feuerwehrleute organisiert, weitere 3000 bei der Beamtengewerkschaft Komba. Aber DFEUG-Chef Schäfer hat sich zum Ziel gesetzt, in spätestens einem Jahr mit der Komba gleichauf zu liegen. Ein Problem bleibt auch dann für die junge Gewerkschaft bestehen: Der Großteil der rund 100 000 Feuerwehrleute in Deutschland sind Beamte der Berufsfeuerwehren. Sie dürfen also gar nicht streiken. Doch DFEUG-Chef Schäfer erwartet, dass die Beamten den Betriebsfeuerwehren die Streikkassen füllen werden. Das aber wird nur auf Kosten des DBB gehen können.[7] Eine interessante Nebenfolge seit der Föderalismusreform I ist auch die fortschreitende Emanzipation der Landesverbände innerhalb des Deutschen Beamtenbunds gegenüber dem DBB. Die Reföderalisierung des Dienstrechts in Deutschland geht auf diese Weise mit einer Marginalisierung des Dachverbandes einher. Die verbandsbezogene Interessenvertretung der Beamten fraktioniert sich zunehmend nach Länderinteressen. Aber noch hält das solidarische Band zwischen DBB und DGB. Und so gilt auch weiterhin, was in einem »ver.di-Positionspapier« vom 17. Oktober 2007 zum »Gesetz zur Neuordnung und Modernisierung des Bundesdienstrechts – Dienstrechtsneuordnungsgesetz DNeuG« steht. Dort wird ausdrücklich begrüßt, dass der Nachhaltigkeitsfaktor in der Altersversorgung nicht auf die Beamten übertragen werde.[8] Wie dies ver.di angesichts drohender Altersarmut auf Dauer seinen Mitgliedern außerhalb des Öffentlichen Dienstes noch verständlich machen will, bleibt ein Geheimnis, zumal der gemeinsame Protest des Bundes der Steuerzahler, der Rechnungshöfe und der kommunalen Spitzenverbände, der nicht länger vor den »hergebrachten Grundsätzen« des Berufsbeamtentums kapitulieren will, es mittlerweile bis zur Bundestagsdrucksache von Rot-Grün geschafft hat.

»Seit Beginn der neunziger Jahre seien alle Reformen der gesetzlichen Rente ›wirkungsgleich‹ auf die Altersbezüge des Öffentlichen Dienstes übertragen worden«, erklärte der Sprecher des Bundesinnenministeriums. Dies gelte auch für die »Rente mit 67«.[9] Wir haben gesehen, dass dies derzeit keineswegs pauschal zutrifft. Und man darf auch vermuten, dass diese Position nicht so sehr einer großen inhaltlichen Nähe zu den Positionen des Beamtenbunds geschuldet ist, sondern vielmehr dem Versuch, eine Wählerklientel nicht unnötig gegen sich aufzubringen. Die Aussichten auf zukünftige politische

Unterstützung sehen deshalb auch nicht gerade rosig aus, vor allem auch, weil die schwarz-gelbe Bundesregierung unter Bundeskanzlerin Angela Merkel (CDU) bis jetzt alle Rufe aus ihrer eigenen Partei nach Einsparungen auch bei Beamtenpensionen abgeblockt hat. Im Gegenteil: Im Dezember 2011 hat die schwarz-gelbe Regierungskoalition die Erhöhung der Pensionen für politische Spitzenbeamte um mehr als 600 Euro beschlossen. Die Erhöhung betrifft unter anderem Staatssekretäre und Ministerialdirektoren. Damit profitieren vor allem Mitarbeiter, die bei einem möglichen Regierungswechsel ausgetauscht werden würden. Wenn sie in den einstweiligen Ruhestand versetzt werden, sollen ihre Pensionen um bis zu 635 Euro steigen.

Wenn die Politik wie in Niedersachsen einen Vorsorgefonds für Beamtenpensionen verfrühstückt oder wie in Bayern eine Landesregierung kurzerhand die Zahlungen für die Rücklagen von Beamten einstellt, hält sich der Protest der Beamtenorganisationen in Grenzen. Die Pensionen müssen sowieso aus dem Steueraufkommen späterer Generationen bezahlt werden, und dem DBB geht es um viel mehr. DBB-Chef Peter Heesen weicht deshalb gerne auf staats- und wirtschaftspolitische Felder aus, die nicht direkt etwas mit der Alterssicherung von Beamten zu tun haben. Auf der Jahrestagung im Januar 2011 in Köln, die immerhin unter dem Thema »Die Zukunft der Staatsfinanzen« stand, spielte die Alterssicherung als solche deshalb auch so gut wie keine Rolle. Damit der Staat auch weiterhin die Pensionen seiner Beamten bezahlen kann, versuchte der DBB-Chef in seiner gut einstündigen Rede Vorschläge zur Reduzierung der Staatsschulden zu machen. Dazu sollten, so Peter Heesen, die Staatsschulden in einen Altschuldenfonds ausgegliedert werden. Für Zinsen und Tilgung könnten das Goldvermögen oder die Gewinne der Bundesbank genutzt werden.

»Die Frage ist, wo können wir stille Reserven heben, die wir beim Staat haben, um die Altschulden zu tilgen«, rief er den Delegierten im Konrad-Adenauer-Saal der Kölner Messe zu. Denkbar sei, den Solidaritätszuschlag als Zahlung in den Altschuldenfonds umzuwidmen oder eine Vermögensabgabe auf Privat- und Betriebsvermögen einzuführen. Außerdem forderte Heesen eine Finanztransaktionssteuer, »nicht zuletzt deshalb, um auch der Branche, die viel Schaden angerichtet hat, die Möglichkeit zu geben, sich an der Schadensbegleichung zu beteiligen«.[10] Über all das kann man trefflich streiten. An das Gold der Bundesbank wollten schon viele Politiker und auch Gewerkschaftler heran. Zum Glück ist es ihnen bis heute nicht gelungen. Auch eine Finanztransaktionssteuer mag in diesen Zeiten mehr als sinnvoll sein. Im nationalen Alleingang wird es sie allerdings nie und nimmer geben. Und international und in der Eurozone sind die Widerstände immer noch groß. Das alles wissen Peter Heesen und die Mitglieder im Beamtenbund natürlich nur zu gut. Und deshalb stand auch die Jahrestagung des DBB im Januar 2012 nicht etwa im Zeichen von Sparmaßnahmen, wie wir sie gerne von anderen Ländern verlangen. Im Gegenteil: Im DBB warnt man, genauso wie bei ver.di, die in die Tarifverhandlungen 2012 mit einer Forderung von 6,5 Prozent gegangen sind, vehement davor und schreckt auch vor Horrorszenarien und kräftigen Tönen nicht zurück: »Wir sind dabei, uns bis zur Handlungsunfähigkeit durchzusparen, nur weil wir meinen, wir brauchen einen schlanken Staat. Auch Menschen, die an Bulimie leiden, sind schlank. Aber die sind schlank und krank. Wollen wir wirklich eine Staatsbulimie?«, fragt etwa DBB-Chef Peter Heesen und ergänzt: »Wir werden die Probleme des demografischen Wandels nicht lösen mit dem Programm des billigen Jakob. Das wäre Kirmesniveau: unterhaltsam, aber wertlos.« Zur Finanzierung müssten deshalb »die mit den starken Schultern in besonderer Weise beitragen«. Im Klartext: mehr Steuern, um auch künftig den Öffentlichen Dienst wie bisher zu bezahlen.

Das alles soll aber nur von den wirklich wichtigen zukunftsweisenden Fragen ablenken. Und die lauten: Wie viele Beamte braucht ein Staat mit sinkender Bevölkerung in der Zukunft überhaupt noch? Wo sollen sie eingesetzt werden und wie teuer dürfen sie uns kommen? Es soll davon abgelenkt werden, dass, wie Bernd Raffelhüschen errechnet hat, Beamte in den vergangenen Jahren allenfalls ein Viertel jener Reformlasten tragen mussten, die den Rentnern aufgebürdet wurden. Mit verteilungspolitischer Gerechtigkeit hat dies alles wenig zu tun. Über eine gerechte Lastenverteilung in unserer Gesellschaft auch unter Einbeziehung der Beamten wird mittlerweile dort am heftigsten debattiert, wo man dies vielleicht am wenigsten vermuten würde. Im attac-Forum des Internets lautet die entsprechende Überschrift zum Thema »Unsere Beamten sind einfach unbezahlbar«. ver.di ist übrigens Mitglied in dem globalisierungskritischen Netzwerk. Eine solche Diskussion will der Beamtenbund jedoch um jeden Preis vermeiden. Seinen wichtigsten Verbündeten allerdings hat er dabei in der Politik. Noch.

Die Altersversorgung der Politiker

Bundestagsabgeordnete, Minister und Kanzlerin werden in Anlehnung an die Besoldung von Beamten bezahlt. Das gilt auch für ihre Bezüge im Ruhestand. Politiker zahlen nicht in die Rentenkasse und nicht in die Arbeitslosen- und Krankenversicherung ein. So gut, so schlecht. Die Bücher und Zeitungsartikel sind Legion, die zum Thema üppige Altersversorgung der Politiker geschrieben worden sind. Und wie viele Talksendungen im Fernsehen dazu ausgestrahlt worden sind, weiß niemand genau. Und in der Tat: Politiker sind mit ihren hohen, allerdings im europäischen Vergleich noch nicht einmal sonderlich üppigen Abgeordnetenbezügen und ihren mehr als auskömmlichen Altersbezügen auch ein typisches Abbild für die Fehlsteuerungen bei den Beamtenbezügen.

Daran hat sich in den letzten Jahren kaum etwas geändert. Einer, der schon sehr früh gewarnt hat, dass es so wie bisher einfach nicht mehr weitergehen darf, war übrigens Thilo Sarrazin (SPD). Er wollte am liebsten die Beamtenpensionen ganz abschaffen und durch ein anderes System der Altersvorsorge ersetzen. Die Versorgungslasten des Öffentlichen Dienstes müssten deutlich sinken, sagte er in einer Talk-Sendung der Moderatorin Sabine Christiansen 2004. Damals war er Finanzsenator in Berlin.

»Das wird eine harte Diskussion, aber da muss man ran«, meinte Sarrazin und stieß natürlich auf erbitterte Widerworte von Gewerkschaftern und Vertretern des Beamtenbundes. Mit siebzig Prozent vom letzten Gehalt (brutto) seien die Pensionen schlichtweg zu hoch. »Das ist auf die Dauer zu viel.« Sarrazin weiter: »Das bedeutet für mich, dass man das System der gegenwärtigen Beamtenpension alsbald auslaufen lässt und jetzt schließt.« Der gerne als Provokateur auftretende Sarrazin trat gleichzeitig dafür ein, die Zusatzversorgung des Bundes und der Länder für Verwaltungsangestellte (VBL) zu kürzen und letztlich ganz zu streichen. Langfristig müsse man dafür sorgen, »dass ein Beamter oder Angestellter genauso behandelt wird wie ein vergleichbarer Rentner«.[1]

Er selbst ist mit seinem vorzeitigen Ausscheiden aus der Bundesbank ein Paradebeispiel für beamtete Pensionäre, und es gibt heute nicht viele Politiker, die sich danach drängen, mit ihm in einem Atemzug genannt zu werden. Aber mit seiner Forderung steht er nicht mehr alleine da. Im Gegenteil: Immer mehr Politiker bekannten sich in den letzten Jahren zur Notwendigkeit von Reformen bei der Altersversorgung von Beamten. Auch der Staatsrechtler und ehemalige Verteidigungsminister Rupert Scholz (CDU) sprach sich schon für die Abschaffung der Pensionen aus: »Die gerechteste und sauberste Regelung wäre, die Pensionen abzuschaffen. Dann müsste der Staat allerdings die Bezüge der Beamten deutlich erhöhen, damit diese für ihre Altersversorgung selbst aufkommen können.«[2] Scholz ergänzte laut ›Der Spiegel‹, dies könne ohne Verfassungsänderung über die Besoldungsgesetze geregelt werden.[3] Der als »Rentnerschreck« bekannte junge CDU-Abgeordnete Jens Spahn wies in der Vergangenheit immer wieder auf die hohen Kosten der alternden Gesellschaft auch für den Staat hin. Spahn erklärt: »Die zunehmende Last der Pensionen wird vom Steuerzahler kaum zu tragen sein.« Unions-Fraktionsvize Michael Fuchs (CDU) forderte ebenfalls eine Gleichbehandlung von Renten und Pensionen. »Wenn das Renteneintrittsalter auf 67 erhöht wurde, muss das auch für Pensionäre gelten«, sagte er. »Wenn die Renten nicht steigen, können auch die Pensionen nicht steigen. Zudem muss der Staat für die Pensionsverpflichtungen jedes Jahr Rückstellungen bilden. Das tut jedes Unternehmen für Betriebsrenten und hat der Staat bislang versäumt.« Sein Parteikollege, der CDU-Finanzexperte Ralph Brinkhaus ging sogar noch weiter. »Als Sofortmaßnahme für alle Neueinstellungen im Öffentlichen Dienst sollte eine Angleichung der Gehaltsstrukturen an die freie Wirtschaft erfolgen, dafür die Aufhebung der Privilegien bei Altersversorgung und Krankenversicherung«, sagte Brinkhaus. »Darüber sollten wir auch für Abgeordnete nachdenken.«[4] Sein Parteifreund, der stellvertretende Vorsitzende der CDU/CSU-Bundestagsfraktion, Wolfgang Bosbach, unterstützte ihn dabei, wenn er forderte: »Alle Elemente der Rentenreform müssen wirkungsgleich auf die Beamten übertragen werden.«

Bei der Opposition sieht es nicht viel anders aus. So meinte etwa der SPD-Haushaltsexperte Carsten Schneider gegenüber der ›Bild‹-Zeitung: »Angesichts der ausufernden Verschuldung und der Konsolidierungserfordernisse müssen die Ausgaben für die Pensionäre begrenzt werden. Die zusätzlichen Ausgaben dafür wären sonst im Haushalt einzusparen und würden den Sparzwang damit weiter verschärfen.«[5] Alexander Bonde, haushaltspolitischer Sprecher der Grünen, wird an gleicher Stelle folgendermaßen zitiert: »Es zeigt sich einmal mehr, wie sehr die Versorgungssysteme auseinanderlaufen. Beamte müssen endlich auch ins gesetzliche Rentenversicherungssystem eingegliedert werden, damit diese Ungerechtigkeit ein Ende hat.«[6] Auch SPD-Sozialexperte Karl Lauterbach hat in der Vergangenheit mehrfach angesichts der Kluft zwischen Renten und Pensionen Kürzungen bei den Beamten gefordert. »Beamte genießen viele Privilegien – sicherer Arbeitsplatz, bevorzugte Behandlung als Privatpatient beim Arzt, hohe Pension im Alter. All das muss vom Steuerzahler finanziert werden«, sagte er etwa dem Kölner ›Express‹. Es sei daher für normale Arbeitnehmer nicht einzusehen, »dass sie länger arbeiten sollen und ihre Renten kaum steigen, während vergleichbare Abstriche bei den Beamtenpensionen ausbleiben«.[7] Ohne weitere Einschnitte würden einige Länder schon in zwanzig Jahren mehr für Pensionen ausgeben müssen als für ihre aktiven Beamten, so Lauterbach.[8] SPD-Innenexperte Dieter Wiefelspütz ergänzte, beim jetzigen System stelle sich die Frage der Gerechtigkeit. Deshalb müssten mittelfristig die beiden Systeme der Altersversorgung für Beamte und Angestellte angeglichen werden. »Es kann nicht sein, dass die Arbeit eines Angestellten weniger wert ist als die Arbeit eines Beamten. Sowohl Angestellte als

auch Beamte müssen ins Rentensystem einzahlen«, wird Wiefelspütz zitiert.[9]

Wo so viel Reformnotwendigkeit gesehen wird, sollte es eigentlich an der politischen Umsetzung nicht scheitern. Doch
die Realität sieht auch im Jahr 2012 immer noch gänzlich anders aus. Selbst heute, wo die Finanz- und Staatsschuldenkrise
in Europa jederzeit tiefe Haushaltslöcher auch in die deutsche
Staatskasse reißen kann, scheint dies (vor allem Landes-)Poli-
tiker relativ kaltzulassen, wenn es zum Beispiel um ihre eigenen Ruhestandsgehälter und Diäten geht. »Obwohl Mitglieder
der Landtage«, so schreibt der emeritierte Verwaltungsexperte
Hans Herbert von Arnim, »bei gehöriger Organisation nur teil-
zeitbeschäftigt sind (und das Land Hamburg dies erklärterma-
ßen auch praktiziert, obwohl dort noch Kommunalaufgaben
hinzukommen), erhalten Landtagsabgeordnete in Flächenstaaten eine sogenannte Vollalimentation samt Überversorgung auf Kosten des Steuerzahlers. Diese Diskrepanz von Aufgaben und finanziellem Status haben selbst Insider einge-
räumt, wie die Landtagsdirektoren Joachim Linck und Albert
Jansen und Landtagspräsidenten wie Gottfried Müller. Doch
statt dies zu ändern, schließt die Landespolitik die Augen. Besonders deftig sind Ministerpräsidenten und Landesminister
versorgt, sehr viel üppiger als Regierungsmitglieder im Bund,
obwohl sie weniger Verantwortung tragen und geringer zeitlich
belastet sind. Würden Bundesminister besserstehen als Landesminister, könnte man dafür Verständnis haben, umgekehrt
wird aber kein Schuh draus.«[10]

Im Februar 2011 kam es beim Thema »Rente mit 67« für
Landtagsabgeordnete zum Eklat im niedersächsischen Lan-
desparlament, als der innenpolitische Sprecher der Grünen,
Ralf Briese, es gewagt hatte, einige Privilegien der Abgeordneten infrage zu stellen.[11] Er monierte, dass, wenn Arbeitnehmer
und Beamte erst mit 67 Jahren Rente und Pension bekämen,
Parlamentarier nicht vorher kassieren dürften. »Auch für uns
muss gelten, was zukünftig im Beamtenrecht gilt: Wer früher
gehen will, muss entsprechende Abschläge hinnehmen.« Per

Gesetzentwurf fordern die Grünen in Niedersachsen noch mehr: Etwa eine kürzere Bezugsdauer für das Übergangsgeld. Nach ihrem Ausscheiden aus dem Landtag bekommen die Abgeordneten in Niedersachsen ein Jahr lang weiter ihre vollen Diäten. Das müsse an das allgemeine Arbeitslosengeld angepasst werden, meinte Briese. Zumal gerade Politiker, die früher im Öffentlichen Dienst waren, sofort wieder an ihren alten Arbeitsplatz zurückkehren könnten. Außerdem wollen die Grünen das aufwendige Zuschlagswesen abschaffen. Für Landtagsdebatten und für Fraktions- oder Ausschusssitzungen erhalten die Abgeordneten in Hannover zusätzlich zu Diäten und Aufwandsentschädigung je 15 Euro Tagegeld. Liegt eine Übernachtung dazwischen, sind es sogar 23 Euro pro Tag. »Sitzungen sind doch klassische Kernarbeit eines Abgeordneten«, meinte Briese. »Sie werden auch einer Friseurin, einem Maurer oder einem Ingenieur keinen besonderen Zuschlag geben, nur weil er an seinem Arbeitsplatz auftaucht.«

Da platzte den anderen Abgeordneten aber der Kragen, allen voran SPD-Parlamentsgeschäftsführerin Johanne Modder. »Reiner Populismus«, brüllte sie unter dem lauten Applaus auch von CDU und FDP. »Wir wehren uns gegen den Vorwurf der Selbstbedienung.« Die Hauptarbeit finde in den Wahlkreisen statt, deshalb seien Tagegelder für Sitzungen in Hannover gerechtfertigt. Das Übergangsgeld solle die Unabhängigkeit der Abgeordneten sichern und das Parlament für alle Berufsgruppen attraktiv machen. Immerhin: Über eine höhere Altersgrenze für Abgeordnete werde man reden, betonten Modder und ihr CDU-Kollege Jens Nacke. Dagegen allerdings gab es Widerspruch von Linken-Fraktionschef Hans-Henning Adler: »Die Rente mit 67 ist soziales Unrecht.« Da es keine Gleichbehandlung im Unrecht gebe, könne man sie – leider, leider – eben auch nicht für Abgeordnete fordern.

Wo eine derart große Koalition gemeinsam Politik auf Kosten der Steuerzahler macht, erscheint jeder weitere Widerspruch sinnlos. Und richtig: Im Herbst 2011 legte die schwarzgelbe Koalitionsregierung unter Ministerpräsident David

McAllister (CDU) dem Landtag neue Pläne für die Beamten- und Ministerversorgung im Parlament vor, die es in sich haben. Für die ›Hannoversche Allgemeine Zeitung‹ beschreibt Klaus Wallbaum sehr schön die weiteren Hintergründe zu der geplanten Versorgungsnovelle.[12] Neben der Beamten- wird dabei auch die Ministerversorgung neu geregelt. Danach sollen auch frühere Minister eine Chance bekommen, ihre eigene Versorgung aufzubessern, darunter einige Politiker, die bis 2003 regiert haben und der SPD angehören. Bislang sind Minister benachteiligt, wenn sie vor ihrer Amtszeit im Öffentlichen Dienst tätig waren. Ihre dort erworbenen Versorgungsansprüche werden nach geltendem Recht mit den Anwartschaften als Minister verrechnet. Mancher Staatssekretär, der seinen Karriereweg von Anfang bis Ende im Öffentlichen Dienst beschritten hat, ist daher besser versorgt als sein Dienstherr, der Minister. Mit der Reform soll sich dies in Zukunft ändern, denn alle im Öffentlichen Dienst erworbenen Pensionsansprüche sollen erhalten bleiben und zusätzlich zum Ruhegehalt als Minister gezahlt werden.

Davon, so Wallbaum, wären zunächst zwei Minister Nutznießer, die vor ihrer politischen Karriere im Öffentlichen Dienst waren – Hans-Heinrich Sander (Umwelt) und Hartmut Möllring (Finanzen). Die anderen derzeitigen Minister würden sich mit der geplanten Neuregelung zwar verschlechtern. Doch sie sollen die Chance erhalten, auch das alte Gesetz für sich zu beanspruchen. Allerdings sollen noch weitere Politiker in den Genuss der Neuregelung kommen können, obwohl ihre Ministerzeit längst abgelaufen ist. Das gelte etwa für die Christdemokraten Elisabeth Heister-Neumann (Kultus) und Mechthild Ross-Luttmann (Soziales), die vor ihrer Ministerzeit Beamte in der Kommunalverwaltung waren. Betroffen seien aber auch eine Reihe von Sozialdemokraten, die bis 2003 Minister waren. Von Vorteil wäre das geplante neue Recht möglicherweise für jene, die zunächst als Beamte oder Richter gearbeitet hatten und dann Minister geworden sind. Ob, und wenn ja, wie viel sie von der Neuregelung mehr an Pension erhalten würden, ist in jedem Einzelfall unterschiedlich.

Interessant werden könnte die Reform etwa für den jetzigen Parlamentarischen Geschäftsführer der SPD-Bundestagsfraktion Thomas Oppermann aus Göttingen. Bevor er 1998 Wissenschaftsminister wurde, war er vier Jahre lang Richter und Rechtsdezernent. Auch Susanne Knorre, ehemalige Wirtschaftsministerin im Kabinett von Sigmar Gabriel, war früher im Öffentlichen Dienst in Rheinland-Pfalz tätig. »Die Länder«, urteilt Hans Herbert von Arnim, »hätten deshalb schon längst zumindest entsprechende Einschränkungen vornehmen müssen. Ein Grund für das Zurückfallen der Länder und das Fortbestehen überzogener Regelungen dürfte die schwächere öffentliche Kontrolle sein. Die Bundespolitik, die im Rampenlicht steht, überstrahlt alles und steht im Mittelpunkt der medialen Aufmerksamkeit, so dass es schwer ist, überzogene Regelungen aufrechtzuerhalten. Die Länder liegen dagegen meist im publizistischen Schatten.«[13]

Die Bundesregierung hat für sich selbst am 23. Oktober 2008 im Kabinett bereits Einschränkungen bei ihren eigenen Pensionsansprüchen durchgesetzt und damit begründet, dass die »angesichts der demografischen Entwicklung schwierige Situation aller Alterssicherungssysteme den systemgerechten Beitrag aller Gruppen zur Sicherung der Systeme ... auch ... der politischen Leitungsebene erfordert«, also der Kanzlerin und der Bundesminister sowie der Parlamentarischen Staatssekretäre. Seitdem gilt auch für Angela Merkel, dass für sie erst ab dem 65. Lebensjahr der normale Bezugsbeginn von Ruhestandsgehältern beginnen wird, und mancher Bundesminister, wie zum Beispiel der frühere Bundeswirtschaftsminister Michael Glos, der drei Jahre und drei Monate Bundesminister war, erhält heute keine Bundesministerpension – im Gegensatz zu vielen Landesministern.[14]

Doch es ist bestimmt auch kein Zufall, dass der Bundestag im Jahr 2011 die Abstimmung über eine Anhebung der Diäten auf einen späten Donnerstagnachmittag im Juli legte, nach Redaktionsschluss für viele Medien. In vielen Bundesländern waren die Menschen zu diesem Zeitpunkt bereits im Sommerurlaub – und das Parlament selbst ging ebenfalls wenig später in die Ferien. Nach zwei Nullrunden wegen der Wirtschaftskrise konnten die Parlamentarier die Erhöhung ihrer Bezüge nun im Schnellverfahren absegnen. Erboste Wähler-Reaktionen, Schlagzeilen oder Proteste konnten so vermieden werden. Die Bezüge der 620 Volksvertreter stiegen zum Jahreswechsel 2012 um acht Prozent von 7668 Euro auf 7960 Euro und werden 2013 noch einmal auf 8252 Euro steigen. Die jährlichen Mehrkosten belaufen sich auf rund 2,9 Millionen Euro. Ein Medienecho oder eine größere öffentliche Diskussion darüber gab es nicht.

Nach Ansicht der Koalitionsspitzen war offensichtlich die Mitte der Legislaturperiode am besten dafür geeignet, um Nägel mit Köpfen zu machen. Der Sicherheitsabstand zur nächsten Bundestagswahl im Jahr 2013 war groß genug. Thomas Oppermann, der uns schon bei der neuen niedersächsischen Regelung für Minister und Abgeordnete begegnet ist, erklärte für seine Partei die Diätenanhebung so: »Die Abgeordneten müssen, so hat es das Bundesverfassungsgericht im Diätenurteil 1975 festgelegt, die Entscheidung selber treffen; sie können sie nicht delegieren. Das muss ein offener, transparenter Prozess sein. Das ist in Ordnung. Aber wir hatten nicht immer den Mut und vielleicht auch nicht immer das Geschick, Diätenerhöhungen oder -anpassungen durchzusetzen. In den letzten zehn Jahren hatten wir fünf Nullrunden. Am Ende des Jahres werden wir schon rund acht Prozent hinter der Besoldungsgruppe R 6 liegen. Deshalb ist die jetzt vorgesehene Anpassung notwendig. Wenn ich sehe, wie unaufgeregt unsere Vorschläge bisher kommentiert worden sind und dass es in ansonsten in dieser Frage außerordentlich kritischen Medien sogar zustimmende Kommentare gab, dann zeigt das für mich, dass dieser Vorschlag für die Anpassung akzeptiert wird. Wir sollten ihn ebenfalls akzeptieren und das Ganze dann nächste Woche in der zweiten und dritten Lesung beschließen.«[15] Sein Kollege Peter Altmeier, Parlamentarischer Geschäftsführer der Unionsfraktion, ergänzte, er halte die Erhöhung der Diäten ebenfalls für vernünftig, maßvoll und vertretbar. Das gelte insbesondere vor dem Hintergrund, dass sich die Steigerung auch an jüngsten Tarifabschlüssen in der Industrie und im verarbeitenden Gewerbe orientiere.

Das gekonnte Timing im Sommer 2011 hat funktioniert. Die Öffentlichkeit scheint beim Thema Diätenerhöhung inzwischen abgestumpft zu sein. Von einer »Wut-Welle«, wie die ›Bild‹-Zeitung sie herbeizuschreiben versuchte, konnte keine Rede sein. Auch der Einspruch vom Chef des Bundes der Steuerzahler, Karl Heinz Däke, stieß auf wenig Resonanz. »Man kann nicht beim Thema Steuersenkungen auf knappe Kassen verweisen und dann sich selbst die Diäten erhöhen«, sagte er und befand sich dabei wahrscheinlich in einer eher ungewollten Allianz mit der Links-Partei. »Zweimal hintereinander fast vier Prozent Zuschlag, das ist überzogen und nicht vermittelbar«, meinte Parteichef Klaus Ernst. Er forderte stattdessen eine Koppelung der Diäten an die Rentenentwicklung. Und auch der Verfassungsrechtler Hans Herbert von Arnim kritisierte die Erhöhung.[16] Er verwies darauf, dass die Parlamentarier neben ihren Bezügen noch eine steuerfreie Kostenpauschale von fast 4000 Euro erhalten – unabhängig von der Höhe ihrer tatsächlichen Aufwendungen. »Ein solches verschleiertes Zusatzeinkommen haben Richter nicht«, monierte er. »Und sie dürfen anders als Abgeordnete auch keinen vollen Zweitberuf neben ihrer eigentlichen Aufgabe ausüben.«

Davon, dass der Bundestag nach wie vor ein Versprechen, das noch aus Zeiten der Großen Koalition stammt, nicht eingelöst hat, nämlich die Altersversorgung von Bundestagsabgeordneten zu reformieren, war schon die Rede. Das ist der eigentliche Skandal.

Derzeit wird die Altersvorsorge der Bundestagsabgeordneten noch immer vollständig aus Steuergeldern finanziert. So bekommt ein Bundestagsabgeordneter nach nur einem Jahr im Parlament Anspruch auf Pension in Höhe von monatlich 2,5 Prozent seiner Diät. Nach zwei Legislaturperioden, also nach acht Jahren im Bundestag, kann er mit einer monatlichen Pension von rund 1536 Euro rechnen. Davon können Arbeitnehmer nur träumen. Minister haben schon nach vier Jahren Amtszeit Anrecht auf ein sogenanntes Ruhegehalt: 27,74 Prozent der Amtsbezüge von 12 860 Euro monatlichem Bruttoverdienst. Mit jedem weiteren Amtsjahr erhöht sich die Pension um weitere 2,39 Prozent. Hans Herbert von Arnim nennt die politische Klasse daher wohl nicht zu Unrecht »überversorgt«. Solange die Altersversorgung und andere Streitpunkte wie etwa die Kostenpauschale nicht geändert und die vielfältigen Funktionszulagen, die selbst das Bundesverfassungsgericht in einem Urteil aus dem Jahr 2000 als nicht rechtmäßig bezeichnet hat, nicht abgeschafft sind, haben die Bundestagsabgeordneten auch keinen Anspruch auf Diätenerhöhung. Für eine solche Missachtung des höchsten Gerichtes darf es, sollte man meinen, nicht auch noch eine Prämie geben.

Wie es scheint, geht es auch anders. Die Abgeordneten aus dem nordrhein-westfälischen Landtag müssen seit der Diätenreform 2005 selbst für ihre Altersversorgung aufkommen. Es ist eine Lösung, die auf den ersten Blick fair gegenüber den Bürgern erscheint, von denen die Politik zu Recht verlangt, dass sie privat vorsorgen. Aber auch hier steckt der Teufel im Detail. Ausgerechnet auf dem Höhepunkt der Finanzkrise 2011, im Dezember, haben die Abgeordneten im nordrhein-westfälischen Landtag sich ein ansehnliches Weihnachtsgeschenk gemacht: SPD, CDU und Grüne haben mit Mehrheit beschlossen, die Diäten der 181 Abgeordneten um 500 Euro auf 10 726 Euro anzuheben. Vorgesehen sind die 500 Euro zusätzlich für die Altersvorsorge. 2005 hatte man als Leitbild die Freiberufler und ihre Versorgungswerke gewählt. Der Regelbeitrag, den die Freiberufler einzahlen, liegt bei rund 1100 Euro. Die Parlamentarier hingegen zahlten von Anfang an mehr ein, aktuell sind es 1600 Euro. Nun sollen es sogar 2100 Euro werden – also fast doppelt so viel, wie die Freiberufler regelmäßig einzahlen. Dass sich die Abgeordneten in Düsseldorf in bester Einmütigkeit für ihren Ruhestand diese Erhöhung der Beitragszahlung auf Kosten des Steuerzahlers selbst bewilligten, hat mehr als ein »Geschmäckle«. Die Mehrkosten betragen circa 1,1 Millionen Euro zusätzlich, Jahr für Jahr, und seien »angemessen«, meint etwa SPD-Fraktionschef Norbert Römer und weiß sich damit einig mit seinen Kollegen aus CDU und Grünen. Mit der Erhöhung der Pensionszahlungen für einen Abgeordneten, der ab 2005 ins Parlament gewählt wurde, erhöhen sich die monatlichen Ruhestandsbezüge von 1251 auf 1573 Euro – ab dem 65. Lebensjahr. Abgeordnete, die früher in den Landtag gekommen sind, können sich nach zehn Jahren Parlamentarierdasein sogar über 2558 Euro jeden Monat freuen. Wohlgemerkt: Dies sind allein die Pensionen aus der Abgeordnetentätigkeit. Im Regelfall kommen Ruhestandsbezüge aus früheren beruflichen Tätigkeiten noch dazu. Grünen-Fraktionschef Reiner Priggen betonte, dass die NRW-Abgeordneten auch nach der Erhöhung die niedrigsten Ansprüche in den Flächenstaaten besäßen. In Hessen würden monatlich 2968 Euro Pension gezahlt. Einzig die FDP und die Linken lehnten die Düsseldorfer Diätenerhöhung ab. »Wer von einer Unterversorgung spricht, blendet jede Realität außerhalb des Parlaments aus und löst nur Kopfschütteln aus«, sagte etwa FDP-Fraktionschef Gerhard Papke.

Er weiß sich einig mit vielen Bürgern in Nordrhein-Westfalen, die zusammen mit dem Bund der Steuerzahler einen der größten Online-Proteste gegen die Diätenerhöhung organisierten. Rund 45 400 Protestschreiben gingen bei den Parlamentariern ein. Hinzu kamen 7300 Unterstützer auf der Facebook-Seite des BdSt. Der weist darauf hin, dass, wer zehn Jahre lang den Höchstbetrag von 1097 Euro in die gesetzliche Versicherung einzahle, am Ende nur mehr 582 Euro an Rente herausbekäme. Die Durchschnittsrente erreiche gerade einmal 275 Euro in diesem Zeitraum. »Wenn die Abgeordneten im Alter noch mehr haben wollen, sollen sie dafür wie jeder andere auch private Vorsorge treffen«, meint etwa Jens Ammann vom BdSt. Bei der Diätenreform 2005 habe man bewusst Abstriche bei der Altersversorgung vorgenommen und im Gegenzug die Bezahlung der Abgeordnetentätigkeit nahezu verdoppelt. Damals war Konsens, dass eine Landtagszugehörigkeit von nur wenigen Jahren keine Rente rechtfertige, die von den meisten Bürgern selbst nach einem ganzen Arbeitsleben nicht erreicht werden könne. Keine sieben Jahre später, so der BdSt, machten SPD, CDU und Grüne »die Rolle rückwärts«: Sie gingen bei der Altersversorgung zurück auf das alte Niveau, freilich ohne die Diäten wieder zu senken. Und im Sommer 2012 steht bereits die nächste – reguläre - Diätenerhöhung an.

Wo die Politik so eigensüchtig handelt, verwundert es nicht, dass es andernorts mindestens genauso schlimm aussieht. Beispiel: das Saarland. Dort ist zum Jahresbeginn 2012 die erste Jamaika-Koalition von Ministerpräsidentin Kramp-Karrenhauser (CDU) in Deutschland gescheitert. Doch Mitleid muss man mit den daraufhin in den vorzeitigen Ruhestand tretenden Ministern nicht unbedingt haben. Für die entlassenen Minister gibt es ein Übergangsgeld von 152 000 Euro, später 1700 Euro Ruhestandsbezüge im Monat – nach nur zwei Jahren im Amt. Ein Durchschnittsverdiener müsste dafür viele Jahre einzahlen. Überhaupt bekommen die meisten Minister in den Bundesländern – anders als die von ihnen mitbeschlossene »Rente mit 67« – in der Regel bereits ab dem 55. Lebensjahr oder nach nur zwei bis drei Jahren im Amt ihre Versorgungsansprüche ausbezahlt. Im Bund muss ein Minister immerhin vier Jahre im Amt sein und bekommt seine Pension erst ab 67. Ganz besonders toll treibt es dabei das hoch verschuldete Sachsen-Anhalt. Dort bekommt ein Minister nach zehn Jahren im Amt monatlich 6000 Euro – ein Spitzenverdiener bekommt aus der Rentenversicherung für diesen Zeitraum nicht einmal ein Zehntel ausbezahlt. Ein Durchschnittsverdiener müsste dafür mehr als 220 Jahre in die Rentenkasse einzahlen.

Wo einerseits so viel erkennbarer Handlungsbedarf besteht und andererseits möglichst nicht viel aktiv unternommen werden soll, greift die Politik gerne zum Mittel einer Prüfungskommission. Für den Bund macht dies eine unabhängige Experten-Kommission unter Leitung von Exbundesjustizminister Edzard Schmidt-Jortzig (FDP). Sie prüft eine Reform der Altersversorgung der Parlamentarier, das Ergebnis soll noch in dieser Legislaturperiode vorliegen. Und dann geschieht vermutlich – nichts. Dafür schwindet auch das Verständnis in der Politik. Beispielsweise in Thüringen. »Mehrere Monate Diskussion sind notwendig, um Beziehern von ALG II ganze fünf Euro mehr zuzugestehen. Eine Diätenerhöhung für die deutschen Volksvertreter von 3,8 und 3,7 Prozent werde im Berliner Bundestag jedoch schnell als Tagesordnungspunkt abgehandelt«, moniert etwa der Gothaer Kreisvorsitzende der Jungen Union, Felix Elflein. »In Thüringen sollen wir den Menschen erklären, weshalb der Freistaat den Gürtel enger schnallen muss, und gleichzeitig beschließt der Bundestag, sich monatlich 600 Euro mehr zu gönnen.«[17] Die Frage der Abgeordnetenbezüge und der Altersversorgung für Abgeordnete ist eine scheinbar nicht enden wollende Geschichte. Die Berichterstattung und ein gelegentlicher öffentlicher Aufschrei prallen wirkungslos an Politikern ab.

Weiterhin sprudelt für beamtete Pensionäre der Quell von gestaffelten Grund- und Ruhegehältern, vielfältigen Zulagen, Sonderzuwendungen, Vergütungen und Beihilfen, die außer eingefleischten Experten niemand wirklich überblickt. Warum das so ist, darüber hat sich schon vor eineinhalb Jahrzehnten der Frankfurter Jurist Günter Frankenberg in einem bemerkenswerten Beitrag in der Wochenzeitung ›Die Zeit‹ Gedanken gemacht. Er beschrieb eine Melange aus beamtenfreundlichen parlamentarischen Mehrheiten und Berufsverbänden, die sich auf herrschende juristische Meinungen und vor allem eine traditionsgeneigte höchstrichterliche Rechtsprechung stützen können, wie sie im Urteil über die W-Besoldung für Juniorprofessoren im Februar 2012 nicht zum ersten Mal deutlich wurde. In dem Urteilsspruch beriefen sich die Richter auf das staatliche Alimentationsprinzip und eine »amtsangemessene Besoldung«. So hat sich während der vergangenen Jahrzehnte ein massives Abwehrbollwerk gebildet, das heute selbst in Zeiten der größten deutschen Staatsverschuldung nach dem Ende des Zweiten Weltkriegs nur in Ansätzen erste Bruchstellen aufweist.[18] Die für die Gesetzgebung verantwortlich Handelnden sind auch gleichzeitig Empfänger von Pensionen. Über Rentenfragen sprechen bei uns öffentlich in der Regel ausschließlich Personen, die davon selbst in keiner Weise betroffen sind, weil sie mehrheitlich Pensionen beziehen. Das mag mit ein Grund dafür sein, dass Bundestag und Länderparlamente es immer wieder abgelehnt haben, ihre eigene Altersversorgung zum Beispiel der gesetzlichen Rentenversicherung anzuvertrauen.

Doch erste Risse in dieser bisher scheinbar undurchdringbaren Abwehrmauer sind erkennbar. Inzwischen hat sich in den Ländern bei den Abgeordnetendiäten und der Altersversorgung von Politikern einiges getan. Die 16 Bundesländer bezahlen ihre Abgeordneten, Ministerpräsidenten und Minister mittlerweile nach jeweils eigenen Gesetzen. Das führt zu großen Unterschieden. Ein Abgeordneter in Nordrhein-Westfalen bekommt 9979 Euro im Monat, er muss sich jedoch um seine Altersvorsorge komplett selbst kümmern. Im klammen Stadtstaat Bremen bekommt ein Abgeordneter nur 2550 Euro brutto, dazu gibt es eine steuerfreie Pauschale von 430 Euro. Andernorts haben Länderparlamente auf eine Anhebung der Diäten im letzten Jahr für ihre Abgeordneten ganz verzichtet. So hat sich zum Beispiel die SPD im rheinland-pfälzischen Landtag bei den Abgeordnetendiäten 2011 eine Nullrunde verordnet. Das sei angesichts der anstehenden Sparbeschlüsse »als Zeichen wichtig«, sagte SPD-Fraktionschef Hendrik Hering. In den folgenden Jahren sollen die Diäten nach Ansicht Herings maximal in dem Maß steigen wie die Beamtenbesoldung in Rheinland-Pfalz. Hier sieht der Koalitionsvertrag von 2012 bis 2016 eine Deckelung bei einem Prozent pro Jahr vor, unabhängig davon, was bei künftigen Tarifverhandlungen für die Angestellten im Öffentlichen Dienst herauskommt.[19]

Auch die Abgeordneten der Hamburgischen Bürgerschaft sollten einer unabhängigen Kommission zufolge im Jahr 2011 auf eine Diätenerhöhung verzichten. Für 2012 hingegen halten die Experten eine Erhöhung des Entgelts im Umfang von

1,8 Prozent für angemessen. Dies entspreche der aktuellen Einkommensentwicklung bei Angestellten und Beamten in Hamburg. Bereits 2010 hatten die Abgeordneten der Bürgerschaft eine Nullrunde eingelegt. Derzeit beträgt das Entgelt der Abgeordneten 2456 Euro monatlich.

Anders ihre Kollegen in Bayern. Sie haben sich eine Erhöhung ihrer Diäten um 3,5 Prozent ab Juli 2011 genehmigt. Ihr monatliches Einkommen steigt um 3,5 Prozent oder 233 Euro auf dann 6881 Euro. Gleichzeitig wird die Kostenpauschale – etwa für Büro und Mitarbeiter – um 38 Euro auf 3141 angehoben. Das sorgte für viel Unzufriedenheit, vor allem weil gleichzeitig die Staatsregierung den Beamten in Bayern 2011 eine Nullrunde verordnet hatte. Der Chef des Bayerischen Beamtenbundes, Rolf Habermann, sagte über die Diätenerhöhung für die Abgeordneten: »Die Anpassung ist angesichts der derzeitigen Verhältnisse gerechtfertigt. Das muss aber auch Anlass sein, die geplante Nullrunde für die Beamten noch einmal zu überdenken.«[20] Auf der Website des Bayerischen Beamtenbundes äußert er sich heute so: »Die mit dem Doppelhaushalt 2011/2012 verabschiedeten Sparmaßnahmen – Nullrunde in 2011, Verlängerung der Wiederbesetzungssperre, zeitweise Absenkung der Eingangsbesoldung, zweijährige Aussetzung der Leistungsbesoldung – haben, insbesondere auch nach der Ende April beschlossenen Anhebung der Abgeordnetendiäten, tiefe Kerben hinterlassen. Sie haben nicht nur Zweifel an der Verlässlichkeit des Freistaats Bayern als Arbeitgeber geschürt, sondern auch das Bild des Öffentlichen Dienstes in der Öffentlichkeit geschädigt. Wer den Öffentlichen Dienst als reines Sparpotenzial präsentiert, das unbelastet von jeglicher inhaltlicher Rechtfertigung herangezogen werden kann, um – vermeintliche – finanzielle Engpässe abzufedern, der beschädigt ihn in seinen Grundfesten.«[21] Auch der Präsident des Bayerischen Lehrer- und Lehrerinnenverbandes, Klaus Wenzel, betonte, die Erhöhung der Diäten sei nicht nachvollziehbar, wenn gleichzeitig andere Berufsgruppen finanzielle Einschnitte zu verkraften hätten. Von einer »psychologischen Katastrophe« sprach der

FDP-Landtagsabgeordnete Georg Barfuß. Selbstverständlich passe die Diätenerhöhung nicht in die Landschaft, wenn für die Beamten gleichzeitig eine Nullrunde vorgesehen ist, und ergänzte:»Aber wir können die Anhebung auch nicht ablehnen.« Warum das nicht geht, das bleibt sein Geheimnis. Dem Vorsitzenden der CSU-Landtagsfraktion, Georg Schmid, blieb es überlassen, die Erhöhung der eigenen Diäten und die Nullrunde bei bayerischen Beamten zu verteidigen: Die Beamten Bayerns seien im Vergleich zu ihren Kollegen in anderen Bundesländern schon heute bessergestellt.»Das Weihnachtsgeld bleibt erhalten, die Arbeitszeit wird in zwei Schritten auf vierzig Stunden zurückgeführt und die Altersteilzeit wird unbefristet fortgeschrieben«, sagte Schmid. Außerdem werde es 2012 eine Anpassung der Bezüge geben.[22]

So unterschiedlich Länderparlamente ihre eigenen Abgeordnetendiäten und die Politikerversorgung regeln, so unterschiedlich ist auch die Besoldung von Beamten. Die Möglichkeiten dazu haben die Länder.»Sie haben bereichsbezogen Gestaltungsmacht wie seit dem Kaiserreich nicht mehr«, urteilt etwa Hellmuth Günther.»Ob das Laufbahnwesen als Sektor des ›Statusrechts‹ kompatibel bleibt, ob die Länder bereit sein werden, Konzepte des Bundes zum Vorbild zu nehmen, ob Bund und Länder sich abstimmen werden, ist offen. Immerhin, die Tarifverträge für die Angestellten des Öffentlichen Dienstes (TVÖD, TV-L) achten das verbreitete Interesse an einheitlichen Lebensverhältnissen, am einheitlichen Beschäftigtenrecht.«[23] Ansonsten ist mit prolongierter Uneinheitlichkeit zu rechnen.

Dies gilt nicht nur zwischen Bund und Ländern, sondern auch für die Regelung der Altersvorsorge in den verschiedenen europäischen Staaten. Dänemark, Finnland, die Niederlande, Schweden und die Schweiz haben eine Volksversicherung für alle ihre Bürger. Belgien, Frankreich, Luxemburg, Griechenland, Großbritannien, Irland, Italien, Österreich, Portugal und Spanien haben eine Erwerbstätigenversicherung für alle Erwerbstätigen. Auch in Österreich unterliegen Beamte nicht der Pflicht der Pensionsversicherung. Deutschland hat als einziges

Land eine separate Arbeitnehmerversicherung für abhängig Beschäftigte. Hier wollen das vor allem SPD und Grüne ändern. So fordert beispielsweise der Sprecher der Grünen für Rentenpolitik, Wolfgang Strengmann-Kuhn, seit langem, dass die Beamten in eine Bürgerversicherung einbezogen werden sollen. »Die hohen Ausgaben für die Beamtenversorgung werden vor dem Hintergrund der demografischen Entwicklung zu einem Problem. Die Beamten zahlen keine eigenen Beiträge und ihre Bezüge sind im Vergleich zur übrigen Bevölkerung relativ hoch. Wir fordern die Bundesregierung deshalb auf, ein nachhaltiges und solidarisches Konzept für eine Einbeziehung der Beamten und Beamtinnen in die gesetzliche Rentenversicherung und eine Vereinheitlichung von Beiträgen und Leistungen vorzulegen.«

In seinem »Grünen Sanierungsplan« für Deutschland, dem »Green New Deal«, schreibt der junge grüne Abgeordnete Sven-Christian Kindler: »Es ist nicht sachlich zu begründen, dass Beamte bei der Altersvorsorge übermäßig privilegiert werden und der Staat noch Jahrzehnte später hohe Pensionszahlungen übernehmen muss. Derzeit liegt der durchschnittliche Wert der zu erwartenden Pensionen der Beamten zum Teil um bis zu dem Doppelten über den vergleichbaren Ansprüchen von Arbeitern und Angestellten. Eine einfachere und gerechtere Lösung wäre die Bürgerversicherung, in die alle nach ihrer Leistungsfähigkeit einzahlen, Beamte, Politiker und Selbstständige genauso wie Arbeitnehmer und Angestellte. Die Bevorzugung bestimmter privilegierter Gruppen hätte damit ein Ende.«[24] Auch die hohen Pensionsansprüche von Bundestagsabgeordneten und Ministern seien in diesem Zusammenhang nicht zu rechtfertigen. Sie sollten sich stattdessen an einer solidarischen Finanzierung des staatlichen Rentensystems beteiligen. Wohl gesprochen. Ob und wann es für derartige politische Großvorhaben jedoch eine parlamentarische Mehrheit geben wird, steht in den Sternen.

Bis dahin streitet der ehemalige Bundesfinanzminister Hans Eichel (SPD) vor dem Bundesverwaltungsgericht erst einmal für eine höhere Pension: Ihm geht es darum, dass er neben seiner nicht gerade geringen Ministerpension auch noch Ansprüche auf Versorgung aus seiner Zeit als Ministerpräsident von Hessen hat. Mit einer Klage gegen die Stadt Kassel, von der er zusätzliche Pensionszahlungen aus seiner Zeit als Oberbürgermeister erzwingen wollte, war er im Winter 2011 zwar gescheitert, die Aussichten gegenüber dem Land Hessen sind aber augenscheinlich erfolgreicher zu bewerten. Nicht nur die SPD-Generalsekretärin Andrea Nahles zeigte sich über Eichel entsetzt: Unabhängig von der Rechtslage erwecke dieses Vorgehen »natürlich einen verheerenden Eindruck«, sagte Nahles. Die SPD habe »immer deutlich gemacht, dass sie gegen eine Überversorgung ehemaliger Politiker ist«. Erinnern wir uns: Hans Eichel war zuständiger Finanzminister, als Rot-Grün die Hartz-IV-Gesetze beschlossen hat, die schlimmstenfalls einem Arbeitslosen auch noch die eigene, angesparte Altersvorsorge streitig macht.[25]

Und so reiht sich auch die »Ehrensold«-Causa Wulff nahtlos in die Selbstbedienungsmentalität von Politikern und Parlamentariern ein. Die mangelnde Bereitschaft zu weitreichenden Reformen in der Altersvorsorge bei Ruhestandsbeamten wird nur noch übertroffen von der Gewissheit, dass es der Steuerzahler am Ende schon richten wird. Ausgerechnet Wulff, der als niedersächsischer Ministerpräsident den von Beamten selbst mitfinanzierten Versorgungsfonds zur Schuldentilgung in den Hannoveraner Haushalte einstellte, kann sich so über einen geruhsamen Ruhestand freuen.

Europa und seine EU-Pensionäre

Die Europäische Kommission weiß genau, was rententechnisch auf die einzelnen Mitgliedsstaaten, auf Europa als Ganzes und vor allem auch auf sie selbst als Institution in den nächsten Jahren zukommt. Nicht umsonst hat sie im Juli 2010 durch ein sogenanntes »Grünbuch« eine europaweite öffentliche Diskussion über die Zukunft von Renten und Pensionen gestartet. Man wolle, so heißt es treffend zur Begründung, bei der Lösung der Frage mithelfen, wie angemessene, nachhaltige und sichere Pensionen und Renten gewährleistet werden können und wie die EU die nationalen Bemühungen am besten unterstützen kann. Das ist eine hehre Absicht, die noch zusätzlich untermauert wird. »Laut Prognosen wird sich bis zum Jahr 2060 in Europa die Anzahl der Personen im Ruhestand gegenüber jenen, die die Pensionen und Renten finanzieren, verdoppeln – diese Situation ist auf Dauer einfach nicht tragbar.«[1] EU-Kommissionspräsident José Manuel Barroso geht sogar in seinen Absichten noch weiter, wenn er betont: »Millionen von Europäern können ohne ihre Rente gar nicht existieren. Die Krise hat gezeigt, dass wir auf europäischer Ebene ein Konzept für die Altersversorgung benötigen. Sie hat ferner verdeutlicht, wie stark die verschiedenen Säulen der Altersversorgung in den einzelnen Mitgliedsstaaten voneinander abhängen und wie wichtig es ist, auf EU-Ebene gemeinsame Konzepte für solvente und sozialverträgliche Versorgungssysteme zu erarbeiten.«[2]

Wo die Sorge der EU-Kommission um die nationalen Versorgungssysteme so groß ist, muss natürlich auch gefragt werden, wie es die Europäische Union und ihre Institutionen selbst mit der Versorgung der eigenen EU-Beamten hält. Und da kommt man aus dem Staunen nicht heraus. Rund 55 000 EU-Beamte gibt es, vor allem in Luxemburg und Brüssel, aber zum Beispiel auch in Wien. Das ist eine ansehnliche Zahl. Sie alle verdienen nicht schlecht. Beamte mit Universitätsabschluss haben aktuell ein Einstiegsgehalt von 4350 Euro, Einsteiger ohne Hochschuldiplom erhalten knapp 3400 Euro. Wegen der vielfältigen Zulagen und der niedrigen Besteuerung gilt dies praktisch brutto für netto. Alle zwei Jahre rückt ein Beamter in eine höhere Gehaltsstufe auf. Ein Viertel der Beamten gehört den sechs höchsten Besoldungsstufen an und erhält damit mehr als 9125 Euro. Im Monat. 37 Topbeamte in Brüssel erhalten dabei als Gehalt im Monat mehr ausgezahlt als etwa die deutsche Bundeskanzlerin. Das Grundgehalt für die Topbeamten beträgt zwischen 16 601 und 18 025 Euro (Stand: 2010). Dazu kommen noch zahlreiche Zulagen, wie zum Beispiel eine Auslandszulage von 16 Prozent des Grundgehalts, eine Haushaltszulage von bis zu 500 Euro, eine Kinderzulage von rund 300 Euro pro Kind und andere geldwerte Vorteile. Doch auch den anderen Beamten an den EU-Verwaltungsstandorten in weniger herausgehobenen Stellen geht es nicht schlecht: Rund 5000 von ihnen verdienen mehr als 10 000 Euro im Monat. Eine einfache Sekretärin beispielsweise erhält in Brüssel rund 2500 Euro netto. Hinzu kommen für alle EU-Beamten insgesamt rund 100 000 Tage »Sonderurlaub« im Jahr für Reisen in die Heimat und Ähnliches. »Die EU-Institutionen müssen mit anderen internationalen Organisationen, multinationalen Unternehmen und Rechtsanwaltskanzleien bei der Rekrutierung von Personal konkurrieren«, heißt es in diesem Zusammenhang immer wieder bei der EU-Kommission. »Darum müssen wir attraktive Arbeitsbedingungen anbieten.« Hinzu komme, dass die Brüsseler Beamten sehr gut ausgebildet seien, mehrere Sprachen sprechen und äußerst flexibel sein müssten.

Selbst im Krisenjahr 2010 stiegen die Gehälter der EU-Beamten weiter – um satte 3,7 Prozent. Eigentlich hätten sie, begründet durch die Sparmaßnahmen in den EU-Staaten, nur um die Hälfte angehoben werden sollen, um 1,85 Prozent. Dies stellte sich jedoch im Nachhinein als nicht rechtmäßig heraus. Die Richter am Europäischen Gerichtshof EuGH erklärten im November 2010, der Ministerrat habe – als er im Dezember 2009 darüber entschied, nur eine geringere Erhöhung zu genehmigen – »keinen Ermessensspielraum« gehabt. Das Gericht war von der EU-Kommission angerufen worden, nachdem es sogar Warnstreiks bei den EU-Beamten gegeben hatte. Es verwies darauf, dass die Veränderung in den Beamtengehältern in den Mitgliedsstaaten durchaus auf die EU-Gehälter Wirkung habe – wenn auch mit einer gewissen Zeitverschiebung. Für die Gehaltsfestsetzung sei nämlich die Entwicklung in der Beamtenbesoldung in acht alten EU-Ländern (Deutschland, Belgien, Spanien, Frankreich, Italien, Luxemburg, Großbritannien und Niederlande) in den vorherigen zwölf Monaten maßgeblich. Die Richter, die damit übrigens auch über die Anpassung ihrer eigenen Gehälter abstimmten, erklärten, dieser Mechanismus sei beschlossen worden, um »mittelfristig für eine gewisse Stabilität« zu sorgen und zu vermeiden, dass immer wieder Tarifstreitigkeiten zwischen den Gewerkschaften und den EU-Institutionen ausbrächen. Das Beamtenstatut enthalte zwar eine Ausnahmeklausel, die bei einer erheblichen und abrupten Verschlechterung der wirtschaftlichen Lage Abweichungen von diesem Vorgehen erlaube. Doch habe sich der Rat darauf eben gerade nicht berufen. Zudem setze diese Ausnahmeregelung einen Vorschlag der Kommission voraus, den es dazu ebenfalls nicht gegeben habe.

Es mag Zufall gewesen sein, dass es ausgerechnet hier, bei der Umsetzung des Ministerratsbeschlusses, den Beamten, die damit befasst waren, am notwendigen Fingerspitzengefühl gefehlt haben mag. Auf jeden Fall reagierte die Politik sofort mit großer Empörung auf den Richterspruch. »3,7 Prozent sind in den meisten Mitgliedsstaaten nicht vermittelbar, weil der Öffentliche Dienst dort erhebliche Einschränkungen hinnehmen muss. Die automatische Festsetzung der Erhöhung der Bezüge muss geändert werden. In Zeiten der Wirtschafts- und Währungskrise ist das eine ganz schlechte Nachricht für alle Steuerzahler«, meinte etwa die als »EU-Beamtenschreck« bekannte CDU-Europaabgeordnete Inge Grässle, Sprecherin der EVP-Fraktion im Haushaltskontrollausschuss im EU-Parlament. Vor allem der im Beamtenstatut festgelegte Berechnungsmechanismus für die Gehaltssteigerungen müsse die finanzielle und wirtschaftliche Situation der Mitgliedsstaaten stärker reflektieren. »Die Europäischen Beamten sind zu einem wirklichen Sparbeitrag aufgerufen. Sie sind schließlich der bestbezahlte Öffentliche Dienst in Europa«, so Grässle. »Wir fordern die EU-Institutionen auf, das System der automatischen Gehaltsanpassung zu reformieren, so dass auch die gut bezahlten EU-Beamten ihren Beitrag zu den aktuell notwendigen Sparanstrengungen leisten können«, sekundierte ihre Kollegin von den Grünen, Helga Trüpel. Und die CSU in Bayern ging sogar noch einen Schritt weiter: Von steuerfreien Zulagen bis zum Sonderurlaub hält sie mittlerweile die EU-Beamtenprivilegien für nicht mehr zeitgemäß. Markus Ferber, Chef der CSU-Abgeordneten im EU-Parlament, kündigte deshalb 2010 eine Initiative auf europäischer Ebene an. »Die Privilegien der EU-Beamten müssen schnellstmöglich abgebaut werden.«[3]

Uns interessiert in diesem Zusammenhang nicht so sehr die Höhe der Beamtengehälter, sondern die Tatsache, dass sich bereits heute rund 17 500 EU-Beamte im Ruhestand befinden. Und ihre Zahl wird – ähnlich wie in den einzelnen Nationalstaaten, denen die EU-Kommission im Zuge der europäischen Staatsschuldenkrise gerne eine Verschlankungskur im Öffentlichen Dienst verordnet – in den kommenden Jahren stark zunehmen. Von einem nachhaltigen Umgang kann – wir ahnen es schon – auch im europäischen Rahmen bei der Beamtenversorgung keine Rede sein. Im Gegenteil: Der Brüsseler Beamtenapparat wird immer weiter ausgebaut. Insgesamt ist die Zahl der Beamten seit dem Jahr 2000 um mehr als dreißig Prozent gestiegen. Neu ist seit 2010 der Aufbau eines eigenen »Auswärtigen Dienstes« unter der Leitung der EU-Außenbeauftragten Catherine Ashton mit rund 3500 Mitarbeitern und weiteren 4000 Angestellten in den Missionen der EU. Dies sind nicht alles neue Beamte, ein nicht unerheblicher Teil der neuen EU-Diplomaten rekrutiert sich aus ehemaligen Beamten der Europäischen Kommission und des Ratssekretariats sowie aus abgeordneten Angehörigen der nationalen diplomatischen

Dienste. Damit sollen Doppelstrukturen vermieden werden. Vor allem hängt der Anstieg mit dem Beitritt von zwölf neuen Ländern und immer neuen Aufgaben zusammen, die die EU an sich zu ziehen versucht. Allerdings versucht vor allem die EU-Kommission hier selbst gegenzusteuern: Sie beschäftigte im Jahr 2010 durch Umschichtungen und »Effizienzgewinne« weniger Personal als im Jahr zuvor. Das Europäische Parlament hingegen hat – was zumeist weitaus weniger Beachtung in der Öffentlichkeit findet – die Zahl der Mitarbeiter allein im Jahr 2010 um weitere 4,5 Prozent auf 6285 Mitarbeiter erhöht.

Fest steht, dass auf die europäischen Steuerzahler in den kommenden Jahrzehnten neue Milliarden-Lasten wegen der Versorgung von beamteten EU-Pensionären zukommen. Im Jahr 2020 werden es bereits 25 000 Ruhestandsbeamte sein, die aus dem laufenden Etat der Kommission bezahlt werden müssen, der sich wiederum aus steuerfinanzierten Beiträgen der einzelnen EU-Mitgliedsstaaten zusammensetzt. Das entspricht einem Anstieg um mehr als vierzig Prozent innerhalb von zehn Jahren. Im Jahr 2046 steigt die Zahl dann weiter auf 38 500 Ruheständler an. Die Ausgaben für sie klettern ähnlich schnell: Im Jahr 2010 betrugen die Pensionskosten für die EU-Ruheständler rund 1,1 Milliarden Euro. Nach Angaben von EU-Kommissar Maros Sefcovic werden sie in den kommenden zehn Jahren, aber nur bei gleichbleibender Personalstärke, auf mindestens 1,7 Milliarden Euro jährlich ansteigen. Insgesamt muss die EU bis 2045 rund hundert Milliarden Euro für den Ruhestand ihrer Beamten ausgeben. Das hat die europäische Aufsichtsbehörde Eurostat in einem internen Gutachten errechnet.[4] Jene Behörde übrigens, die auch mehr als genau den Schuldenstand Griechenlands – soweit dies die übermittelten Zahlen zuließen – sowie Portugals und Spaniens errechnete – ohne auf große Resonanz in der Politik zu stoßen.

Zwar wird die Kostensteigerung dank einer Pensionsreform aus dem Jahr 2004 ein wenig gebremst, die Ausgaben steigen also nicht proportional zur Zahl der Pensionäre, doch erwarten die Haushälter in Brüssel immer noch eine Steigerung der Pensionsausgaben von bis zu 83 Prozent in den kommenden Jahren. Zurückgelegt hat die Kommission für die Versorgung ihrer Beamten so gut wie nichts. Gemessen an ihren eigenen Vorgaben hat sie bei ihren eigenen Beamten alles andere als »nachhaltig« gehandelt. Warum auch? Der größere Teil wird von den Mitgliedsländern getragen.

Aus deutscher Sicht ist die Altersversorgung der beamteten EU-Pensionäre mehr als respektabel. Nach 35 Dienstjahren steht EU-Beamten ab einem Alter von 63 die Höchstpension von siebzig Prozent des letzten Gehalts zu. Diese kann für Generaldirektoren bis zu 12 600 Euro pro Monat betragen. Früher wurde für jedes Jahr, das vor dem Erreichen des 63. Lebensjahres in Rente gegangen wurde, ein Abschlag von 3,5 Prozent vorgenommen. Das gilt seit sechs Jahren nicht mehr. Die EU hat im Jahr 2004 nämlich eine Sonderregelung für die Frühverrentung verabschiedet. Die damalige Begründung: Dies sei ein »wirksames Instrument« bei den »Bemühungen um eine Verjüngung des Personalbestands«.[5] So erhalten EU-Beamte im Schnitt rund 4500 Euro Pension und müssen davon zurzeit nur rund 600 Euro Steuern abführen. Allerdings müssen sie mit 10,25 Prozent ihres Grundgehalts auch mehr in einen Pensionsfonds einzahlen als deutsche Beamte. Aus diesem Fonds wird aber nur ein Drittel der europäischen Beamtenpensionen bezahlt, den größten Teil übernehmen die Mitgliedsländer.

»Wenn man diese Zahlen hört, muss man erst einmal ganz tief durchatmen«, sagt etwa Gunther Krichbaum (CDU), Chef des Europaausschusses im Deutschen Bundestag. Er verweist darauf, dass die Pensionszahlungen für Brüsseler Beamte weit über den Versorgungsleistungen von Bundesbeamten stehen, »die sich im internationalen Vergleich ja auch durchaus sehen lassen können«. Krichbaum: »Die Pensionen der EU-Beamten müssen auf den Prüfstand, zumal die Pensionslasten für die europäischen Steuerzahler in den kommenden Jahren dramatisch steigen werden.«[6]

Auch die Bundesregierung hält die Versorgungshöhe der

EU-Beamten mittlerweile für nicht mehr akzeptabel. Berlin sieht jedoch »keine rechtlichen Möglichkeiten, selbst Änderungsvorschläge auf den Weg zu bringen«. Auf die kritischen Nachfragen der beiden SPD-Haushälter Klaus Hagemann und Ewald Schurer, Mitglieder des Europäischen Parlaments, ob die Bundesregierung die Errichtung des Europäischen Auswärtigen Dienstes oder die anstehende Überprüfung des Statuts der Beamten der Europäischen Gemeinschaft nutzen wolle, sich insbesondere im Hinblick auf Pensionen, Gehaltsanpassungen und Zulagen für eine Änderung und eine rasche Neuregelung einzusetzen, gab sich die Bundesregierung ohnmächtig: Die EU-Kommission habe das alleinige Initiativrecht für Änderungen des EU-Beamtenstatuts.[7] Worauf die beiden antworteten: »Wir fordern die Bundesregierung auf, nicht sehenden Auges in ein zukünftiges finanzpolitisches Dilemma zu laufen. Die abwartende Haltung der deutschen Bundesregierung kostet den europäischen Steuerzahler Milliarden. Es ist Aufgabe des Bundesfinanzministers, sich in Brüssel dafür einzusetzen, dass endlich ein nachhaltiges Konzept für die Beamtengehälter und -pensionen erarbeitet wird. Der Hinweis auf das alleinige Initiativrecht der Kommission kann hier nicht gelten. Die deutsche Bundesregierung hat als größter Nettozahler in der EU gerade in diesen Fragen großes Gewicht und sollte deshalb zügig Gespräche mit der EU-Kommission aufnehmen.«

Der Widerstand aus der Politik hat immerhin erste Folgen gezeigt. Im Juni 2011 forderten Deutschland und die sieben anderen großen EU-Nettosteuerzahler die EU-Kommission per Brief zu erheblichen Kürzungen der Gehälter, Pensionen und sonstigen Leistungen der EU-Beamten auf. Vor allem sollen die Beamtenpensionen langsamer steigen, ansonsten erreichten – so heißt es – die Ausgaben bald untragbare Höhen. Die Kommission reagierte prompt: Bereits im Juli 2011 wurden Planungen für eine längere Arbeitszeit der EU-Beamten bekannt. Demnach soll, so hat Verwaltungskommissar Sefcovic mitgeteilt, die Wochenarbeitszeit von heute 37,5 Stunden auf eine Vierzigstundenwoche erhöht und das Pensionsalter von 63 auf 65 Jahre festgesetzt werden. Weiterhin sieht der Vorschlag der EU-Kommission vor, das Mindestalter für Frühpensionierungen heraufzusetzen, nämlich von 55 auf 58 Lebensjahre (!). Auch ist eine Reduzierung der Beamtenschaft in den EU-Institutionen von fünf Prozent bis zum Jahr 2017 vorgesehen, damit Einsparungen von mehr als einer Milliarden Euro bis zum Jahr 2020 möglich würden. Darüber hinaus will Brüssel seinen Beamtenstand durchforsten: Wer im Sekretariat arbeitet oder Bürotätigkeiten verrichtet, wird künftig nicht mehr in ein Beamtenverhältnis übernommen. Außerdem sollen die Fristen bei der automatischen Beförderung verlängert werden, und es soll sich die Methode zur Berechnung der Lohnentwicklungskosten ändern, die jährlich vorgenommen wird. Hierbei sollen künftig zehn Länder herangezogen werden, das setzt die Einbeziehung Polens und Schwedens voraus. Selbst eine Gehaltssteigerung soll an »schwierige Zeiten« gekoppelt sein, das heißt, nach dem Vorschlag der Kommission wäre es dann möglich, Gehaltserhöhungen sogar auszusetzen.[8] Zudem will die Kommission ihre Verwaltungsausgaben einfrieren und etwa bei Studien, Dienstreisen und Konferenzen sparen. Eine unerhörte Neuerung.

Doch den Regierungen reicht dies alles bei weitem nicht aus. Und so eskalierte der Streit zwischen den EU-Regierungen und der EU-Kommission um die Gehälter der Beamten der Europäischen Union zum Jahresbeginn 2012. Sie beschlossen, die Kommission vor dem Europäischen Gerichtshof zu verklagen, weil diese trotz der wirtschaftlichen Krise eine Gehaltserhöhung um 1,7 Prozent vorgeschlagen hat. Die EU-Regierungen hatten im Dezember 2010 und im November 2011 die Kommission aufgefordert, von der normalen jährlichen Berechnung von Gehaltserhöhungen abzuweichen. Stattdessen solle sie unter Berufung auf eine Ausnahmeregelung für den Fall akuter Krisen die Gehälter einfrieren oder nur geringfügig erhöhen. Die Kommission hatte argumentiert, die Anwendung der Ausnahmeregelung in den Gehaltsvorschriften sei nicht gerechtfertigt. Die Erhöhung um nominal 1,7 Prozent bedeute zudem einen realen Kaufkraftverlust von 1,8 Prozent, schließlich betrage die Inflation in Belgien rund 3,5 Prozent. So kann man sich auch arm rechnen.

Die Beamtenversorgung im europäischen Vergleich

»Es war einmal ... ein ganzer Kontinent des Öffentlichen Dienstes mit krisensicheren, festen Stellen, mit Gehältern, die sich der Inflation anpassten, dazu ein 13. oder 14. Monatsgehalt, mit schönen Pensionen und einem leichten Übergang in den wohlverdienten Vorruhestand. Mit dem klassischen Einleitungssatz für ein Märchen aus der guten alten Zeit könnte man die Situation in Europa umschreiben, wenn man den Kontinent im Rückblick aus der Sicht eines »Fonctionnaire«, »Civil Servant«, »Regierungsbeamten«, »Statale« oder »Funcionario Público« betrachtet. Alle europäischen Regierungen – von den liberalen Briten bis zu den etatistischen Franzosen – kürzen derzeit Gehälter, streichen Prämien und verringern die Zahl der Staatsdiener, um die riesigen Schuldenberge in ihren Staatshaushalten wieder in den Griff zu bekommen und das Vertrauen der Märkte zurückzugewinnen. Die gegenwärtigen Reformen im Beamtenrecht führen zu einem europaweiten Aufbrechen traditioneller und hergebrachter Strukturprinzipien des Beamtentums. Seit dem »Fulton Report« in Großbritannien im Jahr 1968, der sogenannten »Normalisierungspolitik« in den Niederlanden (seit 1982), der »Angleichungspolitik« in der schwedischen (seit den achtziger Jahren), italienischen (seit 1993), dänischen (seit den neunziger Jahren) und österreichischen (seit 2001) Verwaltung ist kaum ein Jahr vergangen, in dem nicht zumindest ein EU-Land das Dienstrecht der öffentlich Beschäftigten einer grundlegenden Reform unterzogen hat. In Zentral- und Osteuropa sowie auf dem Balkan befinden sich fast alle Systeme seit 1989 in einem ständigen Umbruch. Seit 2008 befindet sich auch Frankreich inmitten eines Reformprozesses. 2009 wurde das Beamtenrecht in Portugal einer Totalrevision unterzogen.[1] Schon jetzt ist aber erkennbar, dass dies alles vor allem angesichts der europäischen Staatsschuldenkrise bei weitem nicht ausreicht.

Das gilt ganz besonders für Großbritannien. Dort sieht der Premierminister David Cameron im »spending review«, dem Haushaltsplan seiner Regierung, die Streichung von insgesamt 490 000 Stellen im Öffentlichen Dienst vor. Die Zahl könnte am Ende noch höher ausfallen: Laut dem »Chartered Institute of Personnel and Development« (CIPD, ein Institut, das sich satzungsgemäß um Angestellte und Ausbildung im Öffentlichen Dienst kümmert) werden »bis 2015/2016 rund 750 000 Stellen verloren gehen, wenn sich die Koalition an ihren Plan für langfristige Ausgaben hält«. Beamte, die in Pension gehen, werden nicht ersetzt und eine große Anzahl wird schlicht entlassen.

Im Sommer 2011 gingen deshalb die Lehrer in Großbritannien wieder massenweise auf die Straße. 750 000 Lehrer streikten. 6000 Schulen blieben geschlossen. Es war der erste große Streikaufruf seit dem März 2006, als mehrere 100 000 Angestellte der englischen Stadtbehörden wegen einer bevorstehenden Rentenreform die Arbeit niederlegten und besonders London mit seinen Flughäfen in einem gigantischen Verkehrschaos versank. Vergebens, die Reform kam trotzdem. Jetzt will Cameron die Leistungen für die übrigen Angestellten und Beamten im Land angleichen. Der Entwurf der Regierung sieht vor, das alle Beamten und im Öffentlichen Dienst Beschäftigten bis zum 67. Lebensjahr arbeiten und einen höheren Beitrag von 3,2 Prozent ihres Gehalts zu ihrer eigenen Staatsrente beisteuern sollen. Zudem soll der Anstieg der Pensionen im Alter an die Inflation und nicht mehr an den Preissteigerungsindex gekoppelt werden.[2]

Diese Pläne führten im Winter 2011 zu erneuten Massenstreiks im Öffentlichen Dienst. Es waren die größten Streiks seit den Unruhen der britischen Bergarbeiter im Jahr 1979. Hier verfügt die britische Gewerkschaftsbewegung noch über ihre letzte große Bastion auf der Insel. Die streikenden Beamten wehrten sich gegen die geplante Rentenreform im Öffentlichen Dienst, weil sie nicht mehr in die Pensionskasse einzahlen wollten, obwohl vergleichbare Reformen für die Privatwirtschaft in Großbritannien schon längst vollzogen wurden. Auch in Großbritannien wird die Beamtenpension auf der Basis der vollen Bezüge berechnet, während bei angestellten Mitarbeitern des Öffentlichen Dienstes nur zwei Drittel diese Bezüge die Berechnungsgrundlage für die Rente sind. Mit 33 Milliarden Pfund machen die Beamtenpensionen auch im Haushalt des englischen Schatzkanzlers einen der größten Posten aus.

In Frankreich hat Staatspräsident Nicolas Sarkozy im Jahr 2011 die Besoldung für die Beamten eingefroren. Zudem soll die Hälfte aller in den Ruhestand gehenden Beamten nicht ersetzt werden. Nur einen Tag nach der Ankündigung eines »nouveau contrat social« samt einer Rentenreform für Staatsunternehmen im Jahr 2007 kündigte Sarkozy eine »révolution culturelle« für französische Beamte an – einen effizienteren, schlankeren und weniger teuren Öffentlichen Dienst, den »service public 2012«. Bis heute sind seitdem rund 100 000 Stellen gestrichen worden. Im letzten Jahr – 2011 – kündigte er nochmals die Streichung von weiteren 31 600 Planstellen an.[3]

Das gleiche Bild im krisengeschüttelten Portugal: Dort kündigte der Sozialist José Socrates nach einem Lohnstopp 2010 zwei weitere harte Einschnitte an: eine Lohnkürzung für Beamte um fünf Prozent und einen Stopp bei Beförderungen und Neueinstellungen. Im benachbarten Spanien erklärte der damalige spanische Ministerpräsident José Luis Rodriguez Zapatero, dass die spanischen Staatsdiener drei Jahre warten müssten, bis sie bei ihren Gehältern die Kürzung um fünf Prozent vom Frühjahr 2010 wieder aufgeholt hätten. In Irland drohen, nach einem Minus von sage und schreibe 14 Prozent für Gehälter des Öffentlichen Dienstes und einer Heraufsetzung der Lebensarbeitszeit im Öffentlichen Dienst auf 68 Jahre, bis zum Jahr 2028 weitere Kürzungen von Sonderleistungen für Beamte.[4] Ebenso senkte die Regierung von Giorgos Papandreou in Athen die Gehälter für griechische Beamte um 15 Prozent, bei staatsnahen Betrieben sogar um dreißig Prozent. Papandreou verordnete außerdem rigide Einschnitte bei Pensionen und Sozialleistungen, einen Einstellungsstopp im Öffentlichen

Dienst, erhöhte das Renteneintrittsalter, und die noch vor kurzem für krisensicher gehaltenen Zeitverträge für Angestellte im Öffentlichen Dienst werden nicht mehr verlängert.

Aber auch anderswo setzen Regierungen in Europa den Rotstift bei ihren Beamten an. Beispielsweise im Dauerkrisengeschädigten und über Jahre hinweg regierungslosen Belgien. Dort versuchte Elio Di Rupo, Vorsitzender der »Parti Socialiste« (PS), im Sommer 2011 – mittlerweile erfolgreich – eine Regierungsmehrheit in dem tief gespaltenen Land aufzustellen. Eine seiner Kernforderungen für ein unabdingbares Sparprogramm der nächsten Jahre, das übrigens die Finanzmärkte von den notorisch politisch zerstrittenen belgischen Politikern einforderten, rührt an das bisher unantastbare Tabu der Beamtenpensionen. Derzeit wird die Beamtenpension auf Basis der letzten fünf Jahre berechnet. Di Rupo will zu einer weniger günstigen Berechnung der Renten für Beamte übergehen und die Rente auf Basis der letzten zehn Lohnjahre berechnen. Außerdem steht auch der sogenannte Inflationsausgleich, also die automatische Kopplung der Beamtenpensionen an die Beamtenbezüge, zur Diskussion. Auf diese Weise will Di Rupo bei den hohen Kosten für die Beamtenpensionen sparen, die die Staatskasse jedes Jahr mit knapp zwölf Milliarden Euro belasten.[5] Eine gleich hohe Summe muss das hoch verschuldete Königreich – pro Jahr – einsparen, damit der Schuldenstand von knapp hundert Prozent des BIP nicht noch weiter ansteigt und das Land nicht zu einem weiteren Sanierungsfall in der Eurozone wird.

Aber es ist nicht nur Westeuropa, das einen Ausweg aus der Schuldenspirale sucht. Auch im Osten gärt es. So erlebte im September 2010 die Tschechische Republik die größte Demonstration seit dem Zusammenbruch des Kommunismus: 40 000 Beamte gingen auf die Straße, um gegen die von ihrer Regierung geplante Kürzung ihrer Gehälter um zehn Prozent zu protestieren. In Ungarn strich Regierungschef Viktor Orbán den Neukauf von Dienstwagen und Handys für Staatsdiener. In Litauen verloren die Beamten durchschnittlich rund dreißig

Prozent ihres Einkommens.[6] Überall wird gespart, gekürzt, Stellen werden nicht wieder besetzt – und es werden sogar Beamte entlassen. Die Politik, einmal unter Druck gesetzt, sucht ihr Heil in schnellen Haushaltsschnitten. Doch viel wichtiger wäre gerade in Krisenzeiten der Blick auf die strukturellen Schwächen und Fehlentwicklungen im System. Wann, wenn nicht jetzt, sollten dazu die notwendigen Konsequenzen gezogen werden. Denn es gibt in Europa durchaus interessante Lösungsansätze für die Probleme, die der Öffentliche Dienst den nationalen Haushalten bereitet. Wegen der vielen voneinander abweichenden Systeme ist dabei jedoch ein direkter Vergleich der Beamtenversorgung nur schwer möglich. Viele Länder haben nämlich eine eigene Ausgestaltung ihrer Beamtenversorgung vorgenommen, die sich zum Teil sogar innerhalb eines Landes je nach öffentlichem Arbeitgeber voneinander unterscheiden kann. Dies gilt sowohl für die Stellung der Beamtenversorgung innerhalb der jeweiligen Altersversorgungssysteme als auch für die Finanzierung und für weitere Kriterien wie Altersgrenzen, Wartezeiten, Höhe der Versorgung und zum Beispiel die Ansprüche von Angehörigen.

In nahezu allen europäischen Ländern wurde dabei in den vergangenen Jahren immer wieder versucht, die allgemeine staatliche Altersvorsorge zu reformieren. Hauptgrund war vor allem die demografische Entwicklung, denn das Verhältnis von Beitragszahlern zu Leistungsempfängern hat sich aufgrund niedriger Geburtenraten und höherer Arbeitslosigkeit immer weiter verschlechtert. Überdies führt die gestiegene Lebenserwartung zu einer längeren Bezugsdauer von Alterssicherungsleistungen. Deshalb ist die Finanzierung der Alterssicherungssysteme europaweit schwieriger geworden – vor allem dort, wo die Finanzierung überwiegend oder ausschließlich aus dem laufenden Haushalt erfolgt. In vielen europäischen Ländern macht sich zudem in den nächsten Jahren – ähnlich wie in Deutschland – auch ein überdurchschnittlicher Zuwachs an Ruhestandseintritten bemerkbar, zurückzuführen in erster Linie auf den Personalzuwachs in der Vergangenheit.

Und so versucht die Politik die größten Auswüchse abzufedern – beispielsweise durch das Anheben der Regelaltersgrenze. Dies geschah zum Beispiel in Finnland, Schweden und Frankreich. Das Renteneintrittsalter in den Eurostaaten ist dabei in jüngerer Zeit – unter anderem durch gemeinsame Absichtserklärungen des französischen Staatspräsidenten Sarkozy und der deutschen Bundeskanzlerin Angela Merkel im August 2011 – in die öffentliche Debatte geraten. Es entstand der Eindruck, der Renteneintritt erfolge gerade in den stark verschuldeten Peripherieländern relativ früh. Tatsächlich ist aber der vorzeitige Ausstieg aus dem Erwerbsleben ein weit verbreitetes Phänomen. Im Eurogebiet scheiden die Bürger (2009) im Durchschnitt bereits mit 61,2 Jahren aus dem Beruf aus. Dabei reicht die Spanne von einem Renteneintrittsalter von 60,0 bzw. 60,1 Jahren in Frankreich und in Italien bis 63,5 und 64,1 Jahren in den Niederlanden bzw. Irland (2006). In Großbritannien liegt derzeit das Renteneintrittsalter für Frauen bei sechzig Jahren. Bis 2020 soll die Altergrenze für Frauen schrittweise angehoben werden, auf dann ebenfalls 65 Jahre, wie bei den Männern. Die südlichen Peripherieländer liegen hier im Durchschnitt (Griechenland 61,5) sogar darüber: Spanien 62,3, Portugal (2007) 62,6 Jahre. Im Öffentlichen Dienst scheiden die Arbeitnehmer sogar einige Jahre früher aus.[7] Andere Leistungseinschränkungen kommen dazu: beispielsweise strengere Vorruhestandsregelungen (etwa in Italien und Schweden), die Integration der Beamtenversorgung in das Regelsystem (etwa in Spanien und Griechenland) und die Einführung einer teilweisen Kapitaldeckung (zum Beispiel in Dänemark, Finnland, Italien, Schweden und Belgien) oder die Kürzung des Höchstversorgungssatzes.

Überall versucht die Politik verzweifelt, Fehlentwicklungen im Öffentlichen Dienst durch Drehen an den verschiedensten Stellschrauben nach und nach zu korrigieren. Es lohnt ein Blick auf das große Ganze. Die strikte »Zweiklassengesellschaft« bei der Altersversorgung, so wie wir sie in Deutschland mit der Rentenversicherung und berufsständischen Versicherungen auf der einen und der Beamtenversorgung auf der anderen Seite kennen, ist in Europa sonst nur in Frankreich mit seinen autonomen Pflichtkassen anzutreffen. In beiden Ländern ist die Versorgung für die Beamten beitragsfrei und steuerfinanziert. In Dänemark, Finnland, den Niederlanden, Schweden und der Schweiz geht man andere Wege.[8] Dort setzt die Politik auf eine Art Volksversicherung als Grundsicherung für alle Bürger einschließlich der Beschäftigten im Öffentlichen Dienst sowie der Beamten. Sie wird ergänzt durch weitere Zusatzversorgungen. In Großbritannien, Irland, Italien, Österreich, Portugal und Spanien haben wir es mit einer Erwerbstätigenversicherung zu tun – oftmals ergänzt durch eine zusätzliche Versorgung für Staatsdiener. Ähnlich werden Staatsdiener in Schweden mit einer zusätzlichen Altersvorsorge durch einen Pensionsfonds abgesichert. In Dänemark sind die Beamten in das einheitliche steuerfinanzierte staatliche Umlagesystem integriert. Ihre Alterssicherung wird durch eine beitragsfreie betriebliche Zusatzversorgung ergänzt. Weitere grundlegende Unterschiede gibt es zum Beispiel auch bei der Mindestdienstzeit für einen Versorgungsanspruch. Sie reicht von zwei Jahren in Großbritannien bis zu 15 Jahren in Frankreich. Wenn das Kriterium der Mindestdienstzeit erfüllt ist, gewähren etliche Länder eine Mindestversorgung. Die Obergrenze für das Versorgungsniveau liegt zwischen 57 Prozent der ruhegehaltfähigen Bezüge in Dänemark und 83 Prozent in Luxemburg.

Politiker tun sich mit grundlegenden Reformen des Öffentlichen Dienstes und der Alterssicherung seiner Staatsdiener überall schwer, besonders aber in einem so staatsgläubigen Land wie Frankreich, das nach der Rentenreform von Staatspräsident Nicholas Sarkozy im Jahr 2010 – als eine Folge wurde das Renteneintrittsalter von 60 auf 62 Jahre hochgesetzt – durch zahllose Demonstrationen, Generalstreiks und Straßenschlachten nahezu am Abgrund eines Bürgerkrieges zu stehen schien. Dabei kann sich das Land, das nach Amerika um die

Herabstufung seines Triple-A-Ratings zittert, bereits heute seine gut fünf Millionen Beamten schon nicht mehr leisten. Sie kosten den Staat inklusive der Ruhestandsbezüge für die Pensionäre mehr als ein Drittel des gesamten Staatshaushalts, denn nahezu ein Fünftel der aktiv Beschäftigten in Frankreich arbeitet im Öffentlichen Dienst. Paris hat einen der größten Staatsapparate aller Industrieländer.

Im Jahr 2013 wird der Schuldendienst der größte Posten im Haushalt Frankreichs sein. Direkt danach kommen die Ausgaben für die öffentliche Verwaltung. Die Staatsverschuldung hat sich seit 1970 vervierfacht. Am Jahresende 2012 wird sie dem IWF zufolge gut 85 Prozent des BIP erreichen – der höchste Schuldenstand aller europäischen AAA-Länder. Selbst bei einem Wachstum von mindestens zwei Prozent jedes Jahr und bei deutlich sinkender Arbeitslosigkeit wird der Schuldenstand weiter ansteigen, auf 88 Prozent der Wirtschaftsleistung im Jahr 2013, so hat es der IWF errechnet. Wächst die Wirtschaft nicht wie erhofft und steigen die Zinsen nur um ein halbes Prozent, steigt auch Frankreichs Staatsschuld bis auf 95 Prozent der Wirtschaftsleistung im Jahr 2016.[9] Laut einer Umfrage des französischen Meinungsforschungsunternehmens »Ifop« gingen im Jahr 2011 zwei von drei Franzosen davon aus, dass Frankreich in den nächsten Jahren ähnlich wie Griechenland, Irland und Portugal finanzielle Hilfe von der EU, der Europäischen Zentralbank und dem Internationalem Währungsfonds benötigen könnte. Zum Vergleich: Nur 46 Prozent der Deutschen hielten dies im gleichen Zeitraum für ihr eigenes Land für möglich.

Noch wagt sich der französische Staatspräsident nicht an eine ernsthafte Reform der Beamtenversorgung heran. Immerhin sind im etatistischen Frankreich mehr als achtzig Prozent aller öffentlich Beschäftigten verbeamtet. Innerhalb des Systems bestehen auch immer noch eine Reihe von Sonderregeln für bestimmte Berufsgruppen, so dass es auch in Frankreich zwischen den 5,3 Millionen Beamten und den Beschäftigten in der Privatwirtschaft erhebliche Unterschiede gibt. Immer noch gehen Beamte früher in Rente, obwohl sie nur 7,85 Prozent ihrer Bezüge für ihre Altersvorsorge einzahlen, während Angestellte 10,55 Prozent ihrer Gehälter zahlen müssen. Gleichzeitig beziehen die Staatsdiener relativ hohe Pensionen, da diese auf Grundlage der letzten sechs Beitragsmonate berechnet werden, weshalb sich viele von ihnen kurz vor der Rente noch einmal befördern lassen. In der Privatwirtschaft dagegen werden die Renten auf Basis der besten 25 Erwerbsjahre berechnet. Lokführer, Fluglotsen oder Zöllner genießen ebenfalls gesonderte Vorteile und können sich teilweise noch einmal wesentlich früher pensionieren lassen. Aber lange wird das Land, das schon heute unter einer zunehmenden Kluft zwischen Arm und Reich und einer noch viel höheren Jugendarbeitslosigkeit leidet, nicht darum herumkommen, sich auch damit zu befassen. Dabei muss eigentlich allen Beteiligten klar sein: Ist ein Land erst einmal in einer so prekären wirtschaftspolitischen Lage wie die sogenannten PIIGS-Staaten – Portugal, Irland, Italien, Griechenland und Spanien – ist keine Zeit mehr für Reformen. Dann wird in der Politik nur noch der Rotstift eingesetzt.

Wie man es anders machen kann, zeigen in unserem Zusammenhang die Reformen, die die Niederlande bei der Beamtenversorgung in den letzten Jahren – noch vor der Finanz-, Wirtschafts- und Staatsschuldenkrise – vorgenommen haben.[10] Die Renten der niederländischen Beamten werden durch einen – inzwischen privatisierten – Pensionsfonds ergänzt. Ein Weg, der lohnt, sich näher mit ihm zu befassen. Zu Beginn des 20. Jahrhunderts war die Beamtenversorgung in den Niederlanden ähnlich zersplittert wie auch im Deutschen Reich und der Weimarer Republik. Der letzte Schritt zu einem einheitlichen Pensionsgesetz für sämtliche Beschäftigte im Öffentlichen Dienst erfolgte im Jahr 1922. Durch das Inkrafttreten dieses Pensionsgesetzes (Pensioenwet) verloren die bisherigen verschiedenen Pensionsgesetze ihre Geltung und wurden vereinheitlicht und zu einem Pensionsfonds für den gesamten Öffentlichen Dienst, dem Allgemeinen Bürgerlichen Pensionsfonds (Algemeen Burgerlijk Pensioenfonds, ABP), zusammengefasst. Die Finanzierung dieses Pensionsfonds erfolgte dabei nicht mehr im Umlage-, sondern im Kapitaldeckungsverfahren durch Beiträge der öffentlichen Arbeitgeber und der Beschäftigten. Die Höhe der Beiträge richtete sich nach der Höhe der Pensionszahlungen der jeweils Beschäftigten. Die Pension sollte nicht weniger als dreißig Prozent und nicht mehr als siebzig Prozent der letzten Durchschnittsgehälter betragen und wurde ab dem 65. Lebensjahr gezahlt. In der Praxis waren die Beamten damit jedoch ebenfalls von der Finanzierung ihrer eigenen gesetzlichen Rentenansprüche befreit.

Diese Regelung hatte bis zum Jahr 1986 Bestand. Ab dann wurden auch die ABP-Mitglieder selbst in der allgemeinen Rentenversicherung als erster Säule der Altersversicherung beitragspflichtig. Ein weiterer tiefgreifender und im Land äußerst kontrovers diskutierter Einschnitt erfolgte im Jahre 1996, als das ABPW (»Algemeen Burgerlijk Pensioenwet«) außer Kraft gesetzt und in eine »Stiftung ABP« (Stichting Pensioenfonds ABP) überführt wurde. Parallel dazu wurde der ABP von einer Körperschaft des öffentlichen Rechts in eine private Stiftung umgewandelt. Heute ist der niederländische Pensionsfonds mit einem Bilanzvermögen von 187 Milliarden Euro einer der größten der Welt. Die Konsequenz war eine Begrenzung des staatlichen Einflusses, da der ABP ab nun unter der Aufsicht eines halbparitätischen Verwaltungsrates (Staat und Gewerkschaften) und der gesetzlichen Versicherungskammer steht. Der Staat ist seitdem nichts weiter als der Arbeitgeber, der entsprechend den Vorschriften des Renten- und Sparfondsgesetzes (Pensioenen Spaarfondsenwet, PSW) agiert. Für die Zusatzrenten der im Öffentlichen Dienst Beschäftigten gelten demnach genau die gleichen Bestimmungen wie für die Zusatzrentenprogramme für die Arbeitnehmer in der Privatwirtschaft. Das heißt, die Ausgestaltung der Leistungen, die Feststellung der Betragshöhe und die Anlagepolitik ist nun nicht mehr dem Gesetzgeber überlassen, sondern liegt in der Verantwortung eines Verwaltungsrates. Die Probleme, die sich aus der Doppelrolle des Staates als Arbeitgeber, der gleichzeitig auch Gesetzgeber ist, ergaben, waren damit aus der Welt geschafft. Durch die Privatisierung garantiert nun nicht mehr der Staat für die Renten der im Öffentlichen Dienst Beschäftigten, sondern allein der ABP und damit seine Mitglieder.

Damit sind die Niederländer selbst in den Krisenjahren 2010/11 nicht schlecht gefahren: Der Deckungsgrad der meisten der rund 900 verschiedenen niederländischen Pensionsfonds erreichte im März 2011 wieder 112 Prozent.[11] Allerdings mit einigen nervenaufreibenden Schwankungen: Im Verlauf des Jahres 2009 stieg die Quote von 92 Prozent Ende März auf 109 Prozent im 3. Quartal, um dann bis September 2010 wieder auf 99 Prozent einzubrechen. Seit Ende 2010 erfüllen aber alle niederländischen Pensionsfonds im Durchschnitt wieder die von der Aufsichtsbehörde vorgeschriebene Mindestdeckungsquote von 105 Prozent. In den Jahren vor der Krise lag die Quote deutlich höher (Ende 2007: 144 Prozent). Der jüngste Aufwärtstrend bewahrte viele Pensionsfonds davor, auf Kürzungen von Pensionsansprüchen oder Renten (bzw. des Verzichts auf Anpassung an die Inflationsrate) zurückgreifen zu müssen. Gleichwohl haben die Probleme der letzten Jahre auch in den Niederlanden Ängste und Befürchtungen ausgelöst. Alles in allem kommt aber eine Wissenschaftlerin wie Susann Rochlitz zu der Schlussfolgerung, dass das niederländische Rentensystem klar und konsequent definiert ist. Ihr Fazit: »Das niederländische Rentensystem steht damit im Ganzen nicht zur Diskussion, jedoch werden auch hier immer wieder Änderungen vorzunehmen sein.«[12] Damit kann man leben.

Das Beispiel Österreich

Deutschland und Österreich verbindet geschichtlich gesehen vieles. Auch ein gewisses Faible für die öffentliche Verwaltung, für Ordnung, feste Regeln – und Beamte, die dies alles durchsetzen. Nach Preußen wurden auch in der Habsburger Monarchie unter Kaiserin Maria Theresia und ihrem Sohn Joseph II. im 18. Jahrhundert umfassende Verwaltungsreformen eingeleitet. Anstelle des barocken Herrscherethos sollten mit einer Zentralverwaltung des Vielvölkerstaates die Bedürfnisse der Gesellschaft genau kontrolliert, geregelt und gelenkt werden. Joseph II. erließ 1783 den später spöttisch so genannten »Hirtenbrief«, in dem die Beamten zur vollen Hingabe an ihre Amtsaufgabe aufgefordert wurden. Absolutismus, Kameralismus und Josephinismus prägten die Bürokratie Altösterreichs. Sie war eine der ganz großen Bürokratien der damaligen Welt und hat Verwaltungsnormen geschaffen, die weit über den Zerfall des Alten Reiches hinaus erhalten blieben und zunehmend als ein Optimum übernationaler Verwaltung anerkannt wurden.[1] In einer solchen »beamtenhierarchischen Nation« (Heimito von Doderer) kam vor allem den höheren Beamten eine besondere Bedeutung zu. Franz Werfel spricht deshalb bei Österreich von einer »Republik der Mandarine«. Das spielt an auf die gelehrten Beamten im alten China, die eine traditionelle Elite waren. Sie haben ein bestimmtes Berufsethos vorgelebt und galten als Vorbilder.

Was immer die zahllosen Nationalitäten vom Kaiser in Wien trennte – das einheitliche Dienstrecht seiner Beamten hielt die Doppelmonarchie am Ende selbst dann noch etliche Zeit zusammen, als sie eigentlich schon politisch zu zerfallen drohte. Der einheitlichen Verwaltung fiel eine friedenserhaltende, zivilisatorische Bedeutung zu. Zugrunde liegt eine – im wahrsten Sinn des Wortes – »pragmatische« Politik. Unter »Pragmatisierung« versteht man in unserem Nachbarland bis heute die

»Lebenszeit-Verbeamtung« eines Staatsdieners. Das Lebens-
zeit-Verbeamtungsprinzips soll aber – bis auf einige wenige
Exekutivbeamte bei Polizei, Justiz, im österreichischen Bundes-
heer und in wenigen, ausgewählten Verwaltungspositionen –
nach und nach verschwinden. Derzeit werde die Regelung
»überschießend« angewendet, heißt es in einem aktuellen
»Perspektivpapier« eines wissenschaftlichen Beirats für die
österreichische Bundesregierung in Wien. Viele Staatsdiener,
die früher mit einer sicheren Verbeamtung rechnen konnten,
werden seit einigen Jahren nur noch in einem öffentlichen Vertragsverhältnis eingestellt. Der Beamtenstatus ist seit Jahren
rückläufig. Nach den aktuellsten Zahlen aus dem Personal-
jahrbuch des Bundes aus dem Jahr 2010, das die Daten für Ende 2009 enthält, waren von knapp 133 000 österreichischen
Bundesbediensteten 83 550 Beamte und 49 370 Vertragsbe-
dienstete, die zumeist in ausgegliederten Institutionen ihre Arbeit versahen, wie zum Beispiel den im Jahr 2004 ausgegliederten
ten Universitäten. Während die Beamten mit rund sechzig Prozent im Bundesdienst noch die Mehrheit stellen, sind sie in anderen Bereichen bereits in der Minderheit. Dies gilt beispielsweise für das österreichische Schulwesen. Bei den Bundesleh-
rern, also den Pädagogen an mittleren und höheren Schulen,
sind nur noch 39 Prozent, nur vier von zehn Lehrern, Beamte.
61 Prozent sind aufgrund des Pragmatisierungsstopps in einem
Vertragsverhältnis.

Österreich ist hier einen Schritt weiter gegangen als
Deutschland. Die Not des Staatshaushalts hat das Land dabei
relativ frühzeitig zu solchen Überlegungen gezwungen, denn
es ist zwar kleiner als Bayern, aber von der Verwaltung her ein
Riese, vor allem mit zahlreichen Doppelzuständigkeiten in der
österreichischen Spielart des Föderalismus, wo Bund und Länder sowie Kommunen als nachgeordnete Gebietskörperschaften parallel tätig sind. In Wien gibt es ein eigenes »Ministerium
für Frauenangelegenheiten und Öffentlichen Dienst«, quasi
ein »Beamtenministerium«, geführt derzeit von der SPÖ-Mi-
nisterin Gabriele Heinisch-Hosek. Eine ihrer Hauptaufgaben

war es – bis zum Sommer 2011 jedenfalls –, eine neue Dienstrechtsreform vorzubereiten, die die Besoldungsstruktur für
Staatsdiener neu ordnen sollte. Denn Österreich gibt auch
heute für seinen Öffentlichen Dienst immer noch sehr viel
Geld aus. 12,7 Prozent aller Arbeitnehmer in Österreich sind
dort beschäftigt. Ganze 18,8 Prozent der Ausgaben des Staates,
das sind 25,8 Milliarden Euro, machten die Kosten für ihre Gehälter im Jahr 2008 aus. Keine andere Berufsgruppe hat in den
vergangenen zehn Jahren auch nur annähernd solche Lohner-
höhungen für sich herausholen können wie die unkündbaren
Staatsdiener der Republik. Das stellt nicht nur die »Statistik
Austria«, das ehemalige Österreichische Statistische Zentral-
amt, in seinen Veröffentlichungen fest, sondern auch der österreichische Rechnungshof in seinem »Einkommensbericht
2010«. Während die Bruttogehälter normaler Arbeitnehmer
von 1998 bis 2009 inflationsbereinigt um 3,5 Prozent stiegen,
wuchsen die Löhne für die Beamten im selben Zeitraum um 26
Prozent. Die »pragmatisierten« Staatsbediensteten brachten
es im Jahr 2009 auf ein Durchschnittsgehalt von 51 228 Euro
brutto im Jahr. Angestellte schafften im Schnitt 34 146 Euro
brutto, Arbeiter gerade einmal 18 318 Euro. Auch die Beamtenpension ist mit durchschnittlich mehr als 34 000 Euro pro Jahr
deutlich höher als jene der ASVG-Versicherten (der gesetzlich
nach dem »Allgemeinen Sozialversicherungsgesetz« Versicherten) mit durchschnittlich 19 600 Euro.

Das »Institut für Höhere Studien« (IHS) in Klagenfurt,
Kärnten, hat im Juni 2010 eine Studie vorgelegt, die zeigt, was
dadurch auf den österreichischen Staat in den nächsten Jahren
finanziell zukommt.[2] Passiert nichts, werden die Ausgaben für
Gehälter und Pensionen der Beamten bis 2013 um weitere fünf
auf 30,3 Milliarden steigen. Peter Haubner, Generalsekretär
des Österreichischen Wirtschaftsbundes, der Interessenvertretung von Selbstständigen und führenden Wirtschaftskräften,
ist davon überzeugt, dass zur Konsolidierung »ein Beitrag der
Beamten, die mit einer Arbeitsplatzsicherheit rechnen können,
auf jeden Fall gerechtfertigt« ist. Der Autor der IHS-Studie,

Hans-Joachim Bodenhöfer, wunderte sich über »die Zaghaftigkeit der Politiker bei Reformen«, obwohl eine Dienstrechtsreform längst überfällig sei. Denn die Entlohnung der Beamten und Vertragsbediensteten (= Öffentlichen Angestellten) sei nicht nur hoch, sondern auch nicht leistungsfreundlich. Ein Entlohnungssystem mit flacherer Gehaltskurve und variabel vergebenen Leistungsprämien könne, so Bodenhöfer, weitaus mehr für eine effizientere und raschere Verwaltung sorgen. Ein weiterer Personalabbau wäre ebenfalls möglich; und zwei Prozent weniger Beamte würden im Jahr rund 520 Millionen Euro weniger an Gehaltsausgaben bringen. Bis 2013 würde sich sogar ein Sparpotenzial von insgesamt drei Milliarden anhäufen.[3] Eine einmalige Nulllohnrunde für Staatsdiener brächte bereits 560 Millionen Euro. Und eine Gehaltskürzung von einem Prozent – also weniger Zulagen – würde innerhalb von drei Jahren 1,5 Milliarden Euro weniger an staatlichen Ausgaben bringen. Eine Variante zur Budgetkonsolidierung sei, »dass den Bediensteten im Sektor Staat, wie im Fall der von der Schuldenkrise besonders betroffenen Staaten (Griechenland, Spanien, Portugal etc.), auch Gehaltskürzungen zugemutet werden«.[4] Betroffen wären etwa Zulagen oder andere flexible Gehaltsbestandteile.

Vor dem großen revolutionären Wurf brauchen sich Österreichs Staatsdiener im Moment aber dennoch nicht zu fürchten. Für die nächsten ein, zwei Jahre wird es erst einmal nichts mit einer grundlegenden Dienstrechtsreform. Dies gab Beamtenministerin Gabriele Heinisch-Hosek im Sommer 2011 bekannt. Ihre Begründung: Höhere Einstiegsgehälter bei später abgeflachten Einkommenskurven würden den österreichischen Staat zu Beginn jährlich 200 bis 250 Millionen Euro mehr kosten – und diese seien im Finanzrahmen des Bundes nicht vorgesehen. Österreichs Beamte können sich – solange es sie noch gibt – weiterhin über ihr gutes Gehalt und vor allem ihren »Ruhegenuss« freuen. So heißt das Ruhegehalt von Beamten in Österreich. Als Pension wird dort das bezeichnet, was wir Rente nennen, und als Rente die Leistungen aus einer gesetzlichen Unfallversicherung bezeichnet. Der »Ruhegenuss« wird von den ehemaligen Dienstbehörden geleistet. Eine eigene Pensionsversicherung für Beamte gibt es in Österreich nicht. Die Beamten leisten zwar einen eigenen Pensionsbeitrag, der in den neunziger Jahren im Sinne der Angleichung von Beamten und Angestellten auf 12,55 Prozent angehoben wurde. Der Betrag wird aber an keine Kasse gezahlt, sondern von der Dienststelle einbehalten. Berechnet wird das Beamtenruhegehalt nach dem Durchschnitt der besten zwölf Einkommensmonate. Auf dieser Basis erhalten Beamte in Österreich fast hundert Prozent ihres Aktivbezuges. Die mittlere Beamtenpension liegt bei 2525 Euro.

Von ihrem »Ruhegenuss« machen die Beamten in unserem Nachbarland, so früh es eben geht, eifrig Gebrauch. Die österreichische Version der Frühverrentung ist die sogenannte »Hacklerregelung«, die Menschen mit vielen Versicherungsjahren (45 bei Männern, vierzig bei Frauen) in der Regel die volle Pension schon mit sechzig (Männer) oder 55 (Frauen) erlaubt. Beamte zählen auch in Österreich zu den größten Profiteuren dieser »Hacklerregelung«. Wie eine Erhebung des Rechnungshofs ergeben hat, ging im Jahr 2009 jeder zweite Beamte als »Hackler« in die Pension. Die Mehrkosten für die Pensionierungen der Jahre 2011 bis 2013 schätzt der Rechnungshof auf 840 Mio. Euro, bezogen auf die gesamte Pensionsdauer der Betroffenen. Die »Hacklerpension« soll nun unter dem Druck leerer Kassen langsam auslaufen. Ab 2013 soll für Männer künftig in Halbjahresschritten das Eintrittsalter für Pensionen auf 62 und für Frauen auf 57 steigen.

Die Länder, die Nationalbank und vor allem die österreichische Bundesbahn ÖBB sollen ebenfalls die Reformen vollziehen, die vom Rechnungshof empfohlen werden. Wie in Deutschland gibt es auch in Österreich »Firmenbeamte«, die den Steuerzahler teuer zu stehen kommen. Sie sind ein Erbe aus der Zeit, als ÖBB, Post oder Telekom Austria noch direkt Ministerien unterstellt waren. Inzwischen notieren jedoch zumindest Post und Telekom an der Börse. Dennoch sind 55 000 der etwa 81 000 aktiven inländischen Mitarbeiter der drei Konzerne »definitiv« gestellt – verbeamtet auf Lebenszeit. Den höchsten Anteil hat dabei die Bahn. Zwei von drei Eisenbahnern können sich über einen besonderen Kündigungsschutz freuen. Bis zu 45 Monatsgehälter konnten Mitarbeiter in der Vergangenheit bekommen, wenn sie ihren Posten freiwillig räumten. Andernfalls müssen für sie neue Jobs gefunden werden bzw. sie werden in »Karrierezentren« zusammengefasst oder nach Hause geschickt und zur Untätigkeit verdonnert. Vor drei Jahren sorgte ein Vorschlag, wie die Telekom Beamte loswerden möchte, für Aufregung. Man solle sie einfach so lange zu Hause sitzen lassen, bis sie freiwillig aus dem Unternehmen flüchten, wurde ein Mitglied aus dem Vorstand in einem Zeitungsartikel zitiert.[5] Bis zum Jahr 2045 wird es dauern, bis in Österreich der letzte pragmatisierte Beamte bei ÖBB, Telekom oder Post in Pension geht. Für eine Lösung des Problems bräuchte es aber – angesichts des Widerstands der Beamtenvertreter – einen politischen Kraftakt. Und der ist auch im großkoalitionären Österreich nicht so einfach zu bewerkstelligen gegen den Widerstand der Beamtenvertreter. Fritz Neugebauer, der Chef der ÖVP-Beamtengewerkschaft, hat der Regierung mit einer Verfassungsklage wegen eine Verlängerung der Lebensarbeitszeit für Beamte gedroht.

Die verschobene Dienstrechtsreform wird aber auch in Österreich massiv kritisiert. Vor allem von jüngeren Politikern. Die Junge ÖVP (JVP) schäumt wegen des Rückziehers von Beamtenministerin Gabriele Heinisch-Hosek. »Wir sind ernsthaft empört, dass ein so unfaires System einfach weiter unangetastet bleibt«, meint etwa Sebastian Kurz, Chef der jungen Schwarzen.[6] Die JVP moniert insbesondere die hohen altersbedingten Gehaltssprünge bei Beamten und Vertragsbediensteten, die im Zusammenhang mit den niedrigen Einstiegsgehältern »extrem leistungsfeindlich und ungerecht« seien: »Der Grund für Gehaltssprünge sollte Engagement, Qualifikation oder eine Beförderung sein, nicht alleine das Alter. Die Lebensverdienstkurve ist ungerecht.« Dass Erfahrung auch finanziell abgegolten werde, sei durchaus in Ordnung, so Kurz, er wolle seine Argumente nicht als Angriff auf die gesamte ältere Generation verstanden wissen. »Aber die fünfzig Prozent Steigerung etwa sind definitiv zu viel, vor allem, wenn man sich ansieht, mit wie wenig Geld junge Familien und Berufseinsteiger im Öffentlichen Dienst zurechtkommen müssen.« Die Forderung der JVP: Die Gehaltskurve solle deutlich abgeflacht werden. Und die Mehrkosten, die Heinisch-Hosek fürchtet? »Wenn eine sinnvolle Investition in die Zukunft ein paar Jahre mehr Geld kostet, dann muss es uns das wert sein«, fordert Kurz. Mit dem aktuellen System tue man dem Öffentlichen Dienst, der sich angesichts der demografischen Entwicklung auch in Österreich schon bald nach geeignetem Nachwuchs umsehen muss, keinen Gefallen. »Junge Menschen sollen in den Öffentlichen Dienst einsteigen, weil es dort eine interessante Perspektive und eine faire Entlohnung gibt.«

Jedenfalls wird die Zahl der Beamten in Österreich in den nächsten Jahren durch die rigide Begrenzung der »Pragmatisierung« kontinuierlich zurückgehen. In einzelnen Bundesländern ist dies bereits heute deutlich zu spüren. In Vorarlberg schaffte die Landesregierung vor zehn Jahren Beamte im Landesdienst ab und führte ein neues Gehaltsschema ein. Landeshauptmann Herbert Sausgruber sieht bisherige Mehrkosten gut investiert. »Insgesamt sehe ich darin eine absolut richtige Entscheidung«, zitiert ihn die österreichische Zeitung ›Die Presse‹.[7] Der letzte Beamte auf Lebenszeit wurde im Landesdienst Ende 2000 ernannt. Seither werden neu eintretende Mitarbeiter nach einem neuen Gehaltsschema mit höheren Einstiegsgehältern bezahlt und erhalten im Ruhestand später einmal eine ASVG-Pension. Bei der Umstellung auf das neue Gehaltsmodell fallen Mehrkosten an, weil ältere Bedienstete mit höheren Gehältern noch weiterbeschäftigt sind, gleichzeitig aber auch die Neueinsteiger schon höhere Aktivbezüge erhalten, ehe deren Gehaltskurve später dann flacher als bisher verläuft. Aber »in absehbarer Zeit«, bilanziert Sausgruber, dürfte die Phase kommen, in denen sich die Kosten »neutralisieren«. Damit wird es für das Land dann auf Dauer billiger: »Das ist eine saubere Regelung, die für eine moderne Verwaltung herzeigbar ist.« Mit der Umstellung sei auch verbunden, dass neue Bedienstete im Ruhestand nur noch »echte« ASVG-Pensionen erhalten, für die das Land auch Dienstnehmerbeiträge zahlt. Auch das macht die Umstellung noch etwas teurer, aber damit seien auch die ständigen Debatten um Beamtenpensionen beendet. In Vorarlberg gab es mit Stand vom 30. September 2010 noch exakt 356 Beamte, das ist rund ein Fünftel aller insgesamt 1781 Bediensteten. Immer mehr österreichische Bundesländer folgen diesem Beispiel: Im Sommer 2011 haben das Land Tirol und das Land Salzburg die »Pragmatisierung« abgeschafft.

Das Vorbild Schweiz

Was die Österreicher können, kann die Schweiz schon lange. Die Schweiz ist seit einigen Jahren ein Land nahezu ohne Beamte und – oh Wunder – sie existiert immer noch. Vielleicht können solche mutigen Reformen, wie sie die Schweizer vorgenommen haben, auch nur in einem kleinen Land durchgeführt werden, in dem am Ende das Volk in einer Volksabstimmung darüber entscheidet. Aber das ist ein anderes Thema. Jedenfalls hat es in den letzten zehn Jahren in der Alpenrepublik grundlegende Reformen zur Flexibilisierung des öffentlichen Dienstrechts gegeben. Der Grund war auch hier die mit den Jahren stetig gestiegene Anzahl der Beamten im Öffentlichen Dienst. Doch während in Deutschland Anfang und Mitte der neunziger Jahre eine Expertenkommission nach der anderen zur Reform des Öffentlichen Dienstes und zum Thema »New Public Management« tagte und diskutierte, zogen die Schweizer energisch einen Schlussstrich: 1997 trat das Regierungs- und Verwaltungsorganisationsgesetzes (RVOG) in Kraft, das die Organisation der Exekutive neu regelte. Am 14. Dezember 1998 legte die Schweizer Bundesregierung dem Parlament einen Entwurf eines neuen Bundespersonalgesetzes vor, der von beiden Parlamentskammern verabschiedet und in einer Volksabstimmung am 26. November 2000 angenommen wurde.[1] Damit wurden auf Bundesebene das öffentliche Dienstverhältnis für das Personal der Bundesverwaltung, der dezentralisierten Verwaltungseinheiten, der Gerichtsbehörden des Bundes, der Parlamentsdienste und verschiedener Bundesbetriebe zum Januar 2002 von Grund auf neu geregelt. Die Folgen waren und sind bis heute weitreichend: Der Bund sowie die meisten Kantone haben für ihre mehr als 130 000 Staatsdiener den Beamtenstatus abgeschafft und stattdessen ein öffentlich-rechtliches Anstellungsverhältnis mit Kündigungssystem eingeführt.[2] Lediglich für bestimmte Tätigkeitsbereiche kommt auch weiterhin eine Verbeamtung in Betracht. Hierzu gehört zum Beispiel der gesamte Bereich der Justiz. So werden die Mitglieder von Gerichtsbehörden zur Sicherstellung ihrer richterlichen Unabhängigkeit nach wie vor für eine bestimmte Amtsdauer durch das Volk oder das Parlament gewählt. Entsprechendes gilt für diejenigen Stellen der Exekutive, die Aufsichts- oder Anklagefunktionen auch gegenüber der eigenen Anstellungsbehörde wahrnehmen, wie etwa die Organe der Bundesanwaltschaft oder der Staatsanwaltschaften und natürlich der Polizei. Das neue Recht galt ausdrücklich auch für diejenigen Dienst- und Beamtenverhältnisse, die vor dem 1. Januar 2002 abgeschlossen wurden oder über dieses Datum hinaus fortbestanden. Sofern die Inhaber solcher »altrechtlicher Dienstverhältnisse« die Unterzeichnung eines angebotenen zumutbaren Arbeitsvertrages ablehnten, galt dies als Grund für eine Kündigung des Arbeitsverhältnisses. Auf kantonaler Ebene verlief die Entwicklung ähnlich. Bis heute haben die meisten Kantone den Beamtenstatus abgeschafft oder er gilt nur mehr unter Einschränkungen.

Die Schweiz ging noch einen Schritt weiter: 1997 beschloss das Berner Parlament die Trennung der Post-, Telefon- und Telegrafenbetriebe (PTT) in die selbstständigen Unternehmen Post und Telecom AG (seit 1998 Swisscom). Die Angestelltenverhältnisse der Swisscom basierten von Anfang an auf dem Privatrecht. Mit der Inkraftsetzung des neuen Bundespersonalgesetzes 2002 verloren schließlich auch die Angestellten der Post und der Schweizer Bundesbahn (SBB) im Nachhinein den Beamtenstatus. Für deutsche Beamte ein ungeheuerliches Vorgehen. Darüber hinaus sind im Prinzip neben Bund und Kantonen auch die rund 3000 schweizerischen Gemeinden befugt, für ihr Personal eigene dienstrechtliche Normen aufzustellen. Das hat zwar für den Beamtenapparat in der Schweiz eine extreme Zersplitterung des Dienstrechts zur Folge, aber offensichtlich ohne Schaden für das Land.

Möglich war dies alles, weil die Schweiz dafür keine Änderung der Bundesverfassung vornehmen musste. Das Beamtentum in der Schweiz konnte ohne größere rechtliche Hindernisse abgeschafft werden. Nach der Schweizer Verfassung bestand lediglich das Recht und nicht die Pflicht, »bleibende Verbeamtungen« vorzunehmen.[3] Zudem enthält die Bundesverfassung auch keine mit dem deutschen Grundgesetz vergleichbare Verfassungsbestimmung, wonach das Berufsbeamtentum institutionell garantiert wird (Art. 33 Abs. 5 GG i. V. m. Art. 33 Abs. 4 GG). Es gibt in der Schweiz auch keine dem deutschen Grundgesetz entsprechende Verfassungsbestimmung im Sinne des Art. 33 Abs. 4 GG, wonach die Ausübung hoheitlicher Befugnisse als »ständige Aufgabe in der Regel Angehörigen des Öffentlichen Dienstes zu übertragen (ist), die in einem öffentlich-rechtlichen Treuverhältnis stehen«.[4] Nach schweizerischem Rechtsverständnis können auch wichtige öffentliche Aufgaben privatrechtlichen Organisationen oder Nicht-Beamten übertragen werden. Die Kantone sind nicht verpflichtet, ihr Dienstrecht an das des Bundes anzugleichen. Es existiert nämlich kein durch den Bund geregeltes Rahmendienstrecht, wie es in Deutschland bekannt ist. Dies wirkt sich insbesondere auf die Höhe der Beamtengehälter aus, die sowohl vom Bund als auch von den Kantonen autonom bestimmt werden und daher sehr unterschiedlich ausfallen können.

Der Berufsstand der Beamten hat in der Schweiz historisch gesehen ein ganz anderes »standing« als in Deutschland. Streng genommen gab es dort keine Lebenszeit-Verbeamtung. Schweizer Beamte wurden »auf Zeit«, für eine »Amtsdauer« ernannt. Während dieser Amtsdauer waren sie jedoch praktisch unkündbar. Das »Amtsdauerprinzip« für Bundesbeamte wurde bereits 1855, rund siebzig Jahre vor dem Bundesbeamtengesetz, eingeführt. Die Wahl bzw. die Einstellung auf Zeit war Ausdruck des besonderen Demokratieverständnisses in der Schweiz, das geprägt ist von einer direkten, unmittelbaren Beteiligung des Volkes an den Staatsgeschäften. Danach sollten die Träger öffentlicher Ämter unmittelbar oder wenigstens mittelbar über die Volksvertretungen oder die Regierungen in periodisch wiederkehrenden Zeitabschnitten vom Volk gewählt werden. Diesem Grundverständnis widersprach es, Beamte auf Lebenszeit einzustellen. Mit Ablauf der Amtsdauer war auch das Beamtenverhältnis grundsätzlich beendet. Durch die stillschweigende Erneuerung eines Dienstverhältnisses am Ende einer Wahlperiode entwickelte sich aber de facto eine mit dem deutschen Recht vergleichbare Verbeamtung auf Lebenszeit.[5]

Nichtsdestoweniger ist dieser kleine, aber feine Unterschied von einiger Bedeutung. In der Schweiz war die Besoldung von Beamten zwar im Bundesbeamtengesetz geregelt, da dieses Gesetz aber dem fakultativen Referendum unterstand, bedurfte jede Abänderung der Besoldungsskala – neben einem übereinstimmenden Beschluss beider Kammern des Parlaments – der ausdrücklichen oder stillschweigenden Zustimmung des Volkes. Eine Tarifautonomie, die – unabhängig vom Volkswillen – den Abschluss von Gesamtarbeitsverträgen ermöglicht, gab es in der Schweiz nicht.

Da die Beamten in der Schweiz für eine bestimmte Amtsdauer und nicht auf Lebenszeit eingestellt wurden, besaßen sie auch keinen Versorgungsanspruch gegenüber dem Staat, wie es ihn nach deutschem Rechtsverständnis gibt. Die berufliche Vorsorge erfolgt bis heute vielmehr so wie in der Privatwirtschaft nach sozialversicherungsrechtlichen Grundsätzen. Die Leistungen werden vollständig durch Sozialversicherungen erbracht. Die öffentlichen Arbeitgeber zahlen privatwirtschaftliche Beiträge an diese Sozialversicherungen. Ihre Verpflichtung beschränkt sich auf diese Beitragszahlungen. Renten werden also nicht aus dem Haushalt der jeweiligen Körperschaft bezahlt und schon gar nicht durch Neuverschuldungen finanziert.

Es lohnt ein Blick darauf, wie die Schweiz die Alterssicherung nicht nur für ihre Beschäftigten im Öffentlichen Dienst, sondern auch im Allgemeinen organisiert, denn es gibt interessante Unterschiede zu Deutschland. Die Leistungen der Alterssicherung werden jeweils durch zwei Sozialversicherungsträger erbracht: einerseits durch die »Alters- und Hinterlassenenversicherung« (AHV) – eine allgemeine Volksversicherung, finanziert im Umlageverfahren – und andererseits durch die jeweilige Pensionskasse (betriebliche Vorsorge, finanziert im Kapitaldeckungsverfahren). Die AHV ist eine Basisversicherung, die existenzsichernd sein soll, es aber in vielen Fällen nicht ist. Die Pensionskassenleistungen sind als Ergänzung dazu konzipiert, in der Praxis aber ist ihre Leistung bei guten Löhnen oft höher als diejenige der AHV. Bei sehr niedrigen Einkommen im Öffentlichen Dienst sind sie hingegen gering, vor allem dann, wenn nur das gesetzliche Minimum zur Anwendung kommt. Die Alterssicherung für Beschäftigte im Öffentlichen Dienst ist also kein separates System, sondern mit der übrigen Vorsorge gekoppelt. Diese Aufteilung der Vorsorge auf zwei unterschiedliche Standbeine ist nützlich, da Umlageverfahren und Kapitaldeckungsverfahren unterschiedliche Stärken und Schwächen haben. Das Gesamtsystem erhält dadurch eine höhere Stabilität. Historisch gesehen waren die Arbeitgeber im Öffentlichen Dienst oft führend im Aufbau von Pensionskassen. Die älteste noch bestehende Pensionskasse im Öffentlichen Dienst stammt aus dem Jahr 1818.

Mit dem Gesetz über die Pensionskasse des Bundes vom 23. Juni 2000 (PKB-Gesetz) ist in der Schweiz eine neue Pensionskasse für die berufliche Versorgung des Bundespersonals, die sogenannte »Publika«, eingerichtet worden.[6] Sie versichert die Beschäftigten des Bundes und ihre Angehörigen gegen die wirtschaftlichen Folgen von Alters-, Invaliditäts- und Todesfallrisiko. Im Unterschied zur bisherigen Pensionskasse ist Publika rechtlich und wirtschaftlich selbstständig. Sie ist aus der engeren Bundesverwaltung ausgegliedert und soll ihre Leistungen nach betriebswirtschaftlichen Grundsätzen selbst erwirtschaften. In diesem Sinne hat man bereits Mitte 1999 mit der Investition von Geldern auf dem Markt begonnen. Rund fünf Milliarden Franken sollen so jedes Jahr neu angelegt werden. Investiert wird zum Beispiel in Fremdwährungsobligationen, Schweizer Aktien, ausländische Aktien, aber auch in mittlere und kleinere Unternehmen sowie in Immobilien. Der jährliche Vermögensertrag der neuen Pensionskasse hängt wesentlich von den Entwicklungen auf dem Kapitalmarkt ab. Als Absicherungsmaßnahme ist ein sogenannter Sicherheitsfonds eingerichtet worden, der bei Zahlungsunfähigkeit der Pensionskasse die Leistungen erbringen soll. Des Weiteren prüfen verschiedene Kontrollstellen sowie Expertinnen und Experten regelmäßig die Geschäftstätigkeit der Pensionskasse. Hierüber ist der Aufsichtsbehörde jährlich Bericht zu erstatten. Heute ist die Publica mit einer Bilanzsumme von mehr als dreißig Milliarden Franken und mehr als 56 000 Versicherten eine der großen Player unter den Pensionskassen der Schweiz und mit einer Rendite von 5,16 Prozent auf das Anlagevermögen (2010, ein Jahr zuvor waren es noch mehr als zehn Prozent) mehr als solide finanziert. Echte Schweizer Wertarbeit![7]

Die Gesamtversorgung eines Ruheständlers hängt letztlich von der Pensionskasse des jeweiligen Arbeitgebers ab. Die Kantone sind souverän und auch die Gemeinden haben hohe Autonomie bei der Gestaltung der Arbeitsbedingungen ihres Personals und der Lohnnebenleistungen, wozu auch die betriebliche Vorsorge gehört. Sie können selbst bestimmen, zu welcher Pensionskasse sie gehören und welchen Vorsorgeplan sie haben wollen. Die Alterssicherung der Beschäftigten im Öffentlichen Dienst ist also nicht einheitlich, sondern variiert von Arbeitgeber zu Arbeitgeber. Es ist deshalb schwer, allgemeingültige Aussagen zur Alterssicherung der Beschäftigten im Öffentlichen Dienst zu machen, dies umso mehr, als bisher keine wissenschaftlichen Arbeiten dazu existieren und keine Zahlen veröffentlicht sind. Die Leistungen der Alterssicherung der Beschäftigten im Öffentlichen Dienst dürfen aber grundsätzlich als gut bis sehr gut bezeichnet werden. Die Pensionskassenleistungen liegen meist deutlich über dem gesetzlichen Minimum, obwohl auch die Finanz- und Staatsschuldenkrise an der reichen Schweiz nicht spurlos vorbeigegangen ist. Auch die Leistungen der »Publika« werden der neuen Situation angepasst. Bisher richteten sich die Auszahlungen der Pensionskassen oft nach ihrer Kapitalleistung. Viele wurden und werden jetzt umgestellt und orientieren sich bei ihren Pensionszahlungen an der Höhe der eingehenden Beiträge. Durch diese Maßnahme werden die Pensionskassen entlastet, sie können mit einem geringeren Risiko geführt werden, was sie auf der anderen Seite aber auch sicherer macht. Neben einer gewissen Ungewissheit über die Höhe der zukünftigen Rente führt dies allerdings oft auch zu niedrigeren Renten, weil ein Teil des Zinsrisikos auf die Versicherten übertragen wird. Trotz solcher Nachteile ist das Niveau der Gesamtleistungen aus AHV und PK so gut, dass in aller Regel zusätzliche, individuelle Maßnahmen nicht nötig sind.

Aufruhr im Klassenzimmer

An verteilungspolitischer Gerechtigkeit mangelt es nicht nur zwischen Renten- und Pensionsempfängern, zwischen den heute Berufstätigen und den kommenden Generationen, die unter der von uns aufgehäuften Schuldenlast und den staatlichen Verpflichtungen leiden werden. Auch innerhalb des Öffentlichen Dienstes wachsen die Konflikte. Es rumort unüberhörbar. Es knirscht zwischen denjenigen, die den begehrten Beamtenstatus haben, und jenen, die ihn unter den gegebenen Umständen nicht mehr erreichen werden. Rivalität zwischen den Angestellten und den Beamten im Öffentlichen Dienst gab es immer schon. Seit der Verlagerung der Personalkompetenzen vom Bund auf die Länder durch die Föderalismuskommission I hat dieser Konflikt aber neuen Zündstoff bekommen. Ausgerechnet im Klassenzimmer wird er ausgetragen.

Der Flächentarif, den es bis dahin im übertragenen Sinn auch im Beamtenbesoldungsrecht gegeben hat, ist zugunsten von länderspezifischen Einzellösungen aufgehoben worden. Das Hauptmotiv der handelnden Politiker, vor allem der mächtigen Ministerpräsidentenkonferenz, bei der Neuordnung der föderalen Beziehungen zwischen dem Bund und den Bundesländern, war Folgendes: Wenn wir auf Mitbestimmungs- und Mitwirkungsrechte bei der Bundesgesetzgebung im Bundesrat verzichten, müssen wir an anderer Stelle dafür entschädigt werden. Deshalb wurde – beginnend mit dem Jahr 2006 – vereinbart, dass die Länder wieder für ihre eigenen Mitarbeiter zuständig sein sollten. Damit kehrt man zurück zu einer Verfassungslage, wie es sie vor dem Jahr 1971 gegeben hatte. Damals hatte man das Beamtenrecht zentralisiert und der Bund hatte sich die Rahmengesetzgebungskompetenz übertragen lassen. Die Erfordernis einer bundeseinheitlichen Regelung wurde seinerzeit mit der Vermeidung eines ruinösen Wettlaufs zwischen den Ländern, also mit einer Begrenzung von Besol-

dungserhöhungen, begründet. Mit wachsender Wirtschafts-
und Leistungskraft in Deutschland war das Gefühl vorherr-
schend geworden, dass nunmehr alle Beamten überall gleich
verdienen sollten. Das Geld dafür schien vorhanden oder würde sich schon irgendwie auftreiben lassen, und sei es in Form
von neuen Schulden. An Finanzmärkte und Ratingagenturen
dachte niemand. Und so stieg – zusammen mit dem rasanten
Ausbau und der föderalen Egalisierung des Öffentlichen
Dienstes parallel die Verschuldung Deutschlands an.

Dreißig Jahre später stellte sich heraus, dass die Vorteile einer Zentralisierung im Öffentlichen Dienst in ihr Gegenteil
umgeschlagen waren. Der Bund, der relativ wenig Beamte bezahlen muss, war nämlich stets ein großzügiger Arbeitgeber gewesen und hatte in der Vergangenheit selten etwas gegen hohe
Tarifabschlüsse einzuwenden gehabt. Ganz anders sah es bei
den Ländern aus. In deren Etats wuchs, wie wir gesehen haben,
der Personalkostenanteil über die letzten Jahrzehnte kontinuierlich an. So kam es, dass die Länder in der Föderalismuskommission beschlossen, sich vom Bund zu »emanzipieren«. Die
Mehrheit von ihnen wollte für ihre Beamtenschaft landesangepasste Lösungen verwirklichen und nicht länger über den Bundesrat Kompromisse und Öffnungsklauseln in der Rahmengesetzgebung des Bundes erzwingen. Sie wollten über Grundgehalt und Urlaubsgeld, Beförderungspraxis und Altersversorgung ihrer Landesbediensteten in Zukunft selber entscheiden.
Nicht zuletzt wollte man so auch flexibler auf ein regionales
Kostengefälle reagieren: Die Lebenshaltungskosten sind in
Hamburg oder München nun mal eben erheblich höher als etwa in der Oberpfalz oder in Brandenburg. Die finanzschwä-
cheren Länder warnten zwar in der Föderalismuskommission I
ausdrücklich vor zu viel Wettbewerb bei den Einkommen, aber
letztlich war die Vereinbarung auch in ihrem Interesse. Denn
nur so konnten sie sich von einer Gehaltsentwicklung abkop-
peln, die sich zuletzt nur noch der Bund und die stärksten Bundesländer leisten konnten. Wie man sieht, lassen sich mit Sparzielen für öffentliche Haushalte sowohl Zentralisierungen als

auch Föderalisierungen des Dienstrechts in Deutschland begründen.

Die zurückgewonnene Personalkompetenz der Länder für ihre Beamten war ein wichtiger Markstein der föderalen Neuordnung: Zugrunde lag die aus der Not gewonnene Einsicht der Politik, dass es so wie bisher mit der Ausgabenentwicklung im Öffentlichen Dienst nicht mehr weitergehen durfte. Die Neuregelung hatte wiederum weitreichende Folgen. Schon lange litten Millionen Deutsche in der freien Wirtschaft unter dem Standortwettbewerb, der zu Niedriglöhnen und unsicheren Arbeitsplätzen führte. Nun traf es auch den Öffentlichen Dienst. Bildung ist »Ländersache«. Ob die Lehrer und Lehrerinnen, die sie anstellen, Beamte oder Angestellte sind, ist eine Entscheidung der Bundesländer. Bei Angestellten werden in ihrer aktiven Zeit Sozialversicherungskosten auch vom Arbeitgeber abgeführt, bei Beamten nicht. Deren Pensionskosten trägt ja der Steuerzahler der nächsten Generation.

Was sind die Konsequenzen dieser Einsparmethoden? In vielen Lehrerzimmern – besonders in Ostdeutschland, aber mittlerweile nicht mehr nur dort – ist der eine Lehrer ein Beamter, der andere aber ein Angestellter. Der Beamte verdient bei gleichen Voraussetzungen netto mehr als sein Kollege und hat zudem erhebliche zukünftige Ansprüche. Kein Wunder, dass das für Unfrieden sorgt. Im Jahr 2010 hat das Fernsehmagazin ›Kontraste‹ des Rundfunks Berlin-Brandenburg unter dem Titel »Gleiche Arbeit, ungleicher Lohn – Beamte kontra Angestellte« einen Beitrag dazu ausgestrahlt. Es ging unter anderem um zwei Lehrer in Nordrhein-Westfalen.[1] Beide unterrichteten an einer Gesamtschule in Bochum, beide sind gleich alt, haben die gleiche Ausbildung und leisten die gleiche Arbeit. Aber der eine ist Studienrat, also Beamter, und verdient netto circa 400 Euro mehr. Der Studienrat hat zwar ein niedrigeres Bruttogehalt, muss aber keine Beiträge zur Renten- und Arbeitslosenversicherung zahlen, denn das übernimmt der Staat. »Ja, dann ist man schon sauer«, meint der Angestellte und auch der Beamte findet es nicht gerecht:

»Gleiche Arbeit, gleiches Gehalt – das gilt woanders auch. Das müsste hier eigentlich auch gelten.« Um Gerechtigkeit herzustellen, müsste man entweder den angestellten Lehrern ein wesentlich höheres Bruttogehalt zahlen oder auch die angestellten Lehrer verbeamten, damit alle den gleich hohen Nettolohn bekommen. Dann aber multiplizieren sich die Pensionskosten. Um dies zu finanzieren, müssten die Beamtenpensionen, wie Bernd Raffelhüschen zitiert wird, erheblich gekürzt werden. Diese Machtprobe mit der Beamtenlobby wagt niemand. Die verantwortlichen Politiker gehen lieber den Weg des geringsten Widerstands.

Eskaliert ist dieses Nebeneinander von beamteten und angestellten Lehrern nicht nur in Nordrhein-Westfalen, sondern vor allem auch in Berlin, das keine Lehrer mehr verbeamtet. Im benachbarten Brandenburg findet das noch statt – allerdings auf sehr niedrigem Niveau. Deswegen will der brandenburgische Finanzminister Helmut Markov von den »Linken« auch wieder in Teilbereichen der Verwaltung die »Buschprämie für Beamte«, eine Art »Ausgleichszulage«, für alle diejenigen einführen, die aus einem westdeutschen Bundesland nach Brandenburg wechseln.[2] Wo zwei Gehältersysteme aufeinanderstoßen, regt sich Widerstand – und es entstand in Berlin die Initiative »Verbeamtung jetzt!«, der sich mittlerweile mehr als 400 Gleichgesinnte angeschlossen haben.[3] Es gibt eine eigene Internetseite, auf der alle Argumente für eine schnelle Verbeamtung aufgeführt werden. Es gäbe in Berlin zwischen Beamtensold und Angestelltenlohn »einen Nettounterschied von 500 bis 700 Euro« für dieselbe Arbeit, steht dort zu lesen. Das sei ein Motivationskiller. Auch die unterschiedliche Versorgung im Krankheitsfall und die Krankenversicherungsmöglichkeit unter den Lehrkräften spielen eine wesentliche Rolle. Angestellte Lehrkräfte sind nicht nur im Krankheitsfall deutlich schlechter abgesichert als die verbeamteten Kollegen, sondern sie besitzen nicht die gleiche Wahlfreiheit bei der Entscheidung für eine Krankenversicherung. Abgesehen davon, dass sie nicht beihilfeberechtigt sind, erreichen sie in einigen

Laufbahnen die Beitragsbemessungsgrenze nicht. Während die angestellten Lehrer klagen, gehen dem Land Berlin die Lehrer aus. Die Abschaffung der Verbeamtung 2004 macht sich erst jetzt richtig bemerkbar: Der Lehrermangel wird immer schlimmer. Es sind mehr Stellen offen, als es Bewerber gibt. Mehr als tausend neue Pädagogen werden an den Berliner Schulen benötigt. Und mehr als hundert Lehrer, die derzeit noch in Berlin unterrichten, haben Anfang des Jahres 2011 ihre Freistellung beantragt.[4] Es hat sich herumgesprochen, dass im benachbarten Brandenburg oder in Hamburg freie Stellen locken. Beamtenstellen. So wird Berlin gestraft für den Mut, den Beamtenstatus an den Schulen abzuschaffen.

Im März 2011 griff die zuständige Senatsverwaltung deshalb zum äußersten Mittel: Mit Anzeigen in Tageszeitungen suchte sie nach neuen Lehrern. »Gesucht wird für jede Schulart und nahezu jede Fächerkombination«, heißt es in einem Inserat, das in der ›Berliner Zeitung‹ erschien. Und der Senat warb auch offen damit, dass »Lehrer aus anderen Ländern im Beamtenverhältnis übernommen werden«.[5] Schon vorher hatte er das Einstiegsgehalt für angestellte Nachwuchslehrer erhöht und gruppierte sie in die höchste Gehaltsstufe ein. Ein neu eingestellter Lehrer erhält dann 3846 Euro brutto statt wie zuvor 2600 Euro. Doch diese Vereinbarung ist jährlich kündbar und weitere Gehaltssteigerungen sind nicht vorgesehen. Bei den verbeamteten Lehrern steigt hingegen mit zunehmendem Alter das Gehalt, so dass sie netto einige hundert Euro mehr verdienen. Im Sommer 2011 wusste sich die Berliner Schulverwaltung nicht anders zu helfen, als Referendare gleich auf voll bezahlte Lehrerstellen zu setzen. Bislang war von dieser Möglichkeit nur in extremen Einzelfällen Gebrauch gemacht worden.[6]

Berlin ist eines von lediglich drei Bundesländern, das seinen Lehrern keinen Beamtenstatus gibt. Auch Sachsen und Mecklenburg-Vorpommern halten zurzeit noch an ihrer Auffassung fest, dass die Lehrertätigkeit keine hoheitliche Aufgabe sei und deshalb auch von Angestellten geleistet werden könne – allerdings mit höheren Gehältern. Alle anderen 13 Bundesländer bieten ihren Lehrern den Beamtenstatus mitsamt allen Privilegien an.[7] In etwa der Hälfte der Bundesländer wird das Personal auch im Forschungs-, Universitäts- und Bildungsbereich sowie im öffentlichen Gesundheitswesen nicht verbeamtet.[8]

Vor rund zwanzig Jahren sah es so aus, als sei ein Systemwechsel möglich: In der Wendezeit gab es in einigen Bundesländern die Überlegung, generell auf den Beamtenstatus bei Lehrern zu verzichten bzw. ihn in den ostdeutschen Ländern gar nicht erst einzuführen. Neben Berlin gehörte Schleswig-Holstein zu den Bundesländern, die sich klar positionierten – in der Annahme, dass andere Länder folgen würden. Genau dies geschah aber nicht. Der Angestelltenstatus ist kurz- und mittelfristig für die Landeshaushalte erheblich teurer, und deshalb blieben alle anderen alten Bundesländer bei der Verbeamtung.

Die Folge spürte Schleswig-Holstein zuerst: Die Nachbarländer Hamburg und Niedersachsen warben Lehrer ab. Berlin und die neuen Länder hatten dieses Problem zunächst nicht, weil der Geburtenrückgang nach der Wende einen komfortablen Lehrerüberschuss bescherte. Ob Berlin aber seine Haltung auf die Dauer durchhalten kann, darf bezweifelt werden. Der Hauptstadt laufen die Lehrer weg: Nach einer Befragung der Vereinigung der Oberstudiendirektoren in der Hauptstadt wollen 530 von 1400 angestellten Lehrern an Gymnasien das Land Berlin verlassen, wenn sie in einem anderen Bundesland eine Anstellung mit sofortiger Verbeamtung bekämen. Jeder dritte Lehrer will also weg. In manchen Schulen haben achtzig Prozent einen Antrag auf Freistellung von ihrem mit Berlin geschlossenen Beschäftigungsverhältnis gestellt, um so schnell wie möglich gehen zu können – zum Beispiel ins benachbarte Brandenburg, wo Ministerpräsident Platzeck (SPD) weiter fleißig verbeamtet.

Dabei wäre bundesweit Handlungsbedarf dringend geboten. Deshalb fordert der 2011 wiedergewählte Regierende Bürgermeister Klaus Wowereit (SPD) auch eine einheitliche bundesweite Besoldung für Lehrer. Wowereit geht sogar noch ein

Stück weiter und will eine Deckelung. Berlin steht in harter
Konkurrenz zu anderen, wirtschaftlich stärkeren Ländern.
Durch eine einheitliche Regelung hofft man in Berlin, etwas
Chancengleichheit herstellen zu können. Zurzeit werben vor
allem wohlhabendere Länder wie Baden-Württemberg und
Hessen Lehrer ab.

Im Saarland ist die Situation ähnlich wie in Berlin. »Wir leben seit Jahren in harter Konkurrenz zu anderen Bundesländern und können auch finanziell da nicht mitziehen«, sagt Torsten Rott, Sprecher des Bildungsministeriums. »Einheitliche
Rahmenbedingungen und Spielregeln wären schon wichtig,
um ein sinnloses Wettbieten zu verhindern.«[9] Mecklenburg-
Vorpommern, Brandenburg, Rheinland- Pfalz und Schleswig-
Holstein hegen ebenfalls Sympathie für einheitliche Regeln.
Allerdings wollen sich die dortigen Kultusminister nicht zu op-
timistisch über ein abgestimmtes Vorgehen äußern. Kaum jemand glaubt, dass der Berliner Vorstoß Aussicht auf Erfolg hat.

Warum auch? Schließlich ist sich jeder selbst der Nächste.
Das gilt auch und gerade für den Föderalismus in unserem
Land. Sachsen-Anhalts Finanzminister Jens Bullerjahn (SPD)
hat im Frühsommer 2010 angekündigt, bis zum Jahr 2020 neu
eingestellte Lehrer wieder zu verbeamten. Laut Personalent-
wicklungskonzept sollen von 2012 bis 2020 insgesamt 2734
neue Lehrer eingestellt werden – als Beamte. Der DBB-Bun-
desvorsitzende Peter Heesen, ursprünglich selbst Lehrer, be-
grüßte die Ankündigung natürlich – was sollte er auch anderes
tun.[10] Um beim Werben um Lehrernachwuchs wettbewerbsfä-
hig zu bleiben, sei dies ein richtiger Schritt und eine vernünfti-
ge Politik, sagte Heesen. Bildungspolitisch gehe es vor allem
um die Deckung des Bedarfs. Es gäbe bereits in einer ganzen
Reihe von Schulformen nicht mehr genug Lehrkräfte. Außerdem habe die Verbeamtung, so die alte Logik, auch für Landeshaushalte Vorteile. Ein Grundschullehrer koste im Beamtenverhältnis das Land im Jahr rund 5100 Euro weniger als sein
angestellter Kollege, so Heesen. Dennoch käme beim Beschäftigten netto mehr an. Es handele sich also um eine Win-win-

Situation. Wer da was gewinnt – und wer vor allem verliert –, verschweigt der DBB-Chef.

Auch in Nordrhein-Westfalen – neben Berlin das zweite Land, das nicht gerade durch großartige Leistungsergebnisse in den Schulen glänzt – regt sich der Widerstand in den Lehrerzimmern und die Kluft zwischen angestellten und verbeamteten Lehrern weitet sich aus. Das sorgt für viel böses Blut. Die Initiative »SchaLL-NRW«, die »Schutzgemeinschaft angestellter Lehrer und Lehrerinnen«, will, so die eigene Aussage, »der Stachel im Fleisch der anderen Lehrerverbände sein und ausschließlich sowie kompromisslos die Interessen der 38 000 tarifbeschäftigten Lehrerinnen und Lehrer in NRW vertreten«.[11] Ihnen stehen 140 000 verbeamtete Lehrkräfte gegenüber. »Wir fordern die Ministerpräsidentin Kraft auf, endlich für Gerechtigkeit in den Lehrerzimmern in NRW zu sorgen und den angestellten Lehrerinnen und Lehrern ihre Würde zurückzugeben. Es muss Schluss sein mit der unerträglichen Lohndiskriminierung, die sich auch im Alter auf die Rente auswirkt«, so Rainer Lummer, Landesvorstandsmitglied und Gründungsmitglied von SchaLL. Darüber hinaus fordert SchaLL die TDL (Tarifgemeinschaft deutscher Länder) und die Gewerkschaften (ver.di, GEW, DBB) auf, ihre Tarifverhandlungen öffentlich zu führen. Es sei nicht weiter hinzunehmen, dass Tarifverhandlungen, geradezu vordemokratisch, hinter verschlossenen Türen als Geheimverhandlungen geführt und die Betroffenen im Nachhinein auf Interpretationen des angeblich Verhandelten verwiesen werden. Die Betroffenen wollen transparente Strukturen während der Verhandlungen.

Denn das kommt noch erschwerend hinzu: Über die Bezahlung angestellter Lehrerinnen und Lehrer entscheiden nach wie vor die Arbeitgeber alleine. Die GEW konnte ihr Ziel, die Bezahlung der Lehrkräfte per Tarifvertrag zu regeln, nicht durchsetzen. Noch immer fehlt eine Entgeltordnung zum Tarifvertrag der Länder (TV-L). Angestellte Lehrkräfte bekommen zwar ein Entgelt nach TV-L. Aber die Kernfrage, welche Tätigkeit welcher Entgeltgruppe zugeordnet ist, ist bis heute nicht tarifvertraglich geregelt. In der Vergütungsordnung des früheren Bundesangestelltentarifvertrages bestimmte eine Vorbemerkung, dass diese »nicht für Lehrkräfte« gilt. Stattdessen legt der Arbeitgeber die Eingruppierung alleine fest. Er orientiert sich dabei am Beamtenrecht und darüber hinaus an weiteren Richtlinien. Die Folge: Lehrkräfte werden vielfach schlechter eingruppiert als andere Akademiker im Öffentlichen Dienst. Und so stehen sich angestellte und verbeamtete Lehrer gegenüber und alle wissen, dass die jetzigen und zukünftigen angestellten Lehrer im Alter viel schlechtergestellt sein werden als alle, die heute verbeamtet sind. So verbeamtet das eine Land, das andere will nur angestellte Lehrer. Auch die Gewerkschaft für Erziehung und Wissenschaft (GEW) verfolgt übrigens bei dieser Frage keine einheitliche Linie. In Thüringen spricht sie sich für die Verbeamtung von Lehrern aus, in Sachsen votiert sie für das Angestelltenverhältnis, seitdem der ehemalige sächsische Kultusminister Wöller angekündigt hat, er wolle beamtete Lehrer aus Bayern in Mangelfächern nach Sachsen locken, das bisher seine Lehrer aus gutem Grund nicht verbeamtet hat, und so eine Zweiklassengesellschaft in den Schulen verhindern.

Im Oktober 2011 erlebte dieser Konflikt seine Fortsetzung im Bereich der Hochschulen, als ein Marburger Chemieprofessor vor dem Bundesverfassungsgericht ein höheres Gehalt einforderte.[12] Er hielt die seit einigen Jahren geltende Regelung mit einem Grundgehalt von unter 4000 Euro und Leistungszulagen von etwa 24 Euro nicht für angemessen. Schuld daran ist die 2005 eingeführte W-Besoldung für Professoren. Sie hat die frühere C-Besoldung abgelöst: Der unaufhaltsame Aufstieg über die Stufen des Dienstalters wurde beendet, stattdessen wurden Leistungszulagen eingeführt – auf der Basis eines deutlich abgesenkten Grundgehalts, das nichts mehr mit dem zu tun hat, was dienstältere Kollegen zurzeit noch verdienen. Bei der mündlichen Anhörung – das Urteil steht noch aus – wiesen die Fragen der Richter allerdings darauf hin, dass sie das neue System für unvereinbar mit den hergebrachten Regeln des Berufsbeamtentums erklären könnten. Verfassungshüter Udo Di Fabio sprach sogar von einer »Kannibalisierung nach unten« – zwischen den Generationen, wie es sie bereits in deutschen Schulen gibt, seitdem die Länder für die Besoldung und Bezahlung ihrer Beschäftigten zuständig sind. In Baden-Württemberg und Bayern erhalten dabei Professoren das höchste Grundgehalt, ihre Hochschulkollegen in Berlin und Hessen das niedrigste. Inzwischen ist das Urteil gesprochen: Der Zweite Senat unter Vorsitz von Andreas Voßkuhle hat klar und deutlich gesagt, dass die derzeitige W-Besoldung verfassungswidrig und nicht ausreichend und vor allem nicht »amtsangemessen« sei und dem Alimentationsprinzip nicht genüge. »Die gewährte Besoldung ist evident unzureichend«, heißt es in dem Urteilsspruch, der weitreichende Folgen haben könnte. Standesvertretungen der Beamten sollten aber nicht zu früh jubeln. Im Zweifelsfall kann der Karlsruher Urteilsspruch für sie auch höchst unangenehme Folgen haben: Mittelfristig wird sich nämlich vielleicht angesichts der klammen Finanzkassen in den Länderhaushalten durchsetzen, dass auch Professoren nicht mehr wie in früheren Jahren verbeamtet werden. Das jedenfalls deutete die hessische Wissenschaftsministerin Eva Kühne-Hörmann (CDU) als eine erste mögliche Konsequenz aus dem Urteil an. Für öffentliche Angestellte, die netto weniger verdienen und auch im Ruhestand schlechtergestellt sind, gelten die »hergebrachten Grundsätze des Beamtentums«, das Alimentationsprinzip und eine »amtsangemessene Besoldung« nämlich nicht.

So ist der Konflikt mittlerweile auch im Öffentlichen Dienst genau dort angelangt, wo ihn keiner haben wollte – am Arbeitsplatz. In Not leidenden Branchen bieten Gewerkschafter übrigens – regional unterschiedlich – seit langem von sich aus Öffnungsklauseln an, um Arbeitsplätze zu sichern. Sie fordern dabei ihren eigenen Gewerkschaftsmitgliedern mitunter schmerzhafte Opfer ab. Und im Öffentlichen Dienst darf so etwas nicht passieren? Warum nicht? Weil man glaubt, der Staat könne und werde immer weiterzahlen? Man müsste es mittlerweile besser wissen.

Fazit

Bisher sind der Bund, aber auch die meisten Bundesländer in Deutschland eine schlüssige Antwort schuldig geblieben, wie sie angesichts des Dreiklangs von eigener Verschuldung, anstehender Schuldenbremse und einer drohenden Kostenlawine bei den Beamtenpensionen die öffentlichen Haushalte sanieren wollen. Deutschland hat eine leistungsfähige Wirtschaftskraft. Dennoch kann es sich eine solche Nonchalance in der Finanzplanung auf Dauer nicht mehr leisten. Die deutsche Wirtschaftskraft basiert auf der Stärke als Exportnation und ist auf ein wirtschaftlich gesundes Europa angewiesen. Damit ist es in einem wirtschafts- und finanzpolitischen Abwärtssog, wie er durch die europäische Staatsschuldenkrise entstehen kann, rasch vorbei.

In dieser Krise empfiehlt die Bundesregierung anderen Ländern, dringend zu sparen. Die deutsche Schuldenbremse soll ebenfalls zum Exportschlager werden. Was das eigene Land angeht, darf die Frage gestellt werden, wie ernst das Sparen eigentlich genommen wird. Bundesfinanzminister Wolfgang Schäuble packt auf die bestehenden Schulden von mehr als zwei Billionen Euro trotz üppiger Steuereinnahmen für 2012 noch einmal 26 Milliarden drauf. Die Länderfinanzminister machen es in der Mehrzahl nicht viel anders. Es ist, als wollten die Regierenden in Berlin und den Ländern den Nachweis für die These liefern, dass Demokratien, solange sie sich nicht in einer existenziellen Notlage befinden und finanzpolitisch unter Kuratel gestellt werden, systemisch unfähig sind, nur so viel auszugeben, wie sie auch einnehmen. Doch die Zeichen der Zeit weisen in den Euro-Ländern und darüber hinaus in Amerika und Japan überdeutlich darauf hin: Die Ära der stetig wachsenden Staatsschulden ist zu Ende. Unwiderruflich. Mit Gelddrucken wird es auf Dauer nicht getan sein, auch wenn das bei den USA, Großbritannien oder Japan derzeit von den

Finanzmärkten noch mit niedrigeren Zinsen honoriert wird. Gegen diese Politik stellt sich die Bundesregierung zumindest vorerst ohnehin. Doch keines der Industrieländer – ob arm oder noch reich – wird über kurz oder lang daran vorbeikommen, Strategien zu entwickeln, wie man einigermaßen sozialverträglich und konjunkturschonend aus dem notorischen Schuldenmachen herausfindet.

Wahrscheinlich werden sich die alten Schulden nur begrenzt abtragen lassen. Umso mehr aber muss wenigstens die Neuverschuldung drastisch gestutzt und schnellstmöglich auf null gefahren werden. Das heißt: Moderne Industriegesellschaften müssen mit weniger Wachstum auskommen. Sie müssen sich womöglich sogar einschränken. Eine nach Jahrzehnten ständigen Mehr-Konsums ungewohnte Übung für Politiker und Bürger gleichermaßen, die es in der Vergangenheit stets gerne sahen, wenn die Politik an sie eine Vielzahl von finanziellen Vergünstigungen verteilte. Es heißt also, Abschied nehmen von lieb gewonnenen Gewohnheiten.

Beamte haben sehr lange, besonders, wenn sie in den Ruhestand treten, vom Leichtsinn der Politik profitiert. Das ist ihnen nicht vorzuwerfen. Alle haben nur allzu gerne daran geglaubt, dass der Staat das alles schon richten werde. Doch der Staat kann es nicht mehr richten. Das ist die große Lehre der Finanz- und Staatsschuldenkrise der letzten zwei Jahre. Bund und Länder sind an den Grenzen ihrer finanziellen Leistungskraft angekommen. Das gilt in ganz besonderem Maß für den Öffentlichen Dienst. Deshalb wird die Politik hier auch um eine Reform, vor allem bei der Altersversorgung für Beamte, nicht herumkommen. Dazu wird sie eine immer wachsamer werdende Öffentlichkeit drängen, der immer neue Sparopfer und Leistungseinschnitte abverlangt werden. Die Menschen werden nicht mehr bereit sein, das weitere Auseinanderdriften der beiden Alterssicherungssysteme von Renten und Pensionen hinzunehmen.

Eigentlich müssten dies auch die deutschen Gewerkschaften erkennen. In Krisenzeiten haben sie – mit beachtlichem

Erfolg – ihren Mitgliedern auf der einen Seite größte Härten zum Erhalt der eigenen Arbeitsplätze und bei der künftigen Sicherung der Sozialsysteme zugemutet. Gleichzeitig aber ermöglicht der Deutsche Beamtenbund seinen Mitgliedern in vielerlei Hinsicht eine Sonderrolle. Auch innerhalb des Beamtenbunds selbst müsste es eigentlich brodeln, denn hier stehen sich junge und alte Beamte gegenüber: Die einen müssen niedrigere Einstiegsgehälter akzeptieren, Beiträge für ihre eigene Alterssicherung zahlen und auf Aufstiegsmöglichkeiten verzichten. Auf der anderen Seite freuen sich Ruhestandsbeamte über eine vergleichsweise üppige Alters- und Krankenabsicherung.

Die Zeit drängt. In den nächsten Jahrzehnten kostet uns die Versorgung der in Ruhestand gehenden deutschen Beamten ungefähr so viel, wie uns der Aufbau Ost in den vergangenen zwei Jahrzehnten gekostet hat: Gut eine Billion Euro! Oder anders gesagt: In den nächsten Jahrzehnten müssen wir eine Summe, die der Hälfte der bestehenden deutschen Staatsschulden entspricht, alleine für die Versorgung von Ruhestandsbeamten ausgeben. Ein solcher enormer Kraftakt wird zum Frieden in einer Gesellschaft nicht beitragen, deren Zusammenhalt ohnehin erodiert, weil die Kluft zwischen Arm und Reich – auch und gerade zwischen den Generationen – zusehends größer wird. Eine »Sandwich«-Generation muss für die Fehler und Versäumnisse der Vergangenheit aufkommen, aus der es kein Entrinnen gibt.

Der Druck auf die öffentlichen Kassen wird in den nächsten Jahren weiter steigen. Und zwar zuerst dort, wo die Lage schon heute mehr als angespannt ist: n den Bundesländern. Dort wird die Erosion des Berufsbeamtentums weiter voranschreiten. Noch schreckt die Politik davor zurück, ihre neu gewonnenen Freiheiten bei der Beamtenbesoldung auch auf die Ruhestandsbeamten auszudehnen. Verwundert konstatiert deshalb die Speyerer Verwaltungsexpertin Gisela Färber: »Verwundert muss man deshalb feststellen, dass die Länder von ihrer neuen Kompetenz nur bei Besoldungsanpassungen, aber noch nicht im Versorgungsrecht Gebrauch gemacht haben.« Der Staat schont seine Ruhebeamten lieber auf Kosten von jungen Beamten, Angestellten und Steuerzahlern. Es fehlt am politischen Mut, eine Auseinandersetzung zu führen, die drängender denn je geführt werden muss.

Andere Länder wie Österreich und die Schweiz sind hier sehr viel weiter. Auch was die Einbindung der Öffentlichkeit in grundlegende Fragestellungen angeht. Bei uns wird stattdessen weiterhin zwischen den Regierungsparteien und den betroffenen Interessenverbänden hinter verschlossenen Türen verhandelt, wie zurzeit gerade in Nordrhein-Westfalen über eine neue Dienstrechtsreform für Beamte. Wo aber abseits der Öffentlichkeit verhandelt wird und es an der notwendigen Transparenz fehlt, kommt es meist zu faulen Kompromissen – auf Kosten der Öffentlichkeit und der Steuerzahler.

In immer mehr EU-Staaten – so in Schweden, Großbritannien und den Niederlanden – wird das Lebenszeitprinzip zusehends aufgebrochen. Der Grundsatz der Lebenszeitanstellung gilt nur noch in 14 EU-Staaten. In zwanzig EU-Staaten können Beamte mittlerweile aufgrund schlechter Leistungen auf der Basis von negativen Leistungsbeurteilungen, in 17 Mitgliedsstaaten bei Umstrukturierungen oder – in acht Mitgliedsstaaten – bei wirtschaftlichen und ökonomischen Schwierigkeiten sogar aus dem Öffentlichen Dienst entlassen werden.[1] In Deutschland? Undenkbar!

Politiker wie Bundesfinanzminister Wolfgang Schäuble denken über die »Rente mit 70« nach, der frühere nordrhein-westfälische Ministerpräsident Jürgen Rüttgers fordert sogar eine generelle Aufhebung der Altersbeschränkung für Arbeitnehmer. Das mag in der Sache ja sinnvoll sein, aber wäre es nicht noch sinnvoller, wenn der Staat zuerst da handelt, wo er selbst als Arbeitgeber auftritt? Warum zieht er nicht in die politische Schlacht, um die Pensionsgrenze für Beamte auf 68 oder gar auf siebzig Jahre zu erhöhen? Sollte nicht der Öffentliche Dienst hier eine Vorreiterrolle mit modellhaften Maßnahmen übernehmen? Doch die Politik zieht es vor, sich wie bei der

»freiwilligen Quote« für Frauen in Führungspositionen lieber an »die Wirtschaft« zu wenden, als vor der eigenen Haustür zu kehren.

Was spricht dagegen, die Umsetzung der »Pension mit 67« bei Beamten um jährlich wenigstens drei Monate gegenüber der »Rente mit 67« vorzuziehen, als Modell für mehr Generationengerechtigkeit? Die reguläre Anhebung der Altersgrenze wäre dann bereits im Jahr 2019 erreicht und würde vor allem auch die beamtenstarken Jahrgänge umfassen und die dringend sanierungsbedürftigen Länderhaushalte entlasten. Es wäre ein »Sonderopfer« für Beamte, gewiss. Aber eines, das die Lebensumstände der Betroffenen erheblich weniger beeinträchtigt als alle Entlastungsmaßnahmen, die für die Rentenversicherung bereits getroffen worden sind – ohne Rücksicht auf »standesgemäße Lebensumstände« der Rentner.

Welche politische Partei unternimmt die nötigen Anstrengungen, um die Diskrepanz zwischen den sich immer weiter auseinanderentwickelnden Renten- und Pensionssystemen zu verringern? Das ist nicht nur eine Frage großer Reformen, sondern auch vieler kleiner Schritte. Es ist allein Sache der Politik und in ihrem Gefolge der Rechtsprechung des Bundesverfassungsgerichts, zu bestimmen, dass sich die Rente von Arbeitnehmern am Lebenseinkommen bemessen muss, während das Bundesversorgungsgesetz für Beamte den »Grundsatz der Versorgung aus dem letzten Amt« – in der Regel dem am höchsten dotierten – vorsieht. In unseren Nachbarländern ist dies jedenfalls – aus gutem Grund, wie wir gesehen haben – von den Parlamenten durchaus auch anders geregelt worden. Auch in Deutschland gibt es seit Jahren entsprechende Vorschläge: 1998 zogen Bündnis 90/Die Grünen sogar mit einem höchst revolutionären Plan in den Wahlkampf. Statt die Ruhegehälter nach dem Kriterium der »standesgemäßen Lebenshaltung« festzulegen, sollten sie künftig – bei Wahrung einer Mindestsicherung für die Angehörigen der unteren Besoldungsgruppen – nach dem Lebenseinkommen, und zwar auf der Basis der 35 bestbelegten Jahre, berechnet werden. Mit dieser Methode könnte man, so die Überlegung damals, endlich auch dem immer noch vielerorts praktizierten »Prinzip Oktobersonne« das Wasser abgraben. Darunter versteht man bis heute die ebenso kostspielige wie ungerechte Praxis, Amtsträger kurz vor dem Ende ihrer aktiven Dienstzeit noch zu befördern.

Natürlich ist aus dem Reformvorschlag nichts geworden, und es wird interessant zu beobachten sein, ob die Grünen, deren Wahlerfolge in den letzten Jahren nicht unwesentlich auf den Zuspruch bei Wählern aus dem Umfeld des Öffentlichen Dienstes zurückgehen, mit einem ähnlichen Vorschlag in kommende Bundes- und Landtagswahlkämpfe ziehen werden. Wahrscheinlich nicht.

Niemand sagt, dass eine solche Reform leicht umzusetzen wäre. Dazu bedürfte es wahrscheinlich einer Änderung des Grundgesetzes. Aber die Schuldenbremse – eine der großen Taten der Großen Koalition – hat gezeigt: Auch dies ist unter dem Druck leerer und überschuldeter Haushaltskassen machbar. Rechtlich hätte ein solcher Schritt Aussicht auf Erfolg: Das Bundesverfassungsgericht hat bereits in seinen letzten »Beamtenurteilen« erkennen lassen, dass Bund und Länder bei der Entlohnung von Beamten im Öffentlichen Dienst durchaus einen Ermessensspielraum haben. So entschied das BVG im Jahr 2005, dass der Staat die Höhe der Beamtenpensionen beschneiden darf, um das Versorgungssystem insgesamt zu sichern. Zwei Jahre später – 2007 – sprach das BVG in anderem Zusammenhang »vom überkommenen Gedanken der Einheit desÖöffentlichen Dienstes«. Der Vorsitzende der Polizeigewerkschaft (GdP), Konrad Freiberg, hielt solche Aussagen für »einen Schlag ins Gesicht der Versorgungsempfänger« und sprach damals davon, die Richter hätten bewiesen, dass sie die finanziellen Interessen des Staatshaushaltes über die »berechtigten Ansprüche der Betroffenen« gestellt hätten. Richtig. Genau das ist damals geschehen und genau deswegen muss es weiterhin Beamte geben, die tatsächlich dem Staat – unserem Staat – dienen.

Anmerkungen

Vorwort

1   Jan Dams: »Beamtenpensionen bringen griechische Zustände«, in: ›Welt-Online‹ v. 21.3.2010

Das Treueverhältnis des Staates

1   Vgl. hierzu den geschichtlichen Überblick in: Tobias Benz, Christian Hagist, Bernd Raffelhüschen: ›Ausgabenprojektion und Reformszenarien der Beamtenversorgung in Nordrhein-Westfalen‹. Siehe hierzu auch: Bundesamt für Finanzen, »Das Alimentationsprinzip«, in: http://zope.dz-portal.de/Formularcenter/Documents/BBM002
2   Eine gute Überblicksgeschichte des Berufsbeamtentums findet sich im Internet für die folgenden Ausführungen unter »Beamtentum im Absolutismus und in der konstitutionellen Monarchie« in: http://www.beamtenversorgungsrecht.de/beamtenversorgungsrecht/allgemeines
3   Franz Ruland: »Die Beamtenversorgung«, in Franz Ruland, Bert Rürup: ›Alterssicherung und Besteuerung‹, Wiesbaden 2007, S. 92
4   Vgl. dazu und auch im Folgenden: Hans Mommsen: »Die Stellung der Beamtenschaft in Reich, Ländern und Gemeinden in der Ära Brüning«, in: ›Vierteljahreshefte für Zeitgeschichte‹, 21. Jg., 4/1973
5   Rainer Fattmann: »Bildungsbürger in der Defensive. Die akademische Beamtenschaft im ›Reichsbund der höheren Beamten‹ in der Weimarer Republik«, Göttingen 2001; sowie Godehard Weyerer: »Die Not von damals und der ›Hungerkanzler‹ – Wie Heinrich Brüning mit eisernem Sparen das Volk ins Elend und in die Verzweiflung trieb«, in: ›DIE ZEIT‹, 12/1997
6   Vgl. hierzu und im Folgenden: Thomas Ellwein, Everhard Holtmann: ›Fünfzig Jahre Bundesrepublik Deutschland: Rahmenbedingungen, Entwicklungen‹, etc. S. 522f
7   Vgl. hierzu auch: Karsten Polke-Majewski: »Von wegen gerecht – Innenminister Schäuble will, dass auch Beamte bis 67 arbeiten. Nicht weil es gerecht wäre, sondern weil der Haushalt saniert werden muss«, in: ›ZEIT online‹, 14.8.2007
8   Vgl. hierzu Jens Alber: »Der Wohlfahrtsstaat in der Krise? Eine Bilanz nach drei Jahrzehnten Sozialpolitik in der Bundesrepublik« in: ›Zeitschrift für Soziologie‹ Jg. 9,4/1980

9 Ulrich Niepmann:»Besoldungsrecht und Beamtenversorgung, Rechtliche Vorgaben und widerrechtlich abweichende Praxis«, in: http://www.igbi.de/infos/besvers.pdf

10 Siehe hierzu auch besonders: Gabriele Göttle:»Einer schuftet im Augiasstall. Otto Teufels langwieriger Kampf gegen die Finten und Rechentricks der bundesdeutschen Rentengesetzgebung«, in: ›taz‹ v. 31.1.2011

11 Gisela Färber, in:»Das Interview«, http://www.beamten-informationen.de/service/beamten_magazin/themen_und_inhalte/archiv_bm_0711_interview_faerber

12 Jürgen Lorse:»Reföderalisierung des Dienstrechts in Deutschland. Gesamtstaatliche Verantwortung oder Rückkehr zur Kleinstaaterei im deutschen Beamtenrecht«, in: ›VHBB‹, Sonderjahresheft 2010, S. 17

13 Ebd.

14 Ebd.

Beamte in Bund, Ländern und Kommunen

1 ›ifo-standpunkte‹ 56, 10/2004

2 Dieter Vesper:»Finanzpolitische Entwicklungstendenzen und Perspektiven des Öffentlichen Dienstes in Deutschland«, in: ›IMK Study‹ Nr. 25/2012; sowie Peter Heesen, in:»Falsches Signal in diesen Tagen – Mehr Geld für Bundesbeamte«, ›ntv‹ v. 6.6.2010

3 Siehe hierzu und im Folgenden auch: Thomas Lenk, Anja Birke: »Die Entwicklung der öffentlichen Finanzen und Personalkosten – Auswirkungen auf den Personalbestand«, in: http://www.uni-leipzig.de/~iffwww/fiwi/Forschung/arbeitspapiere/02%20Personalkosten.pdf sowie: Udo Mayer:»Beschäftigungsstruktur im Öffentlichen Dienst der BRD – ein internationaler Anachronismus und ein Vorschlag zu seiner Behebung«, im Internet unter: http://www.wiso.uni-hamburg.de/fileadmin/wiso_dwp_recht/Beschaeftigungsstruktur_im_Oeffentlichen_Dienst_der_BRD_-_FS_Stuby_Neu.doc

4 Vgl. Daniel Delhaes, Christian Ramthun:»Das Berufsbeamtentum gerät auch in Deutschland unter Druck«, in: ›Wirtschaftswoche‹ 18/03

5 Vgl. hierzu Michael Sauga:»Soziales – Flucht aus der Rente«, in: ›Focus‹ 30/1998

6 In:»Nachrichten aus dem MF 5, Januar 2007«: Das Benchmark-Gutachten, Haushaltskennziffern im Ländervergleich«

7 Gisela Färber, in: Andreas Cichowicz, Anja Reschke:»Teure Beamte, träge Politiker – Pensionen ruinieren den Staatshaushalt«, ›ARD, Panorama‹, 22.6.2000

8 Vgl. hierzu 4. Versorgungsbericht der Bundesregierung
9 Presseerklärung Statistisches Bundesamt Wiesbaden v. 26.4.2011
10 Ebd.
11 4. Versorgungsbericht der Bundesregierung
12 Vgl. 3. Versorgungsbericht der Bundesregierung
13 Vgl. 4. Versorgungsbericht der Bundesregierung
14 Deutsche Post – Geschäftsbericht, in: https://www.dp-dhl.com/reports;
15 Siehe hierzu auch: Zuschuss an den Bundes-Pensions-Service für Post- und Telekommunikation e.V. (Postbeamtenversorgungskasse), in: http://bund.offenerhaushalt.de/600268501-839.html?reference_year=2010 und: http://www.bundesfinanzministerium.de/bundeshaushalt2011/pdf/epl60/s600268501.pdf
16 Thomas Leif, Rudolf Speth: ›Die stille Macht , Lobbyismus in Deutschland‹, etc, S. 167; siehe hierzu auch: Matthias Kiezmann, Olaf Wilke: »Die Beamten-Bombe«, in: ›Focus‹. 28/2008 v. 7.7.2008
17 Andreas Cichowicz, Anja Reschke: »Teure Beamte, träge Politiker – Pensionen ruinieren den Staatshaushalt«, ›ARD, Panorama‹, 22.6.2000
18 Siehe hierzu: http://www.bps-pt.de/index.php?id=44
19 Vgl. hierzu Matthias Kietzmann, Olaf Wilke: »Die Beamten-Bombe«, in: ›Focus‹ 28/2008 v. 7.7.2008
20 Vgl. 3. Versorgungsbericht der Bundesregierung
21 Vgl. hierzu und im Folgenden auch: Markus Frühauf, Stefan Rukamp: »Der Graubereich der Staatsfinanzierung«, in: ›FAZ‹ v. 17. 2.2010 und: »Milliardenrisiko – Verkauf von Beamtenpensionen droht zu scheitern«, in: ›manager magazin‹ v. 6.3.2005 sowie: »Post und Telekom – Pensionskasse für Ex-Beamte im Juni leer«, in ›Manager-Magazin‹ v. 27.5.2005
22 Vgl. hierzu auch unter anderem: »Milliarden für Steinbrück – Post-Pensionskasse verkauft Forderungen«, in: ›Handelsblatt‹ v. 18.5.2006
23 T. Jungholt, S. Meyer: »Bundeswehrreform – FDP warnt de Maizière vor militärischen Abenteuern«, in ›Welt-Online‹ v. 01.06.2011
24 Vgl. hierzu und im Folgenden: Max Haerder, »Bürokratie – Warum 12 000 Mitarbeiter die Wasserstraßen verwalten«, in: ›Wirtschaftswoche‹ v. 25.2.2010.
25 Ebd.
26 Vgl. hierzu 4. Versorgungsbericht der Bundesregierung
27 Vgl. hierzu 3. Versorgungsbericht
28 Ebd.
29 Vgl. dazu und auch im Folgenden: Volkmar Krause, »Justiz: Brandenburg muss für Lehrer nachzahlen. Bundesverwaltungsgericht gibt früheren Teilzeit-Pädagogen recht / Zusätzliche Belastungen für Landeskasse«, in: ›Märkische Allgemeine‹ v. 18.6.2010

30 Paul-Nikolas Hinz, Georg Meck:»Rentendebatte: Junge Politiker fordern Beamtenpension mit 68«, in: ›FAZ‹ v. 29.8.2010

31 Monatsbericht Mai 2010 Deutsche Bundesbank, in: http://www.bundesbank.de/download/volkswirtschaft/monatsberichte/2010/201005mb_bbk.pdf

32 Vgl. hierzu und im Folgenden: Thomas Lenk, Oliver Rottmann, ›Pensionsrückstellungen – kommunale Finanzierungsherausforderungen im Fokus‹, Frankfurt a. M. 2010

33 Christopher Benkert, Martina Bätzel:»Von der Kameralistik zur Doppik – Auswirkungen auf Pensionsverpflichtungen gegenüber Beamten«, in: ›Kommunaljurist‹ 6/2009, Nr. 9, S. 330-334

34 Vgl. hierzu auch: Helmut Seitz, ›Nachhaltige kommunale Finanzpolitik vor dem Hintergrund des demographischen Wandels‹, Bertelsmann-Stiftung, März 2010

35 Vgl. hierzu: Dietmar Seher:»Keine Rücklagen – Pensionen für Beamte werden die Städte schwer belasten«, in: ›Der Westen‹ v. 1.4.2010

Die demografische Entwicklung

1 Vgl. hierzu Gisela Färber, Melanie Funke, Steffen Walther:»Die Entwicklung der Beamtenversorgung in Deutschland seit 1992 und künftige Finanzierungsprobleme der Gebietskörperschaften«, in: ›Die Öffentliche Verwaltung‹ 4/62, Februar 2009, S. 133

2 Vgl. hierzu und im Folgenden: Alexandros Altis:»Entwicklungen im Bereich der Beamtenversorgung«, in: Statistisches Bundesamt, Wirtschaft und Statistik 3/2010 sowie:»Versorgungsempfänger des Öffentlichen Dienstes 2010«, Statistisches Bundesamt, Fachserie 14, Reihe 6.1

3 Vgl. hierzu und auch im Folgenden: Versorgungsbericht des Freistaates Bayern, August 2007

4 Vgl. hierzu und im Folgenden: Statistisches Landesamt, Versorgungsbericht des Landes Baden-Württemberg, März 2010 sowie: Ministerium für Finanzen und Wirtschaft Baden-Württemberg: »Übersicht über die wichtigsten Eckdaten zur Haushaltsentwicklung des Landes Baden-Württemberg«, im Internet unter: http://www.mfw.baden-wuerttemberg.de/fm7/1106/

5 Vgl. hierzu und im Folgenden: Tobias Benz, Christian Hagist, Bernd Raffelhüschen: ›Ausgabenprojektion und Reformszenarien der Beamtenversorgung in Nordrhein-Westfalen‹, Forschungszentrum Generationenverträge, Studie im Auftrag des Bundes der Steuerzahler (BdSt) Nordrhein-Westfalen

6 2. Versorgungsbericht des Landes Nordrhein-Westfalen (2007)

7 Vgl. hierzu und im Folgenden: Tobias Benz, Bernd Raffelhüschen: »Ausgabenprojektion und Rücklagenbildung der Beamtenversorgung in Rheinland-Pfalz«, Forschungszentrum Generationenverträge, Studie im Auftrag des Bundes der Steuerzahler
(BdSt) Rheinland-Pfalz e.V.

8 Bericht über die Beamtenversorgung im Jahr 2010, Landtag
Rheinland-Pfalz, Drucksache 16/457, im Internet unter:
http://www.fm.rlp.de/fileadmin/fm/downloads/verwaltung/ver-
sorgung/Versorgungsbericht2010.pdf

9 Tobias Benz, Christian Hagist, Bernd Raffelhüschen: ›Ausgaben-
projektion und Reformszenarien der Beamtenversorgung in
Niedersachsen‹, Forschungszentrum Generationenverträge der
Albert-Ludwigs-Universität Freiburg, Studie im Auftrage des
Bundes der Steuerzahler (BdSt) von Niedersachsen und Bremen
e.V., Dezember 2009

10 Ebd.

11 Vgl. hierzu und im Folgenden: Benz, Raffelhüschen: ›Ausgabenprojektion Beamtenversorgung Rheinland-Pfalz‹

12 Benz, Hagist, Raffelhüschen: ›Ausgabenprojektion Beamtenversorgung NRW‹

13 Ulrich Zawatka-Gerlach: »Berlins Beamte – teure Altlast«, in:
›Der Tagesspiegel‹ v. 15.4.2010

14 Sächsisches Staatsministerium der Finanzen, »Fortschrittsbericht
›Aufbau Ost‹ des Freistaates Sachsen« für das Jahr 2005

Schuldentilgung und Pensionslasten

1 Vgl. hierzu und im Folgenden: Mark Fehr, Cornelia Schmergal,
Christian Ramthun, Max Haerder: »Beamtenpensionen sprengen
die Haushalte«, in: ›Wirtschaftswoche‹ v. 21.4.2010

2 »Ehrbarer Staat – Ein Jahr Schwarz-Gelb: Tragfähigkeitsbilanz
negativ. Eine Analyse auf Basis der Generationenbilanz«, in:
www.stiftung-marktwirtschaft.de

3 Vgl. hierzu: Daniel Besendorfer/Emily Phuong Dang/Bernd Raffelhüschen: ›Die angekündigte Katastrophe. Pensionslasten der
Bundesländer im Vergleich‹, Stiftung Marktwirtschaft, Argumente zur Marktwirtschaft und Politik 89/2005

4 Paul-Nikolas Hinz, Georg Meck: »Rentendebatte – Junge Politiker fordern Beamtenpension mit 68«, in: ›FAZ‹ v. 29.8.2010

5 Gisela Färber, Melanie Funke, Steffen Walther: »Die Reformen
der Beamtenversorgung seit 1992 – Ausreichende Entlastung für
die öffentlichen Haushalte?«, in: www.boeckler.de; ebenso: Melanie Funke, Steffen Walther: »Die Beamtenversorgung zwischen
Modernisierung und Sparzwang«, in: ›wsi-Mitteilungen‹ 1/2010

6 »Die Schuldenstände der Länder im Vergleich« – BdSt,
www.steuerzahler-nrw.de sowie: Bundesministerium der Finan-

zen: »Entwicklung der Länderhaushalte bis April 2011«, im Internet unter: http://www.bundesfinanzministerium.de/nn_126468/DE/Wirtschaft_und_Verwaltung/Finanz_und_Wirtschaftspolitik/Foederale_Finanzbeziehungen/Laenderhaushalte/2011/Entwicklung_20der_20L_C3_Aenderhaushalte_20bis_20April_2020 11.templateId=raw.property=publicationFile.pdf sowie: »Von der Vergangenheit eingeholt – Pensionslawinen erreichen die Länderhaushalte«, in: ›Forschungszentrum Generationenverträge FZG aktuell‹ 10/2011

7   Albert Funk: »Schuldenlast – Die Länder müssen sparen – aber wie?«, in: ›Der Tagesspiegel‹ v. 30.5.2010

8   Vgl. hierzu und im Folgenden: Daniel Besendorfer, Emily Phuong Dang, Bernd Raffelhüschen: »Schulden und Versorgungsverpflichtungen: Was ist und was kommt«, in: ›Wirtschaftsdienst. Zeitschrift für Wirtschaftspolitik‹ 2006,9

9   Vgl. hierzu: Gérard Bökenkamp: »Kredite, Renten, Beamtenpensionen: Die 7,4 Billionen Euro Staatsschulden der Bundesrepublik«, in: ›ef-magazin‹ v. 27.01.2011; ebenso: Thomas Fester und Macel Thum: Pensionslasten – Eine Bedrohung der zukünftigen Handlungsfähigkeit der Länder, ›ifo Schnelldienst‹ 23/2003

10 3. Versorgungsbericht der Bundesregierung

11 Vgl. hierzu und im Folgenden: »Koalitionsverhandlungen – Grün-Rot vor Kassensturz«, dpa/lsw in: ›Stuttgarter Zeitung‹ v. 3.4.2011

12 Vgl. hierzu und im Folgenden: Versorgungsbericht Baden-Württemberg

13 Regierungserklärung vom 25.5.2011, in: http://www.gruene-bw.de/fileadmin/gruenebw/dateien/110525_Regierungserklaerung_Protokollfassung.pdf

14 Vgl. hierzu und im Folgenden: ›Denkschrift 2010 zur Haushalts- und Wirtschaftsführung des Landes Baden-Württemberg‹ sowie: ›Übersicht über die wichtigsten Eckdaten zur Haushaltsentwicklung des Landes Baden-Württemberg‹

15 Vgl. hierzu und im Folgenden: Versorgungsbericht des Freistaates Bayern

16 Vgl. Bayerischer Oberster Rechnungshof : Jahresbericht 2010

17 Bayerischer Oberster Rechnungshof, 2011 sowie Daniel Besendorfer et al.: ›Schulden und Versorgungsverpflichtungen der Länder‹

18 Benz, Hagist, Raffelhüschen: ›Ausgabenprojektion und Reformszenarien der Beamtenversorgung in Nordrhein-Westfalen‹

19 »Finanzplanung 2008 bis 2012 mit Finanzbericht 2009 des Landes Nordrhein-Westfalen«

20 Vgl. dazu und auch im Folgenden: Benz, Hagist, Raffelhüschen, a.a.O. und: Finanzministerium des Landes Nordrhein-Westfalen, 2. Versorgungsbericht des Landes Nordrhein-Westfalen, Düsseldorf 2007 und Steuerzahlerbund NRW 2011

21 BdSt: »Landeshaushalt 2011 – tatenlos ins Wahljahr«, in: www.steuerzahler-rheinland-pfalz.de
22 Monatsbericht des BMF 2010/12
23 Tobias Benz, Bernd Raffelhüschen: ›Ausgabenprojektion und Rücklagenbildung der Beamtenversorgung in Rheinland-Pfalz‹, Februar 2011
24 Rechnungshof Rheinland-Pfalz, Jahresbericht 2011
25 Tobias Benz, Christian Hagist, Bernd Raffelhüschen, ›Ausgabenprojektion und Reformszenarien der Beamtenversorgung in Niedersachsen‹
26 Monatsbericht des BMF 2010/12
27 BdSt: »2010 – Rekordzuwächse bei Landesschulden«, in: www.steuerzahler-niedersachsen-bremen.de
28 Monatsbericht des Bundesministeriums für Finanzen 2010/12
29 Tobias Benz, Christian Hagist, Bernd Raffelhüschen: ›Ausgabenprojektion und Reformszenarien der Beamtenversorgung in Bremen‹
30 Vgl. hierzu auch: »Europa lässt grüßen: Verschärfte Haushaltsüberwachung für vier Bundesländer«, ›DBResearch‹ v. 24.5.2011
31 Monatsbericht des BMF 2010/12
32 Medieninformation 70/2011 v. 30.3.2011 in: www.sachsen.de
33 Antrag der Fraktion der FDP: »Zukünftige Entwicklung der Pensionslasten in Thüringen als zentrale Aufgabe der Landespolitik«, in: Thüringer Landtag, Drucksache 5/2682 v. 9.5.2011

Die Finanzierung von Rückstellungen durch Schulden

1 3. Versorgungsbericht der Bundesregierung
2 Ebd.
3 Vgl. hierzu und im Folgenden auch: 3 Versorgungsbericht der Bundesregierung
4 Eva Großkinsky: »Brennpunkt Pensionen«, in: ›Focus‹ 33/2000
5 Vgl. hierzu und im Folgenden: Beamtenversorgung – Grundlagen des Versorgungsrechts 2010, in: www.beamtenversorgungsrecht.de
6 Vgl. hierzu: Dieter Vesper: »Beamte und Angestellte im Öffentlichen Dienst«, in: ›DIW Berlin‹ 96-24-1

Haushälterische Verschiebebahnhöfe

1 Vgl. hierzu und im Folgenden: Ralf Pannen: »Entwicklungen im Beamtenrecht seit der ›Föderalismusreform‹«, in: www.fhr.nrw./publikationen
2 Vgl. hierzu Benz, Raffelhüschen: ›Ausgabenprojektion und Reformszenarien der Beamtenversorgung in Rheinland-Pfalz‹

3 Vgl. hierzu generell: Eckart Bomsdorf: »Ein Modell zur langfristigen Sicherung der Beamtenpensionen«, in: ›Wirtschaftsdienst‹ 2000/III
4 Homepage des Ministeriums der Finanzen Rheinland-Pfalz www.fm.rlp.de
5 Vgl. hierzu und im Folgenden Benz, Raffelhüschen: ›Ausgabenprojektion und Reformszenarien der Beamtenversorgung in Rheinland-Pfalz‹
6 Parlamentarische Anfrage des Abg. Schreiner (CDU) im Landtag RPL – Antwort von Fin.-Min. Kühl, Landtags-Drucksache 15. Wahlperiode, 110. Sitzung v. 24. Februar 2011
7 Parlamentarische Anfrage des Abg. Schreiner (CDU) im Landtag RPL – Antwort von Fin.-Min. Kühl LT-Drucksache
8 Rechnungshof Rheinland-Pfalz, Jahresbericht 2011
9 BdSt RPL: »Landeshaushalt 2011 – Tatenlos ins Wahljahr«
10 Rechnungshof Rheinland-Pfalz, PK Vorstellung des Jahresberichts 2011 v. 12.1.2011
11 Vgl. hierzu und im Folgenden: Benz, Raffelhüschen: ›Ausgabenprojektion und Reformszenarien der Beamtenversorgung in Rheinland-Pfalz‹
12 Lenz: »Pensionsfonds ähnelt haushälterischem Verschiebebahnhof«, in: www.dbb-rlp.de
13 Parlamentarische Anfrage im Landtag RPL – Antwort von Fin.-Min. Kühl LT-Drucksache etc.
14 Benz, Raffelhüschen: ›Ausgabenprojektion und Reformszenarien der Beamtenversorgung in Rheinland-Pfalz‹

Die kurzfristige Einstellung von Zahlungen

1 Horst Seehofer in: Bayerischer Rundfunk vom 10.11.2010
2 »Haushaltspolitik am Schnittpunkt von Konsolidierungspflicht und Wachstumspolitik«, in: ifo-Schnelldienst 19/2010 – zur Position der GEW Bayern; Reinhard Bell: »Ohne echte Verhandlungsrechte für die Beschäftigten weist das neue Dienstrecht den bayerischen Beamtinnen und Beamten eine Bittstellerrolle zu«, in: http://www.gew-bw.de/Beamtenrecht; html. Oberster Bayerischer Rechnungshof: Jahresbericht 2010
3 Vgl. hierzu: http://ju-bayern.de/downloads/sozial_politik/meinungspapier_eingangsbesoldung.pdf
4 Vgl. hierzu und auch im Folgenden: Benz, Hagist, Raffelhüschen: ›Ausgabenprojektion und Reformszenarien der Beamtenversorgung in Niedersachsen‹
5 Regierungserklärung des Ministerpräsidenten, stenogr. Bericht, 27.2.2008 sowie: Bernhard Zentgraf: »Errichtung eines Pensionsfonds in Niedersachsen – Stellungnahme des BdSt zur Anhörung

des Ausschusses für Haushalt und Finanzen des Niedersächsischen Landtags am 14.2.2007 – Entschließungsantrag der SPD-Landtagsfraktion (Drs. 15/3268)

6 Niedersächsische Staatskanzlei/Niedersächsisches Finanzministerium:»Mittelfristige Planung Niedersachsen 2009–2013«

7 Martin Greive:»Haben es Pensionäre zu gut?«, in:›Welt am Sonntag‹ v. 24.1.2010

8 Mittelfristige Finanzplanung Niedersachsen 2009–2013

9 www.gew-nds.de

10 Barbara Ottawa:»Thüringen setzt Beitragszahlungen an Beamten-Pensionsfonds aus«, in:›IPE Institutional Investment‹ v. 01.03.2011

11 Vgl. hierzu auch Drucksache 5/2682 vom 9.5.2011 – Antrag der Fraktion der FDP: Zukünftige Entwicklung der Pensionslasten in Thüringen als zentrale Aufgabe der Landespolitik

12 Vgl. hierzu und auch im Folgenden:»Meldung für Beamte und den Öffentlichen Dienst in Thüringen: Geld soll nicht mehr in Pensionsfonds fließen; 02/2011«, in: http://www.besoldung-thueringen.de/1102_thueringen

13 Vgl. hierzu und im Folgenden: Antwort des Senats auf die kleine Anfrage der Fraktion der CDU vom 15. Dezember 2010»Geplante Aussetzung der Einzahlung in die Versorgungsrücklage im Jahr 2011« – www.senatspressestelle.bremen.de

14 Parlamentarische Anfrage im Mainzer Landtag, Antwort des Finanzministers, a.a.O.

Vorsorge nach Kassenlage

1 Vgl. hierzu und im Folgenden: Benz, Hagist, Raffelhüschen:›Ausgabenprojektion und Reformszenarien der Beamtenversorgung in Nordrhein-Westfalen‹

2 Vgl. hierzu und auch im Folgenden: Von der erfolgreichen Anlagepolitik des Finanzministers sollen alle Beschäftigten des Landes profitieren; Antwort FM zu KlAnfr 2745 Drs 14/7423, 06.10.2008

3 Vgl. hierzu und auch im Folgenden:»Übersicht über die Vermögensanlagen und den Vermögensbestand der Versorgungsrücklage und des Versorgungsfonds NRW«, 52. Sitzung des HFA des Landes NRW am 8.11.2007

4 »Griechische Junk Bonds – Bund steht für Pensionen in NRW gerade«, in:›Süddeutsche Zeitung‹ v. 4.5.2010

5 dapd/bwb v. 25.6.2011

6 Benz, Hagist, Raffelhüschen:›Ausgabenprojektion und Reformszenarien der Beamtenversorgung in Nordrhein-Westfalen‹

7 Ebd.

8 Vgl. hierzu und im Folgenden: Parlamentarische Anfrage im Mainzer Landtag – Antwort von Fin.Min. Kühl, a.a.O.

Das Verzocken von Vorsorgegeldern

1 BdSt HH, www.steuerzahler-hamburg.de
2 Per Hinrichs:»Pensionslasten belasten Haushalt stärker als bekannt«, in: ›Die Welt‹ v. 27.9.2010
3 Marco Carini:»Steuersegen soll Pensionen retten«, in: ›taz‹ v. 23.5.2011
4 Per Hinrichs, ebd.
5 »Staatsbanken – Nordbank reißt Loch in Versorgungskasse«, in: ›Hamburger Morgenpost‹ v. 15.9.2009
6 Kleine Anfrage des Abgeordneten Peter Tschentscher, Antwort des Senats, Drucksache 19/6269, 21.5.2010, in: spd-fraktion-hamburg.de
7 Per Hinrichs:»Dauer-Geldregen bringt Senator ins Schwimmen«, in: ›Die Welt‹ v. 25.5.2011
8 Carini, ebd.
9 BdSt:»Pensionswelle überrollt die Hansestadt«, in: ›Nordkurier‹ v. 3.11.2010

Es geht auch anders

1 Vgl. hierzu und im Folgenden:»Versorgung und Vorsorge für künftige Versorgungs- und Beihilfeverpflichtungen«, in: www.finanzen.sachsen.de
2 Staatsministerium der Finanzen im Freistaat Sachsen:»Mittelfristige Finanzplanung des Freistaates Sachsen 2009 – 2013«, in: www.smf.sachsen.de, sowie: Thomas Fester, Marcel Thum:»Öffentliche Finanzen – Die Pensionslasten – Eine Bedrohung der zukünftigen Handlungsfähigkeit der Länder«, in: ›ifo-Dresden‹ 5/2003
3 Sächsischer Rechnungshof, Jahresbericht 2010
4 Vgl. www.finanzen.sachsen.de

Die Schuldenbremse

1 Brief des Wissenschaftlichen Beirats beim Bundesministerium der Finanzen an den Bundesfinanzminister Peer Steinbrück vom 10.2.2007:»Schuldenbremse für Bund und Länder – Für eine Neufassung der Verschuldungsgrenzen im Grundgesetz«, im Internet unter:
http://www.bundesfinanzministerium.de/nn_3378/DE/BMF_Startseite/Service/Downloads/Abt_I/0707091a3002,templateId=raw,property=publicationFile.pdf

2   Ralph Brügelmann, Rolf Kroker, Thilo Schaefer: »Faktencheck Schuldenbremse und Schuldencheck Bundesländer. Eine Analyse des Instituts der deutschen Wirtschaft Köln« (IW) in: ›Texte zur Sozialen Marktwirtschaft‹ 6/2011

3   Brügelmann, Kroker, Schaefer, a.a.O.

4   Vgl. hierzu Anja Hajduk: »Eine Schuldenbremse für den deutschen Schuldenhaushalt. Ein Vorschlag für die Reform der Haushaltsgesetzgebung«, in: Analyse des im Auftrag der Bundestagsfraktion von BÜNDNIS 90/DIE GRÜNEN erstellten Gutachtens der Eidgenössischen Technischen Hochschule –Konjunkturforschungsstelle, Zürich 2007 sowie: Rheinisch-Westfälisches Institut für Wirtschaftsforschung: »Ermittlung der Konjunkturkomponenten für die Länderhaushalte zur Umsetzung der in der Föderalismuskommission II vereinbarten Verschuldungsbegrenzung«, Juni 2010, im Internet unter: http://www.rwi-essen.de/forschung-und-beratung/oeffentliche-finanzen/projekte/69/

5   Vgl. Kommission von Bundestag und Bundesrat zur Modernisierung der Bund-Länder-Finanzbeziehungen 2008, im Internet unter: https://www.btg-bestellservice.de/pdf/20457000.pdf

6   Hanspeter Schneider: »Schuldenregelungen des Bundes für die Haushaltswirtschaft der Länder. Verfassungsrechtliche Möglichkeiten und Grenzen. Rechtsgutachten auf Anregung von Vertretern der Landtagsbank in der Föderalismuskommission II« – Deutsches Institut für Föderalismusforschung (DIF) Hannover Juli 2008, S. 37ff.

7   Kommission von Bundestag und Bundesrat zur Modernisierung der Bund-Länder-Finanzbeziehungen 2009, S. 569

8   Klemens Himpele: »Die Umsetzbarkeit der Schuldenbremse in den Ländern. Studie im Auftrag der Fraktionsvorsitzendenkonferenz der LINKEN«

9   Monatsbericht Mai 2011 der Bundesbank, in: www.bundesbank.de

10 Achim Truger, Kai Eicker-Wolf, Hener Will u. Jens Köhrsen: »Auswirkungen der Schuldenbremse auf die hessischen Landesfinanzen. Ergebnisse von Simulationsrechnungen für den Übergangszeitraum von 2010 bis 2020«, in: ›IMK-Studies‹ 6/2009

11 Vgl. Petra Merkel, Ortwin Runde: »Sparen in der Zeit statt Schuldenbremsen bis in die Not«. Positionspapier der Parlamentarischen Linken in der SPD-Bundestagsfraktion zur wirksamen verfassungsrechtlichen Begrenzung der Staatsverschuldung, Kurzfassung, Berlin, 11.3.2008, S. 4

12 Truger et al.: ›Auswirkungen der Schuldenbremse auf die hessischen Landesfinanzen‹, a.a.O.

13 Vgl. hierzu auch: Die Schuldenbremse: Eine schwere Bürde für die Finanzpolitik. Stellungnahme des IMK in der Hans-Böckler-Stiftung im Rahmen der öffentlichen Anhörung des nordrhein-westfälischen Landtags zum Antrag der Fraktionen von CDU und

FDP – »Schuldenbremse für eine nachhaltige Konsolidierung der öffentlichen Haushalte umsetzen«, sowie Peter Bofinger: »Das Jahrzehnt der Entstaatlichung«, in: ›WSI Mitteilungen‹ 7, S. 351-357

14 »Entwurf für ein SPD-Fortschrittsprogramm Neuer Fortschritt und mehr Demokratie.« – Vorlage zur Jahresauftaktklausur am 10. und 11. Januar 2011, in: www.spd.de

15 Vgl. Truger/Will/Köhrsen: ›Die Schuldenbremse: Eine schwere Bürde für die Finanzpolitik‹, a.a.O.

16 Ebd.

17 Vgl. hierzu auch: Bund der Steuerzahler: »Stellungnahme zum Gesetzentwurf der Landesregierung zur Neuregelung des Besoldungs- und Beamtenversorgungsrechts in Schleswig-Holstein (Drucksache 17/1267)

18 Ingolf Deubel: ›Konjunkturregulierung und Länderhaushalte. Ein Beitrag zur praktischen Umsetzung der Schuldenbremse und des Konsolidierungshilfengesetzes‹, Juni 2010

19 »Schuldenbremse: Großes Entsetzen über das Saarland«, in: ›Die Welt‹ v. 29.9.2011

20 Gisela Färber et. al.: ›Die Entwicklung der Beamtenversorgung in Deutschland‹, a.a.O.

Gerechtigkeit im Alter

1 Verena Schmitt-Roschmann: »Altersvorsorge – Die meisten Rentner leben an der Armutsgrenze«, in: ›Welt-Online‹ v. 12. August 2011

2 Institut für Demoskopie Allensbach: »Altersvorsorge in Deutschland«. Die wesentlichen Ergebnisse sind unter: http://www.postbank.de/postbank_pr_dossier_altersvorsorge.html abrufbar

3 Joachim R. Frick, Markus M. Grabka: »Alterssicherungsvermögen dämpft Ungleichheit, aber große Vermögenskonzentration bleibt bestehen«, in: ›DIW-Wochenbericht‹ 3/2010

4 Ebd.

5 Ebd.

6 Margot Münnich: »Einnahmen und Ausgaben von Rentner- und Pensionärshaushalten. Untersuchungen auf der Grundlage der Ergebnisse der Einkommens- und Verbrauchsstichprobe 2003«, in: Statistisches Bundesamt – Wirtschaft und Statistik 6/2007, S. 593

7 Ebd, S. 612

8 Peter Heesenin: »Rentensystem vs Pensionen«, in: ›Behördenspiegel online‹

9 Vgl. hierzu: dbb beamtenbund und Tarifunion: »Die 7 Irrtümer zur Beamtenversorgung. Fakten statt Vorurteile«

10 Martin Greive: »Haben es Pensionäre zu gut?«, in: ›Welt am Sonntag‹ v. 24.1.2010

11 Vgl. hierzu den Beitrag: »April 2010 im Zeichen einer Medien-kampagne«, im Internet unter: http://www.brh.de/aktuelles/ar-chiv/medienkampagne_04_2010.htm

12 Jan Rosenkranz und Joachim Reuter: »Die Gehälter der Staats-diener – Beamter, sorge dich nicht – diene«, in: ›Stern‹ v. 22.1.2011

13 Vgl hierzu Rentenversicherungsbericht 2010

14 Thomas Öchsner: »Mehr Geld für Rentner«, ›Süddeutsche Zei-tung‹ v. 17.11.2010

15 Fabricius: »Weniger Beamte!«, in: ›Die Welt‹ v. 23.01.2010

16 Vgl. hierzu generell: Karl-Bräuer-Institut des Bundes der Steuer-zahler: »Ausgaben für Beamtenpensionen eindämmen. Versor-gungsrecht auf Nachhaltigkeit ausrichten«, Stellungnahmen Nr. 30, Wiesbaden 2006

17 Kerstin Schwenn: »Alterseinkommen der Beamten. Pensionäre ›in grob ungerechtem Ausmaß‹ bevorteilt«, in: ›FAZ‹ v. 27.11.2007

18 Jan Rosenkranz, Joachim Reuter: »Die Gehälter der Staatsdiener – Beamter, sorge dich nicht – diene«, in: ›Stern‹ v. 22.1.2011

19 Jan Dams: »Städten drohen griechische Verhältnisse«, in: ›Welt am Sonntag‹ v. 21.3.2010

Es lebe der kleine Unterschied

1 Vgl. hierzu und im Folgenden: Andrea Auler: »Beamte – Wie der Bund die Kostenexplosion dämpfen will«, in: ›Wirtschaftswoche‹ v. 21.4.2010

2 Vgl. hierzu: Thorsten Haug: »Anhebung der Altersgrenzen in der Beamtenversorgung: Eine Modellbetrachtung verschiedener Sze-narien«, in: Statistisches Bundesamt, Wirtschaft und Statistik 12/2010 sowie Florian Schwahn: »Entwicklungen im öffentlich-rechtlichen Alterssicherungssystem«, in: Statistisches Bundes-amt, Wirtschaft und Statistik 2/2008

3 »Chance verspielt« Rede von Adi Sprinkart zur Verabschiedung des Neuen Dienstrechts sowie: Bayerischer Landtag, 16. Wahlpe-riode, Drucksache 16/5113, Schriftliche Anfrage der Abgeordne-ten Adi Sprinkart, Thomas Mütze BÜNDNIS 90/DIE GRÜNEN v. 05.05.2010, Auswirkungen der Dienstrechtsreform auf die Ein-gangsgehälter im Öffentlichen Dienst in Bayern

Vom Nutzen des Schweigens

1   Vgl. hierzu: Bundestags-Drucksache 15/5672 Gesetzentwurf der
    Fraktionen SPD und BÜNDNIS 90/DIE GRÜNEN: »Entwurf
    eines Gesetzes zur nachhaltigen Finanzierung der Versorgung
    sowie zur Änderung dienstrechtlicher Vorschriften (Versorgungs-
    nachhaltigkeitsgesetz – VersorgNG)
2   Vgl. hierzu DGB-Infoblatt Quo vadis Beamte? – DGB Baden-
    Württemberg, März 2011
3   Werner Siepe: ›Die 7 Irrtümmer‹, a.a.O.
4   Vgl. hierzu: ›Der Freitag‹ v. 10.3.2011, im Internet unter:
    http://www.freitag.de/pdf-archiv/Beamte.pdf
5   Vgl. hierzu auch ver.di, Bundesverwaltung ressort 12, Bundesaus-
    schuss für Beamtinnen und Beamte: »Für eine finanzierbare und
    zukunftsweisende Beamtenversorgung. Eckpunkte des Bundes-
    fachausschusses für Beamtinnen und Beamte«, 14.3.2011, im In-
    ternet unter: http://www.verdi.de/presse
6   Vgl. hierzu Martin Kempe: »Beamtenbund und ver.di – eine
    Tarifgemeinschaft. Wie gelingt es ver.di, der GEW und der Polizei-
    gewerkschaft, mit der ›tarifunion‹ des Deutschen Beamtenbun-
    des an einem Strang zu ziehen? Ein Bericht über die Annähe-
    rung harter Konkurrenten«, in: ›Magazin Mitbestimmung‹
    4/2008
7   Vgl. hierzu Sarah Sommer: »Trennungswunsch. Punktsieg für
    Splittergewerkschaften«, in: ›manager magazin‹ v. 01.06.2011
8   Vgl. hierzu: »Gesetz zur Neuordnung und Modernisierung des
    Bundesdienstrechts Dienstrechtsneuordnungsgesetz – DNeuG –
    Gesetzentwurf der Bundesregierung vom 17.10.2007, Inhalte des
    Gesetzes und ver.di-Positionen«
9   Markus Sievers: »Pension – Keine Kürzungen für Beamte«, in:
    ›Frankfurter Rundschau‹ v. 30.8.2010
10 Vgl. hierzu: http://www.tagesschau.de/inland/beamtenbund-
    staatsschulden100.html

Die Altersversorgung der Politiker

1   Vgl. hierzu »Sarrazin will Beamtenpensionen abschaffen«, in:
    ›Der Tagesspiegel‹ v. 24.2.2004
2   »Beamte sollen Rentenbeiträge bezahlen«, in: ›Süddeutsche Zei-
    tung‹ v. 20.8.2008
3   »Altersvorsorge – Beamte sollen in Rentenkasse einzahlen«, in:
    ›Der Spiegel‹ v. 20.8.2008
4   »Kostendebatte – Politiker wollen Reform von Pensionsansprü-
    chen«, in: ›Focus‹ v. 30.8.2010
5   »Deutsche Beamte – Wer kriegt wie viel Pension«, in: ›Bild‹ v.
    21.4.2010

6 Ebd.

7 ›Express‹ v. 28.11.2007, siehe auch »Wiefelspütz mittelfristig für Angleichung von Renten und Pensionen«, ›PM‹ v. 22.8.2008, im Internet unter: dieterwiefelspuetz.de

8 ›Express‹ v. 28.11.2007

9 Ebd.

10 Hans Herbert von Arnim: »Die Privilegien von Landespolitikern«, in: ›Zeitschrift für Rechtspolitik‹ 43/2010, S. 56

11 Vgl. hierzu und im Folgenden auch: »Rente mit 67 für Landtagsabgeordnete? Grüne ernten für Vorschlag lauten Protest. Privilegien der Landtags-Abgeordneten sollen bitte bleiben«, in: ›Hannoversche Allgemeine Zeitung‹ v. 17.2.2011

12 Vgl hierzu und im Folgenden Klaus Wallbaum: »Auch frühere SPD-Minister sollen profitieren. Pläne für neue Beamten- und Ministerversorgung werden konkreter«, in: ›Hannoversche Allgemeine Zeitung‹ v. 16.7.2011

13 H.H. v. Arnim: »Die Privilegien von Landespolitikern«, a.a.O.

14 Ebd.

15 Rede Diätenerhöhung , 30.6.2011« in: http://www.thomasoppermann.de/details.php?ID=809

16 »Bundestag – Diätenerhöhung in der Kritik«, in: ›Handelsblatt‹ v. 28.6.2011

17 Vgl. hierzu: http://www.felix-elflein.de/wordpress/?p=41

18 Günter Frankenberg: »Wann kommen die Beamten dran? Die Gegner einer grundlegenden Modernisierung der Verwaltung verschanzen sich hinter ›hergebrachten Grundsätzen‹. Der Staat kann sich das längst nicht mehr leisten«, in: ›DIE ZEIT‹ 1997

19 dapd v. 8.6.2011

20 »Scharfe Proteste – Diätenerhöhung für bayerische Abgeordnete sorgt für Zündstoff«, in: ›Augsburger Allgemeine‹ v. 5.4.2011

21 Bayerischer Beamtenbund, ›PM‹ v. 21.7.2011

22 ›Augsburger Allgemeine‹ v. 5.4.2011

23 Hellmuth Günther: »Gesetzgebungskompetenzen für das Beamtenrecht, Kodifikationen des allgemeinen Beamtenrechts – Vom Kaiserreich bis zur Bundesrepublik nach der Föderalismusreform«, in: ZBR 1-2/2010

24 Vgl. hierzu: http://www.sven-kindler.de/2010/06/der-gruene-sanierungsplan

25 Vgl. hierzu u.a: »Hans Eichel will vor Gericht höhere Pension durchsetzen«, in: ›Der Tagesspiegel‹ v. 1.11.2011

Europa und seine EU-Pensionäre

1 Vgl. hierzu: Grünbuch: Angemessene, nachhaltige und sichere europäische Pensions- und Rentensysteme (SEK 2010/830) v. 7.7.2010

2 Ebd.

3 »EuGH kippt Entscheidungen der EU-Regierungen – EU-Beamte bekommen Gehaltserhöhung«, in: EurActive.de v. 24.11.2010

4 »Immer mehr Beamte im Ruhestand – Kostenexplosion bei EU-Pensionen«, in: EurActive.de v. 23.9.2010. Vgl. auch: Jessica Buschmann: »Kostenexplosion – Pension für EU-Beamte verschlingt hundert Milliarden«, in: ›Die Welt‹ v. 21.9.2010

5 Vgl. hierzu ›Bild‹ v. 21.9.2010: »EU-Studie enthüllt: hundert Milliarden Euro für Pensionen der EU-Beamten«

6 Vgl. hierzu: »Brüssel – 4500 Euro Pension im Durchschnitt für EU-Beamte«, in: ›Die Welt‹ v. 12.11.2010

7 Vgl. hierzu AG Haushalt: »Bundesregierung gibt sich ohnmächtig bei EU-Pensionen«, im Internet unter http://www.spdfraktion.de/cnt/rs/rs_dok/0,53494,00.html

8 Vgl. hierzu: ›Financial Times‹ v. 1.7.2011 und Wolfgang Tucek: »Weniger Stellen, kürzerer Urlaub, längere Arbeitszeiten – EU-Beamte drohen mit Streik«, in: ›Wiener Zeitung‹ v. 23.11.2011

Die Beamtenversorgung im europäischen Vergleich

1 Vgl. hierzu Christoph Demmke: »Beamtenrechtsreformen in Europa – Aktuelle Entwicklungen und empirische Erfahrungen«, in: ›Zeitschrift für Beamtenrecht‹ 4/2010, S. 109

2 »Sparpolitik – Stunk im Staatsdienst«, in: Il Foglio v. 27.10.2010, im Internet unter: http://www.presseurop.eu/de/content/article/372151-stunk-im-staatsdienst; sowie: Gero von Randow: »Frankreich – Im Ankündigen ganz groß. Der französische Präsident plant eine umfassende Steuerreform, hat aber wenig Spielraum«, in: ›DIE ZEIT‹ v. 1.1.2011. Zu der Lage in Großbritannien vgl. auch: Beatrice Bösiger: »Beamte in Großbritannien – Mit Streiks gegen geplante Pensionsreform«, in: ›Wirtschaftsblatt‹ v. 1.7.2011 sowie: Franz Rothenbacher: »The Welfare State of the Civil (or Public) Servants in Europe. A Comparison of the Pension Systems for Civil (or Public) Servants in France, Great Britain, and Germany«, in: Working Papers 24/2004 d. Mannheimer Zentrums für europäische Sozialforschung

3 Ebd., sowie: Florian Hassel, Gesche Wüpper: »Heiße Augusttage in Frankreich«, in: ›Die Welt‹ v. 12.8.2011 und F. Hassel, G. Wüpper: »Frankreichs Krise ist tiefer als der Börsen-Tumult«, in: Die Welt v. 11.8.2011

4   Ebd.
5   »Di Rupo rüttelt an den Beamtenpensionen«, in: http://www.de-
    redactie.be/cm/vrtnieuws.deutsch/nachrichten/110703_DiRupo;
    zur Reform der Pensionssysteme in Europa siehe auch: »So re-
    formieren die EU-Staaten ihre Pensionssysteme«, in: ›Die Pres-
    se‹ v. 23.10.2010
6   »Sparpolitik – Stunk im Staatsdienst«, a.a.O.
7   Dieter Bräuninger: »Alterssicherung und Staatsverschuldung im
    Eurogebiet, DB Research, 5.7.2010, im Internet unter:
    http://www.dbresearch.de/PROD/DBR_INTERNET_DE-
    PROD/PROD0000000000275343/Alterssicherung+und+Staats-
    verschuldung+im+Eurogebiet.PDF
8   Vgl. hierzu: Hans-Böckler-Stiftung/Deutscher Gewerkschafts-
    bund: »Europäische Reformkonzepte zur Alterssicherung im Öf-
    fentlichen Dienst«
9   Vgl. hierzu F. Hassel und G. Wüpper: »Frankreichs Krise ist tie-
    fer als der Börsen-Tumult«, in: Die Welt v. 11.8.2011
10 Vgl. hierzu: Jens Ballendowitsch: »Die Gestaltung und Entwick-
    lungstendenzen der Alterssicherung im Öffentlichen Dienst der
    Niederlande«, in: Working Papers 81/2004 des Mannheimer
    Zentrums für Europäische Sozialforschung
11 »Alterssicherung und Staatsverschuldung im Eurogebiet«, a.a.O.
12 Susann Rochlitz: »Betriebliche Alterssicherung in den Nieder-
    landen«, in: nestor-Inform, April 2006 des Forschungsinstituts
    für neue Alterssicherungssysteme und Rechtsbiometrik

Das Beispiel Österreich

1   Manfried Welan: »Österreich, Republik der Mandarine, ein Bei-
    trag zur Bürokratie- und Beamtenrechtsdiskussion«, Diskus-
    sionspapier 57-R-96 des Instituts für Wirtschaft, Politik und
    Recht der Universität Wien
2   Hans-Joachim Bodenhöfer et.al.: »Einkommen und Pensionen
    von Bediensteten im Öffentlichen Sektor«, Studie des »Instituts
    für Höhere Studien« der Universität Klagenfurt, Juni 2010
3   Martina Madner, Marcus Pühringer: »Können wir uns die Beam-
    ten noch leisten?«, in: ›Format‹ v. 3.8.2010
4   Hans-Joachim Bodenhöfer et.al.: »Einkommen und Pensionen
    von Bediensteten im Öffentlichen Sektor«, a.a.O.
5   Matthias Auer, Jakob Zirm: »Der letzte Beamte bleibt bis 2045 im
    Dienst«, in: ›Die Presse‹ v. 9.5.2009
6   Anita Zielina: »Junge VP findet Beamtendienstrecht ›leistungs-
    feindlich und ungerecht‹«, in: ›Der Standard‹ v. 8.3.2011
7   Karl Ettinger: »Sausgruber: Aus für Pragmatisierung war richtig«,
    in: ›Die Presse‹ v. 27.2.2011

Das Vorbild Schweiz

1   Das Abstimmungsergebnis des »Bundesratsbeschluss über das Ergebnis der Volksabstimmung vom 26. November 2000« (Bundespersonalgesetz; Rentenalter-Initiativen; Umverteilungsinitiative; Spitalkosteninitiative) kann hier nachgesehen werden: http://www.admin.ch/ch/d/ff/2001/1141.pdf
2   Vgl. hierzu und auch im Folgenden den sehr interessanten und aufschlussreichen Eintrag zum Stichwort »Beamte« in »Historisches Lexikon der Schweiz«, http://www.hls-dhs-dss.ch/textes/d/D10346.php. Ebenso: Gisela Blau, Barbara Jung: »Ein Staat (fast) ohne Beamte«, in: ›Focus‹ 52/99
3   Vgl. hierzu und im Folgenden mit weiterführender Literatur die äußerst informative Ausarbeitung, der hier weitgehend gefolgt wird, von Tobias Schmidt, Sabine Trotzewitz: »Die Abschaffung des Beamtentums in der Schweiz zum 1.1.2002«, in: Parlamentarischer Beratungs- und Gutachterdienst des Landtags Nordrhein-Westfalen 13. Wahlperiode Information 13/0652
4   Yvo Hangartner: »Das Recht des Öffentlichen Dienstes in der Schweiz«, in: ›Zeitschrift für Beamtenrecht‹ (ZBR) 1979, S. 285ff.
5   Daniel Kettiger: »Neuere Entwicklungen im öffentlichen Dienstrecht der Schweiz«, in: ›Zeitschrift für Beamtenrecht‹ (ZBR) 2001, S. 24ff.
6   Vgl. hierzu und im Folgenden auch: Coletta Nova: »Das schweizerische Modell der Alterssicherung für die Beschäftigten im Öffentlichen Dienst«, in: Hans-Böckler-Stiftung/Deutscher Gewerkschaftsbun: »Europäische Reformkonzepte zur Alterssicherung im Öffentlichen Dienst«, a.a.O.
7   Vgl. hierzu »Jahresbericht 2010«, im Internet unter: http://www.publica.ch/platform/content/element/5439/Jahresbericht_2010_d.pdf

Der Aufruhr im Klassenzimmer

1   »Gleiche Arbeit, ungleicher Lohn – Beamte kontra Angestellte«, im Internet unter: rbb-online.de v. 28.10.2010
2   »Buschzulage und Kopfprämie – Die soziale Gerechtigkeit von links«, in: Kompakt-nachrichten.de
3   Vgl. hierzu: http://verbeamtungjetzt.de/
4   »Gleiche Arbeit, ungleicher Lohn – Beamte kontra Angestellte«, a.a.O.
5   Martin Klesmann: »«Senat lockt Pädagogen mit Verbeamtung«, in: ›Berliner Zeitung‹ v. 7.3.2011
6   »Schulen – Referendare sollen Lehrermangel beseitigen«, in: ›Der Tagesspiegel‹ v. 17.8.2011

7   Vgl. hierzu auch »Bildung – Soll Berlin die Lehrer verbeamten?«, in: ›Der Tagesspiegel‹ v. 21.2.2010

8   Christoph Demmer: »Beamtenrechtsreformen in Europa«, a.a.O., S. 111

9   Albert Funk, Christian Tretbar: »Lehrermangel: Ist die einheitliche Bezahlung von Lehrern machbar?«, in: ›Der Tagesspiegel‹ v. 5.2.2009

10 dbb unterstützt Verbeamtung von Lehrern in Sachsen-Anhalt – Heesen: Jungen Menschen sichere Perspektive bieten, vgl. hierzu: http://www.dbb.de/teaserdetail/artikel/heesen-jungen-menschen-sichere-perspektive-bieten/archivliste/2010/Juni.html

11 Vgl. hierzu schall-nrw.de

12 Vgl. hierzu u.a. »Schmerzhafte Einschnitte – Verfassungsgericht überprüft Kürzung der Beamtengehälter«, in: ›Die Welt‹ v. 11.10.2011

Fazit

1   Christoph Demmke: »Beamtenrechtsreformen in Europa«, a.a.O., S. 119

Namenregister